编委会

主　　编：毛志兵

副 主 编：李云贵　郭海山　李丛笑　薛　峰

编 写 组：孙金桥　关　军　明　磊　黄　凯　王冬雁

　　　　　张爱民　邱奎宁　张　涛　赵　静　马瑞江

　　　　　沙远征　苏衍江　凌苏杨

主编单位：中国建筑战略研究院

参编单位：中建工程产业技术研究院有限公司

　　　　　中建科技集团有限公司

　　　　　中国中建设计研究院有限公司

当今世界正面临"百年未有之大变局",新冠肺炎疫情全球蔓延给整个世界的发展形势带来巨大影响,以中美关系为代表的大国关系发生深刻变化,大国博弈在政治、经济、科技、文化等多个层面全面较量,中国加速推进高质量发展进程已成为我们必然的战略选择。站在宏观层面,我们需要把握好以下几个方面的变化,以便我们找准建筑业发展的定位和策略:一是发展格局之变,我国正加快构建双循环发展格局;二是科学技术之变,新科技正成为新经济发展的决定性力量;三是产业布局之变,基础设施建设正由传统基建转向新型基建,城市建设正由造城转向更新;四是竞争方式之变,企业竞争正由单兵作战转向集团作战,要放眼整个供应链、产业链去塑造竞争优势。五是发展模式之变,碳达峰碳中和成为全行业共识,建筑业走绿色低碳转型道路势在必行。

纵观大势,随着社会生产力的提高,中国建筑业的生产方式不断进步。尤其是全球气候变化的大背景下,国家提出碳达峰碳中和"3060"目标,中央层面制定印发意见,对碳达峰碳中和进行系统谋划和总体部署。当前乃至今后很长时间内,全社会绿色低碳发展将成为主要共识,于建筑业而言,要牢牢把握"双碳"重大机遇,以绿色建造、智慧建造及工业化建造为主要内容的新型建造方式是实现建筑业碳达峰碳中和的重要选择。

本书立足新发展阶段,贯彻新发展理念,构建新发展格局。从"是什么""为什么""有什么"和"怎么做"等方面着手研究,结合建筑业减碳要求,以绿色化为目标,以智慧化为技术手段,以工业化为生产方式,提出以新型建造统领"三大建造"方向的发展思路,支撑行业高质量发展。

本书是中国建筑战略研究院组织的课题"中建集团践行绿色建造、智慧建造及工业化建造策略研究"的主要成果,是《建筑工程新型建造方式》一书的延续。中国建筑股份有限公司原总工程师、战略研究院特聘研究员毛志兵担任组长,组建了以李云贵(智慧方面)、李丛笑(绿色方面)、郭海山(工业化方面)、薛峰(设计方面)为代表的课题团队,先后开展综合调研、专项调研、专家访谈,集中编写课题报告。课题主要对比分析了国内外绿色建造、智慧建造、建筑工业化发展现状,系统剖析行业践行"三大建造"的发展基础和问题,研究提出"双碳"目标下绿色建造、智慧建造、工业化建造新的技术体系和实施路径,最终形成本书。

"双碳"

目标下的中国建造

毛志兵　主编

李云贵　郭海山　李丛笑　薛　峰　副主编

中国建筑工业出版社

图书在版编目（CIP）数据

"双碳"目标下的中国建造／毛志兵主编；李云贵
等副主编. —北京：中国建筑工业出版社，2022.2（2023.3重印）
ISBN 978-7-112-26897-9

Ⅰ.①双… Ⅱ.①毛… ②李… Ⅲ.①建筑业—低碳
经济—研究—中国 Ⅳ.①F426.9

中国版本图书馆CIP数据核字（2021）第247738号

本书结合建筑业减碳要求，以绿色化为目标，以智慧化为技术手段，以工业化为生产方式，提出以新型建造统领"三大建造"方向的发展思路，支撑行业高质量发展。全书共7章，第1章介绍了中国建造的现状及未来，分析当前建筑行业生产方式变革的方向。第2章介绍"双碳"目标与中国建造的关系，新型建造方式是实现"双碳"目标的必然要求。第3章介绍新型建造方式的新理念、新内涵以及发展目标。第4章介绍支撑绿色建造、智慧建造及工业化建造协同发展的设计新模式。第5章介绍绿色建造的概念内涵、关键技术以及实施策略。第6章介绍智慧建造的概念内涵、支撑技术以及发展路径。第7章介绍工业化建造理念内涵、技术支撑以及发展路径。

本书内容全面，具有较强的启发性和指导性，可供建设行业从业人员参考使用。

责任编辑：王砾瑶　范业庶
书籍设计：锋尚设计
责任校对：党　蕾

"双碳"目标下的中国建造
毛志兵　主编
李云贵　郭海山　李丛笑　薛　峰　副主编

*

中国建筑工业出版社出版、发行（北京海淀三里河路9号）
各地新华书店、建筑书店经销
北京锋尚制版有限公司制版
北京同文印刷有限责任公司印刷

*

开本：787毫米×1092毫米　1/16　印张：15½　字数：357千字
2022年2月第一版　2023年3月第三次印刷
定价：**89.00**元
ISBN 978-7-112-26897-9
（38727）

本书共7章，第1章介绍了中国建造的现状及未来，分析当前建筑行业生产方式变革的方向。第2章介绍"双碳"目标与中国建造的关系，新型建造方式是实现"双碳"目标的必然要求。第3章介绍新型建造方式的新理念、新内涵以及发展目标。第4章介绍支撑绿色建造、智慧建造及工业化建造协同发展的设计新模式。第5章介绍绿色建造的概念内涵、关键技术以及实施策略。第6章介绍智慧建造的概念内涵、支撑技术以及发展路径。第7章介绍工业化建造理念内涵、技术支撑以及发展路径。

　　研究过程得到中国建筑科学研究院、广联达、欧特克等单位的大力支持，提供大量丰富案例及数据支持。本书终稿由研究员黄凯整理汇总。2021年6月4日，中国建筑战略研究院组织召开课题评审会，中国城市科学研究会绿色建筑与节能专业委员会主任王有为、中国建筑学会理事长修龙、中国土木工程学会副理事长尚春明等专家学者给予高度评价，认为本课题研究框架成熟，对中国当前建造方式进行了系统梳理，对未来建筑业新型建造方式提出了科学全面的发展路径，代表中国建筑业最前沿的发展方向。

　　本书编写得到中建集团所属单位大力支持，尤其是中建工程产业技术研究院有限公司、中建科技集团有限公司、中国中建设计研究院有限公司的协助与支持。过程时间紧、任务重，我们投入大量时间精力编写书稿，但本书主要立足新发展格局时代背景，涉及的专业多、数据复杂，编写过程中难免疏漏，恳请广大读者批评指正！

本书编写组

2021年11月

目 录

第 7 章　推进工业化建造发展，创建新型建筑工业化产业体系

第 1 章
中国建造的现状及未来

1.1 中国建造的现状分析

近年来，在以习近平同志为核心的党中央坚强领导下，中国建筑业持续快速发展，发展规模不断扩大，中国建造不断优化，对经济社会发展作出了显著贡献，建筑业产值规模屡创新高，国民经济支柱行业地位进一步巩固。

1.1.1 中国建造规模不断扩大

我国建筑业在党的领导下实现跨越式发展，建筑业作为国民经济支柱产业，为我国的经济建设、国防建设、文化建设和人民生活的改善发挥了巨大作用。

近年来，随着我国建筑业企业生产和经营规模的不断扩大，建筑业总产值持续增长，2020年达到263947.04亿元，比上年增长6.24%。建筑业总产值增速比上年提高了0.56个百分点（图1-1）。

图1-1 2011～2020年全国建筑业总产值及增速
数据来源：中国建筑业协会《2020年建筑业发展统计分析》

2011年以来，建筑业增加值占国内生产总值的比例始终保持在6.75%以上。2020年再创历史新高，达到了7.18%，在2015年、2016年连续两年下降后连续四年保持增长，建筑业总产值呈现年年递增的趋势（图1-2）。

伴随建筑业蓬勃发展，建筑业企业数量迅猛增长，2020年，全国共有建筑业企业116716个，比上年增加12902个，增速为12.43%，比上年增长了3.61个百分点，增速连续五年增长并达到近十年最高点（图1-3）。国有及国有控股建筑业企业7190个，占建筑业企业总数的6.16%。

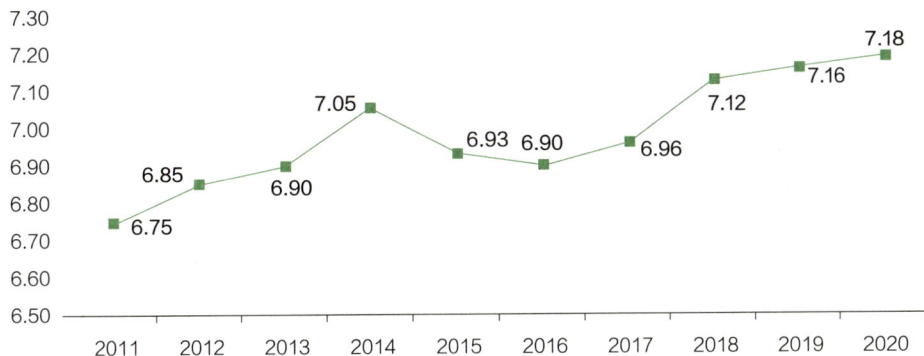

图1-2 2011~2020年建筑业增加值占国内生产总值比重

数据来源：中国建筑业协会《2020年建筑业发展统计分析》

建筑业企业单位数（个） ——建筑业企业单位数增速（%）

图1-3 2011~2020年建筑业企业数量及增速

1.1.2 中国建造品牌不断彰显

进入新时代，我国建造能力和技术水平突飞猛进，超高层、深基坑、大空间、大跨度的高难度建筑工程施工技术达到国际先进水平，港珠澳大桥、500m口径球面射电望远镜、敦煌文博会场馆、北京大兴国际机场等标志性工程相继建成，特别是2020年抗击新冠肺炎疫情建设"两山医院"创造的"中国速度"，集中体现了中国力量。

与此同时，建筑业积极拓展海外业务，深度参与"一带一路"沿线国家和地区重大项目的规划和建设，着力推动陆上、海上、天上、网上四位一体设施的互联互通，陆续建成了阿尔及利亚大清真寺、巴基斯坦PKM公路、蒙内铁路等设施，赢得了广泛赞誉，使"中国建造"品牌在国际上进一步打响。

建筑企业承揽工程能力明显增强。从签订合同额看，2020年，全国建筑业企业签订工程承包合同额达到59.6万亿元，是2011年的2.9倍，年均增长29%。施工能力大大提高，2020年，全国建筑业企业房屋施工面积149.5亿m^2，是2011年的1.8倍，年均增长18%。

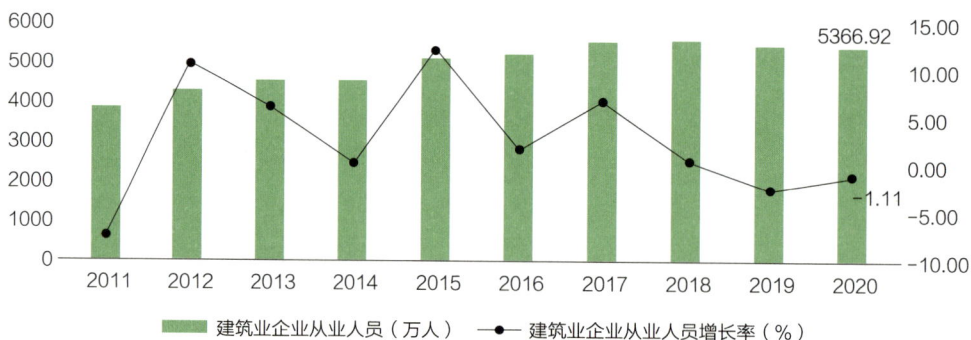

图1-4 2011~2020年建筑业从业人数增长情况

1950年建筑业总产值仅13亿元,1956年突破百亿元,1988年突破千亿元,1998年突破万亿元,2011年突破10万亿元,2020年达到26.4万亿元;城镇居民人均住房面积从1978年的6.7m²增长到目前的40m²;中国大陆45个城市开通城市轨道交通,运营线路7969.7km;全国高速公路总里程突破16万km,铁路里程超14.6万km,高铁运营里程超3.8万km,比其他国家的总和还要多,"中国建造"品牌享誉国内外。

建筑业从业人数减少但企业数量增加,劳动生产率再创新高。2020年,建筑业从业人数5366.92万人(图1-4)是新中国成立初期的276倍,是1980年的8.8倍,建筑业年末从业人员占全部就业人员的比重为7.2%,比1980年提高5.6个百分点。

1.1.3 新型建造支撑中国建造

进入新时代,以绿色建造、智慧建造以及工业化建造为主的新型建造方式代表中国建造最高水平,也是中国建造未来发展方向。目前,新型建造方式在行业内得到普遍认可,住房城乡建设部等13部门发布《关于推动智能建造与建筑工业化协同发展的指导意见》,要求大力发展装配式建筑,推动建立以标准部品为基础的专业化、规模化、信息化生产体系。

1. 绿色建造是中国建造的方向

我国绿色建造起步较晚,基于绿色建筑、绿色施工的相应标准规范和评价体系已经成熟完善,绿色建造通过绿色策划、绿色设计和绿色施工标准实现,尤其是绿色施工成为发展绿色建造方式的重要支撑。"十三五"以来,我国绿色建筑覆盖范围逐步扩大、建设水平不断提升。2020年7月,住房城乡建设部、国家发展改革委等多部门印发《绿色建筑创建行动方案》,在绿色建筑设计标准、绿色建材使用以及绿色建筑验收等多方面都指出明确的发展方向。截至2020年底,全国获得绿色建筑标识的项目累计达到2.47万个,建筑面积超过25.69亿m²。截至2019年底,全国累计建设绿色建筑面积超过50亿m²,2019年当年占城镇新建建筑比例达到65%(图1-5)。

国内许多建筑企业也开展大量绿色建造研究和实践,促使绿色建造得到创新发展。住房城乡建设部围绕住房城乡建设行业需求,设置了创新性强,技术水平高,对促进产业结构调

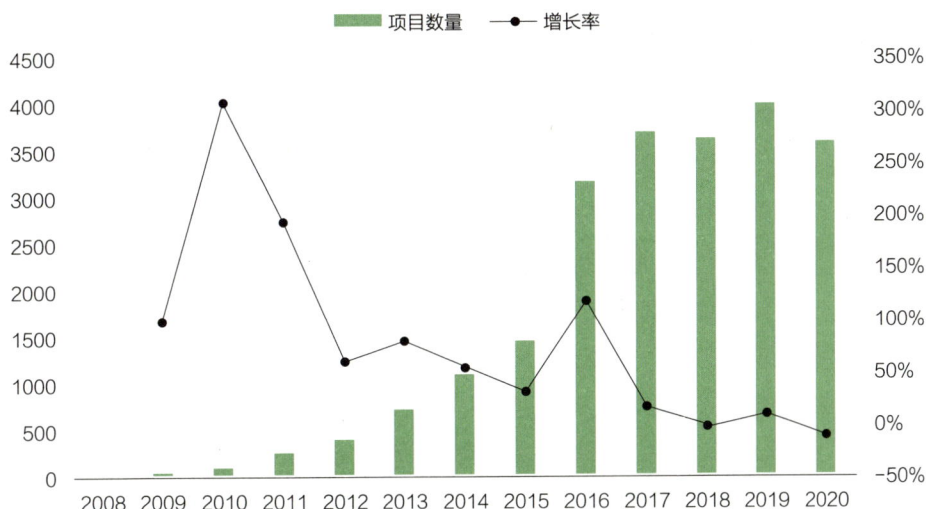

图1-5　全国绿色建筑标识项目梳理情况统计表
来源：《2020中国绿色建筑市场发展研究报告》

整和优化升级有积极作用的科技项目，突出施工过程中的技术创新，通过绿色建造技术的创新和应用，实现安全、节能、节地、节水、节材和保护环境的目标。2021年住房城乡建设部发布《绿色建造技术导则（试行）》，将绿色发展理念融入工程策划、设计、施工、交付的建造全过程，构建一体化绿色建造体系。

2. 智慧建造支撑中国建造创新发展

我国在智慧建造领域已经取得一定的进展，BIM、物联网、3D打印技术、人工智能，以及云计算等技术已经广泛应用到建筑行业中。按照建造阶段，智慧建造可分为数字化设计、智能制造和智慧施工3个方面，各方面已实现部分智慧建造应用。在数字化设计方面，已有参数化设计、基于BIM的设计等热点；在智能制造方面，已有基于BIM的部品深化设计、智能化部品生产管理、智能化部品存储与运输管理、智能化生产工厂等热点；在智慧施工方面，已有智慧工地、装配式混凝土建筑智能化施工、装配式钢结构建筑智能化施工、建筑机器人、造楼机等热点。

近十年来，信息技术在工程建造中应用越来越多，已经积累了一些实践经验，特别是以BIM技术为代表的信息技术的广泛应用，推动了工程建造技术的整体升级和变革，基于BIM技术的智慧工地成为施工现场的主要管理模式，在基础应用，场地布置，深化设计，碰撞检测等方面应用较广，但研发投入有限，核心技术和设备对国外的依赖度较高。据中研普华研究咨询报告统计，目前，我国建筑信息化占建筑业总产值的比例仅0.1%，建筑施工企业信息化投入占总产值的比例约为0.08%，而发达国家则为1%，中国仅约为发达国家的1/10。我国建筑信息化行业主要产品建筑信息化应用软件产量从2011年的65万套增长到2019年的356万套，但核心关键技术和自主知识产权的软硬件发展受限，我国90%的工业机器人、80%的集成电路芯片建造装备、40%的大型装备、70%的建造关键设备等重大工程的自动化成套控制系统及先进集约化装备严重依赖进口。

3. 工业化建造推动中国建造变强

总体上，我国建筑工业化发展较快，工业化建造技术水平有较大提升，促进了新技术、新材料、新产品、新设备在工程建设中的广泛应用。国内的施工企业大规模应用施工现场的工业化建造技术，如采用大型集成化、机械化的施工平台，以减少现场劳动作业量和对环境的影响。此外，钢结构作为一种预制化、工厂化程度高的结构形式在民用建筑和工业建筑中得到推广应用，应用比例已达5%左右。

近些年，围绕新型建筑工业化的政策制度逐步完善，建筑工业化设计标准、生产工厂化、施工装配化、管理信息化以及智能化应用等逐步成熟。2020年，全国新开工装配式建筑共计6.3亿㎡，较2019年增长50%，占新建建筑面积的比例约为20.5%，总的来看，近年来装配式建筑呈现良好发展态势，在促进建筑产业转型升级，推动城乡建设领域绿色发展和高质量发展方面发挥了重要作用。

1.2 建筑行业迎来建造方式的变革

改革开放40多年来，我国建筑业的产业规模不断扩大，成为国民经济的重要支柱产业。但目前我国建筑业仍是一个劳动密集型、建造方式相对落后的传统产业。随着能源紧缺、污染严重、劳动力短缺等问题凸显，传统粗放的生产方式已不能适应新时代的发展要求。在新发展理念的要求下，促使传统建造方式向节能、绿色、低碳、环保等现代建造方式转变，是新时代面临的新任务，更是我国建筑业推动供给侧结构性改革的重要举措。

1.2.1 绿色化是发展方向

建筑的绿色本质是建筑在全生命周期里追求人与自然的和谐共处，绿色化发展应该成为建筑业大力倡导的发展理念。

2020年9月，国家主席习近平在第七十五届联合国大会一般性辩论上宣布："中国二氧化碳排放力争于2030年前达到峰值，努力争取2060年前实现碳中和。"建筑业是我国碳排放大户，建筑行业碳排放量约占全社会碳排放总量的40%（主要涉及"建筑物化"和"建筑运行"阶段，其中建筑材料生产和建筑施工统称"建筑物化"阶段，建筑物化阶段碳排放占18%，建筑运行阶段碳排放占22%）。

面对严峻的碳排放攀升形势，为进一步加强建筑领域绿色化和减碳力度，2020年7月，住房城乡建设部和国家发展改革委等多部门发布《绿色建筑创建行动方案》，明确到2022年，当年全国城镇新建建筑中绿色建筑面积占比需达到70%。

推动建筑行业绿色化发展是我国经济社会绿色低碳转型必然要求，转变传统建造方式，大力发展绿色建筑，是实现建筑领域碳减排的重要举措。绿色建筑的发展将改变我国建筑业技术含量低，产品质量不高、品质低的现状，转变建筑业的粗放式发展模式，转向注重科技含量，注重循环经济，重视质量和效益，健康协调的方向发展。

1.2.2　智慧化是重要支撑

以互联网为基础的数字化浪潮席卷而来，各行各业都受信息化影响而发生变革。当前，我国经济已转向高质量发展阶段，传统建造方式面临的资源、环境、人力等制约因素不断凸显，难以满足新时代发展的要求，而智慧建造采用现代技术手段，能够显著提高建造与运行过程当中的资源利用效率，减少对生态环境的负面影响，实现节能环保，效率提高、品质提升与安全保障，是行业可持续发展面向高端水平必然选择。从数字化、智能化到智慧化已成为全球建筑产业未来发展的主要方向，是行业竞争力和创新力的直接体现。在工程建设行业，以科技创新为支撑，以智慧建造为技术手段的新型建造方式正在改变工程建造的产业链，是推动建筑业转型升级的动力之一，成为深化建筑业供给侧结构性改革的重要抓手和关键路径，成为智慧城市建设的重要支撑。

1.2.3　工业化是重要方式

以工业化的方式重新组织建筑业是提高劳动效率、提升建筑质量的重要方式，也是我国未来建筑业的发展趋势。建筑工业化是对传统建筑生产方式的变革，提高效率与品质的同时，有效地降低资源、能源消耗，实现节能减排，是我国实现低碳发展的必然要求。传统建筑生产方式，是将设计与建造环节分开，设计环节仅从目标建筑体及结构的设计角度出发，建造环节是在固定地点组织建材、人工等管理手段完成目标计划。建筑工业化生产方式，是设计施工一体化的生产方式，标准化的设计，至构配件的工厂化生产，再进行现场装配的过程。

施工现场劳动力短缺和环保要求升级促推建筑行业推广工业化生产方式。建筑施工现场劳动生产效率较其他工业制造行业落后，施工现场标准化不一，施工技术差异化较大，建筑生产效率难以保障。同时，随着城镇化水平提高，农村劳动力人口锐减，愿意从事传统建筑行业的意愿不强，劳动力成本逐年攀升。随着国家及行业对环保要求越来越严格，对施工现场作业方式、建筑节能降耗、建筑垃圾循环利用提出了更高的要求。工业化建造是解决以上紧迫问题的主要手段，相关经验已经在发达国家和我国香港等地区得到证明。

1.3 中国建造面临的发展机遇与挑战

1.3.1 新兴市场空间增量可期

新的发展阶段，传统建筑存量市场逐步萎缩，从建筑行业总产值增速来看，2016年起，建筑业生产总值增速逐步下滑，以新基建为代表的新兴市场发展迅速，成为建筑企业新的市场空间。

根据国家"十四五"规划分析，粤港澳大湾区、长三角经济带、京津冀地区正是当前国家新型城镇化发展的热点区域，其中孕育的产业基地、乡村振兴、城市配套、城市更新、城际交通网等机遇，将成为发展的预期增长点。此外，新型基础设施（包括新型城镇化、交通、水利等重大工程）建设量将有明显提升。城市群和都市圈配套的城际交通网建设、智慧城市建设、乡村振兴迎来新机遇。中国制造发展培育的新兴产业、先进制造业将带来工业、厂房市场扩容。"一带一路"促进产能输出、产业升级、企业转型、发展海外市场。

1.3.2 高质量发展促使产业升级

在目前国内建筑市场中，建筑企业发展质量有待进一步提升，同时行业集中度较低，竞争非常激烈。根据住房城乡建设部数据统计，全国具有资质等级的总承包和专业承包建筑业企业116716家，工程勘察企业6275家，工程设计企业27572家，工程监理企业8926家，工程造价企业8194家，全国各种类型建筑业法人单位已超过120万家，同质化竞争较为激烈。从总体上来看，具备技术、管理、装备优势和拥有特级资质的大型建筑企业占据较大市场份额，发达地区建筑强省的大中型建筑企业也占有一定的市场份额，主要承揽地区性大中型工程，其他大量的中小企业则主要承担劳务分包、部分专业分包业务及小型工程。

新时代背景下，建筑业走向高质量发展道路既是国家政策导向，也是市场竞争必然趋势，随着建筑业龙头企业现代化程度越来越高、建筑业分化越来越快，产业整合和跨界将不断加速，产业链竞争将取代企业竞争，联合发展的时代已经到来。近年来国有企业兼并、重组步伐加快，中央企业、地方特大型建筑企业规模优势逐步凸显，占据着高端市场和大部分市场份额。同时，随着国内固定资产投资增速放缓，劳动力成本、大宗商品价格上升，监管部门对环保、节能、绿色建筑的要求更高，倒逼建筑企业加快产业升级步伐。

1.3.3　新技术促进生产方式变革

以人工智能、清洁能源、机器人、量子信息以及生物技术为代表的新技术正在促进传统生产方式变革，甚至是颠覆传统生产方式。建筑产业碎片化、粗放式的生产方式，正在经受产品性能欠佳、资源浪费巨大、安全问题突出、环境污染严重、生产效率低下等问题困扰。未来，建筑行业必然以绿色要素投入代替自然资源投入，以装配式技术等工业化手段大量替代现场作业，以BIM、人工智能、机器人等智慧建造技术代替传统技术，总之，以新型建造方式代替传统建造方式。

建筑业未来的变革包括产品化和专业化，建筑产业链所有参与者都将受到挑战，其中包括工程设计、建筑材料、施工总承包和专业分包。建筑企业尤其是大型建筑央企，要加强对建筑产业链的控制，如工程设计、选择组件制造、供应链管理和现场组装。与其他制造业一样，要加强对建筑产业链上的关键零部件的控制。更加注重专业化发展，为提高利润率和差异化水平，企业可能会越来越专注于目标市场和细分市场，从而建立竞争优势。

1.3.4　绿色低碳发展前景广阔

生态文明建设是"五位一体"重要组成部分，未来生态环保领域将成为国家重要投资建设领域。尤其是碳达峰碳中和目标的提出，使得未来围绕"绿色建造"产生的理念创新和技术变革层出不穷。

从行业层面看，发展绿色建造是实现建筑业可持续发展的必由之路。当前，传统建造方式面临的资源、环境、人力等条件制约不断凸显，难以满足新时代发展要求，迫切需要转变建造方式，通过采用现代技术手段，提高建造及运行过程的资源利用效率，降低对生态的影响，实现节能环保、效率提高、品质提升与安全保障，促进可持续发展。

绿色低碳发展是对绿色建造的延伸要求，是在绿色建造基础上对可能产生碳排放的"策划—设计—施工—交付"阶段等主要环节低碳技术、低碳材料、低碳设备、低碳施工方式的优选和首选的强调。随着"双碳目标"分解落地，国家势必对项目投融资建设、房地产开发、建材生产、规划设计、工程施工等产业链关键环节采取碳排放约束机制。绿色金融、绿色建筑、绿色城区等一系列绿色激励政策孕育着丰富市场前景。

1.3.5　产业数字化催生新业态

进入21世纪以来，BIM、物联网、人工智能、大数据等新一代信息技术和机器人等相关设备的快速发展和广泛应用，形成了数字世界与物理世界的交错融合和数据驱动发展的新局面，传统产业的数字化进程在加快，正在催生新的业态。数字化平台是市场交易活动的新形式，通过平台服务消除时间和空间的局限，全方位地连接起生态系统中的人、机构和资源。

在全球经济走向平台经济时代背景下，传统的交易和建造活动正转向平台。在过去的20年，全球市值最大的公司由金融资本、石油资本等企业逐渐转变为互联网、电子商务、云计算为主业的平台型企业。例如，20年前的埃克森美孚、沃尔玛、BP石油等，已经让位于亚马逊、苹果、阿里巴巴等。

1.4 新时代中国建造的新使命

推动高质量发展，实现中国建造转型升级，这是新时代赋予的新使命。在高质量发展的新时代，我国正处在工业化、信息化、城镇化、市场化、国际化深入发展的重要时期，供给侧改革的潜力和机遇还十分巨大，但也同时面临经济增速放缓、产业结构调整、经济发展动能转换及挑战增多等颇为复杂的形势变化。中国发展全局正面临一场深刻变革，高质量发展成为时代主题，改革和创新成为引领发展的核心动力。

1.4.1 新发展阶段赋予新使命

十九大以来，中国特色社会主义迈入新时代，国家综合经济实力大幅提升，我国经济已由高速增长阶段转向高质量发展阶段，正处在转变发展方式、优化经济结构、转换增长动力的攻关期，这是新时代赋予的新使命。新时代以高质量发展为主线，但也同时面临经济增速放缓、产业结构调整、经济发展动能转换及国际挑战增多等颇为复杂的形势变化。

这些重要判断，为建筑业的下一步发展指明方向。进入新发展阶段，融合绿色建造、智慧建造和建筑工业化的新型建造技术蓬勃兴起，不断提升行业的科技含量，推动转型升级。为此，着眼抢抓科技变革机遇，做强、做优中国建造，推动生产方式向新型建造升级，我们必须把握新时代发展趋势，以高质量发展为主题，深化建筑业供给侧改革，提升建筑产品品质，走出一条科技含量高、经济效益好、资源利用效率高、低碳环保的新发展道路。

1.4.2 新发展理念指明新方向

以创新、协调、绿色、开放和共享为核心的新发展理念，深刻阐述了实现更高质量、更有效率、更加公平、更可持续发展的必由之路，是关系我国发展全局的一场深刻变革。

为此，建筑业必须牢固树立"创新、协调、绿色、开放、共享"的新发展理念。坚持创新发展，着力提升建筑产业现代化的内生动力；坚持协调发展，形成建筑产业平衡发展结构；坚持绿色发展，着力提升建筑产业与产品素质；坚持开放发展，拓展国际市场；坚持共享发展，实现合作共赢。在新发展理念的指导下，建筑业通过发展新型建造方式，深化供给侧改革，全面提升发展质量和效益，以更高的水平服务于工业化、信息化、城镇化、农业现代化和绿色化的"新五化"发展大局，支撑好雄安新区、粤港澳大湾区等国家重大发展战略，当好"一带一路"沿线投资建设的火车头，迈入科技引领、创新驱动、品质保障、绿色发展、效率兴企的高质量发展新时代。

1.4.3　新发展格局要求改革创新

加快构建以国内大循环为主体、国内国际双循环相互促进的新发展格局，是应对新发展阶段机遇和挑战，贯彻新发展理念的战略选择。

当今世界面临"百年未有之大变局"，新冠肺炎疫情给我国和世界发展格局带来深远影响，国际地缘政治关系异常复杂多变，中美、中俄、中欧等国际关系处于调整重构期，国际贸易增速显著放缓、贸易保护主义抬头，新一代科技革命和产业革命蓬勃兴起，我国经济社会发展主要矛盾转变，经济发展从要素驱动转型为创新驱动，中国进入了向第二个百年奋斗目标迈进的关键时期

运行相对独立、内部产业链条相对完整的建筑业，必将成为我国稳就业、拉内需、保增长的重中之重，将成为国内大循环为主体、国内国际双循环相互促进的新发展格局中的重要板块，是拉动众多关联产业发展的引擎，是助推国内国际双循环的重要力量。

第 2 章
"双碳"目标与中国建造

气候变化是人类面临的重大全球性挑战，我国是全球最大二氧化碳排放国，建筑业也是我国二氧化碳排放大户。2020年9月22日，国家主席习近平在第七十五届联合国大会一般性辩论上宣布："中国将提高国家自主贡献力度，采取更加有力的政策和措施，二氧化碳排放力争于2030年前达到峰值，努力争取2060年前实现碳中和。""2030碳达峰、2060碳中和"目标，是党中央经过深思熟虑作出的重大战略决策，它是一场广泛而深刻的经济社会系统性变革，面临前所未有的困难挑战。当前，我国经济结构还不合理，工业化、新型城镇化还在深入推进，经济发展和民生改善任务还很重，能源消费仍将保持刚性增长。与发达国家相比，我国从碳达峰到碳中和的时间窗口偏紧。

2021年10月24日，中共中央、国务院印发《关于完整准确全面贯彻新发展理念做好碳达峰碳中和工作的意见》（以下简称《意见》），在中央层面制定印发意见，对碳达峰碳中和这项重大工作进行系统谋划和总体部署，进一步明确总体要求，提出主要目标，部署重大举措，明确实施路径，意义重大。《意见》作为"1"，是管总管长远的，在碳达峰碳中和"1+N"政策体系中发挥统领作用；2021年10月26日发布的《国务院关于印发2030年前碳达峰行动方案的通知》，《意见》将与2030年前碳达峰行动方案共同构成贯穿碳达峰、碳中和两个阶段的顶层设计。"N"则包括能源、工业、交通运输、城乡建设等分领域分行业碳达峰实施方案，以及科技支撑、能源保障、碳汇能力、财政金融价格政策、标准计量体系、督察考核等保障方案。一系列文件将构建起目标明确、分工合理、措施有力、衔接有序的碳达峰碳中和政策体系，确保碳达峰碳中和工作取得积极成效。

建筑业作为能源消耗的三大产业之一，仍是一个劳动密集型且发展方式较为粗放的产业，是碳排放的重要来源，亟须推动生产方式的工业化、信息化、绿色化和国际化的发展，围绕"双碳"目标推进建筑行业发展方式和生产方式的变革已刻不容缓。

2.1 建筑业碳排放解析

我国是全球既有建筑量和每年新建建筑量最大的国家。据《中国建筑节能年度发展报告（2021）》统计，2019年全国建筑面积总量为644亿m^2（包括公共建筑面积134亿m^2、城镇居住建筑面积282亿m^2、农村居住建筑面积228亿m^2）。近年来，每年新建建筑面积约25亿m^2，拆除建筑面积约10亿m^2，净增建筑面积约15亿m^2。

据《中国建筑能耗与碳排放研究报告（2021）》统计，2019年全国建筑全过程碳排放总量为49.97亿tCO_2，约占全国碳排放比重为50.6%。

建筑碳排放可以以建材生产、建材运输、建筑施工、建筑运行、建筑拆除五个环节构成全寿命期排放量。建筑全寿命期碳排放中运行阶段占据最大比例，在60%～80%；其次是建

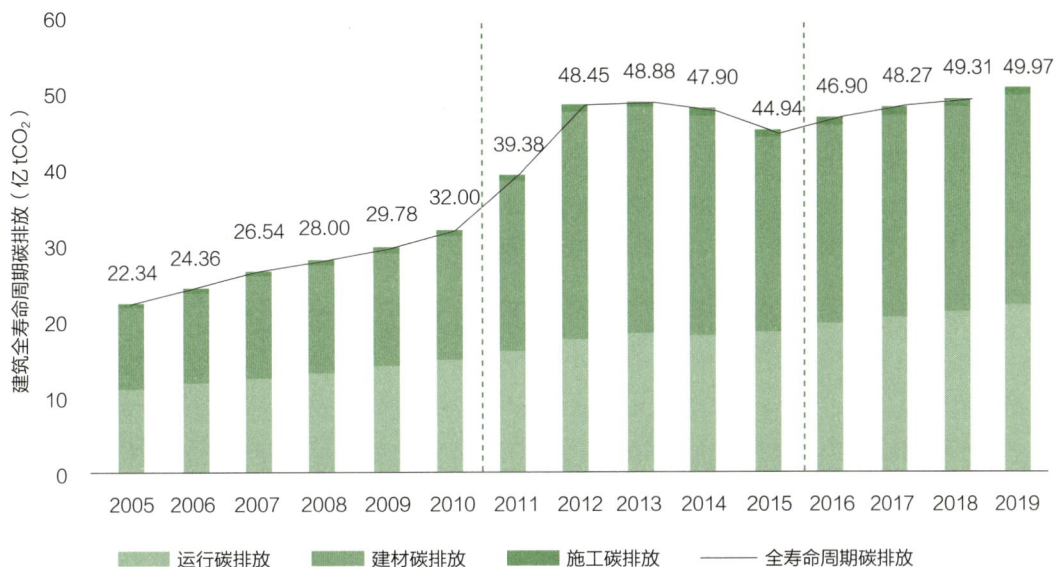

图2-1   建筑领域碳排放量变化趋势（2005~2019年）

数据来源：《中国建筑能耗与碳排放研究报告（2021）》

材生产的碳排放，在20%~40%；施工过程仅占5%~10%，拆除阶段占比更低。

21世纪以来，由于建筑建设量的迅速增加，建筑领域广义碳排放量逐年增加，2012年至今增长趋于平稳。详见图2-1。

"十三五"期间，随着大量新技术的应用，建材生产、建筑施工、建筑运行的单位碳排放强度均有所下降，但由于存量建筑总量的不断增加，建筑领域年碳排放总量仍呈上升趋势（增量放缓）。

有关研究表明，若要实现2030年建筑的"碳达峰"，则"十四五"期末建筑碳排放总量应该控制在25亿t二氧化碳，年均增速要控制在1.5%，"十四五"末建筑能耗总量应控制在12亿t二氧化碳，年均增速要控制在2.2%。能源转型委员会ETC发布报告称，中国的建筑业可以实现"碳中和"，但要在全寿命期内实现建筑的"脱碳"，需要对行业进行彻底的变革，要用"碳"的视角重新审视建筑的绿色发展，在此基础上，构建新的标准技术体系、政策法规体系、监测体系。

为此，政府和相关部门都已行动起来，《关于推动智能建造与建筑工业化协同发展的指导意见》明确要求实现工程建设项目全寿命期的建筑绿色化，推动建立建筑业的绿色供应链，提高建筑垃圾的综合利用水平，促进建筑业绿色改造升级。《绿色建筑创建行动方案》明确指出，到2022年，城镇新建建筑中绿色建筑面积占比要超过70%，星级绿色建筑持续增加，既有建筑能效水平不断提高，住宅健康性能不断完善，装配化建造方式占比稳步提升，绿色建材应用进一步扩大。中国建筑材料联合会也发布了《推进建筑材料行业碳达峰、碳中和行动倡议书》，要求全行业扭转以不可再生资源能源承载型为主要特征的发展模式，转向绿色资源能源、生态友好、高质量发展的新模式，提出我国建筑材料行业要在2025年前全面实现碳达峰，水泥等行业要在2023年前率先实现碳达峰。此外，《绿色建造试点工作方案》进一步推进绿色建筑产品和建造过程的统一，促进行业转型升级、减少碳排放、助力实现绿色可持续发展。

2.2 新型建造方式是实现"双碳"目标的必然要求

对标双碳目标和新发展理念要求，传统建筑业"大量生产、大量消耗、大量排放"的建造模式，不仅破坏了生态环境、消耗了大量资源和能源，而且也使资源供给难以为继，对建筑业的可持续发展已经造成了巨大压力和挑战，必须加快推动建筑业发展变革，通过大力推进建筑全寿命期的新型建造方式，实现建造过程"节能环保、提高效率、提升品质、保障安全"。

2.2.1 紧紧抓住绿色建造是实现"双碳"目标的核心

绿色建造通过以低碳环保理念为核心的一整套方式的综合利用，切实转变高物耗、高污染和粗放型的建造方式。绿色建造覆盖能源节约、清洁/可再生能源、资源循环利用、节水与水资源管理、污染防治、生态保护修复、适应气候变化等这些关键的绿色领域，力求全方位推动绿色转型。在绿色建造的各个环节中，绿色策划重要性尤为显著。要做好整体降低碳排放的统筹与策划，确定减少碳排放的目标、指标及主要路径，实现整体碳排放的减少。要进行一体化绿色低碳设计，从建筑设计源头降低碳排放。同时，从循环经济角度，加强建筑材料的循环利用，推广高性能混凝土、高强钢筋、结构保温一体化墙板等高强度、高耐久性材料，降低材料消耗量，发展性能优良的预制构件和部品部件，从源头减少建筑垃圾的产生，大力开展建筑垃圾的减量化，实现材料资源节约减少碳排放的目标。

2.2.2 深刻理解新型建筑工业化是实现"双碳"目标的基础

工业化建造方式与传统建造方式相比具有先进性、科学性，有利于促进工程建设全过程实现绿色建造的发展目标，是一场生产方式的转型。发展装配式建筑是实现建造方式工业化的主要路径，装配式建筑通过标准化工序取代粗放式管理，机械化作业取代手工操作，工厂化生产取代现场作业，地面性作业取代高空生产，从而提高建筑质量，减少使用后期维护成本。同时，现场作业的粉尘、噪声、污水大大减少，工程工期较大缩短，环境的影响大为减少。

2.2.3　准确把握智慧建造是实现"双碳"目标的关键

智慧建造不仅可以促进建造活动技术进步、提高效率，推动绿色效益提升和增强精益化，而且将导致生产方式的根本性变革，促进建造活动整体素质的提升。工业化与信息化深度融合是发展绿色建造的基本方向，要以信息化带动工业化，以工业化融合信息化，通过信息互联技术与建筑企业生产、建造技术和管理深度融合，实现建造活动的数字化和精益化。要增强正向BIM、大数据、智能化、移动通信、云计算、物联网等信息技术集成应用能力，加强信息技术在工程建造全过程中的应用，通过设计、生产、运输、施工、装配、运维等全过程的信息数据传递和共享，在工程建造过程中实现协同设计、协同生产、协同装配，实现减少差错，有效避免返工，从而节约资源。

2.3　实现"双碳"目标的路径分析

2.3.1　总体思路

新时代背景下，建筑业应以高质量发展为主题，从人民利益出发深化建筑业供给侧改革，依靠科技进步和技术创新，全面提高技术和管理水平，提升建筑产品品质，走出一条科技含量高、经济效益好、资源利用效率高、低碳环保的新发展道路。

建筑业的"双碳"目标要牢牢把握全寿命期、全过程、全参与方的特征。"全寿命期"即建筑业碳排放贯穿于规划设计、施工建造、运营全过程，和建筑全产业链紧密相关。"全过程"即碳减排要全过程参与，要充分了解建筑行业的特点和属性，制定有针对性的措施。"全参与方"即参与方众多，建筑业碳减排涉及政府、企业、居民等多方利益主体。同时抓住"三体"，即城市、社区、项目三大载体，通过大力推进新型建造来"做优存量、做精增量"，履行好"双碳目标"责任。

2.3.2　实施路径

1. 大力推广绿色低碳生产方式

实施"双碳"目标是一项长期、复杂而艰巨的任务，需坚持系统观念，加强顶层设计，多方参与、多措并举，才能确保战略目标如期实现。于建筑业而言，首先要开展碳排放定量化研究，确定碳排放总量及强度约束，制定投资、设计、生产、施工、建材和部品、运营等碳排放总量控制指标，建立量化实施机制，推广减量化措施，分阶段制定减量化目标和能效提升目标。其次，加强减碳技术的应用与研发，建立绿色低碳建造技术体系。要聚焦"双碳"战略目标，发挥科技创新的战略支撑作用，瞄准国际前沿，抓紧部署低碳、零碳、负碳关键核心技术研究，围绕新型建造方式、清洁能源、节能环保、碳捕集封存利用、绿色施工等领域，着力突破一批前瞻性、战略性和应用性技术。

2. 营造新型建造应用环境

建立新型建造方式体制机制，建立健全科学、实用、前瞻性强的新型建造方式标准和应用实施体系，完善绿色建造、智慧建造、工业化建造技术体系和建筑产品，强化新型建造方式下建筑产品理念。保障新型建造方式资源投入，加快对在数字科技、智能装备、建筑垃圾、低碳建材、绿色建筑等重点领域的技术、产品、装备和产业的战略布局。建立新型建造方式平台体系，打造创新研究平台、产业集成平台、成果应用推广平台。

3. 推进全产业链协同发展

形成涵盖科研、设计、加工、施工、运营等全产业链融合一体的"新型建造服务平台"。加快发展现代产业体系，发展先进适用技术，打造新型产业链，优化产业链发展环境，加强国际产业合作，形成全产业供应链体系。做强"平台+服务"模式，通过投资平台、产业平台、技术平台，把绿色低碳等都统筹起来，作为城市整体绿色低碳服务商，推进产业链现代化。关注超低能耗建筑和近零能耗建筑、新型建材等新兴产业。

4. 推动数字化转型

大力发展数字化产业，开拓智慧建造新产业，实现智慧建筑、智慧园区和智慧城市等业态的设计、施工、运营、运维等全寿命期数字化、智慧化管理和持续迭代升级。探索研究BIM与CIM技术融合及数字孪生技术，加强数据资产的建设与管理，建立可存、可取、可用的工程项目大数据系统，实现数据的互联互通。依托项目探索研究"互联网+"环境下建筑师负责制、全过程咨询和工程总承包协同工作机制，建立相应的组织方式、工作流程和管理模式，加快数字化新技术与主营业务深度融合。

5. 推动工业化发展

加大投入，形成差异化竞争优势，实现由"服务商"到"产品+服务"的升级。创新"伙伴产业链模式"，建立相关评价指标，形成长期稳定的企业协同创新链条。在装配式建筑的基础上，基于标准化技术平台将设计、生产、施工、采购、物流等全部环节整合，形成多个项目间可资源协同的经营模式，实现规模化效益。加快产业工人培育，重点培育掌握BIM、信息系统、数字化和智能化设备及专业技术方面的产业技术工人和基层技术人员。

2.4 关键减碳技术

据数据分析可以看出，降低建造（建材生产、建筑施工）和运行的碳排放，是我国建筑领域碳减排的重点。按照减少能源消耗、提高建造效率、实现资源替代的原则，实现建材、施工和运行减碳，可具体包括以下减碳路径。

2.4.1 建材减碳

鉴于建筑材料排放约16亿t二氧化碳，约占工程建造碳排放总量的90%，材料资源的节约是低碳建造的重中之重，从策划、设计、施工等阶段全面统筹，做好选材和用材，通过减量化、资源化、可循环的方式，实现材料资源节约（图2-2）。

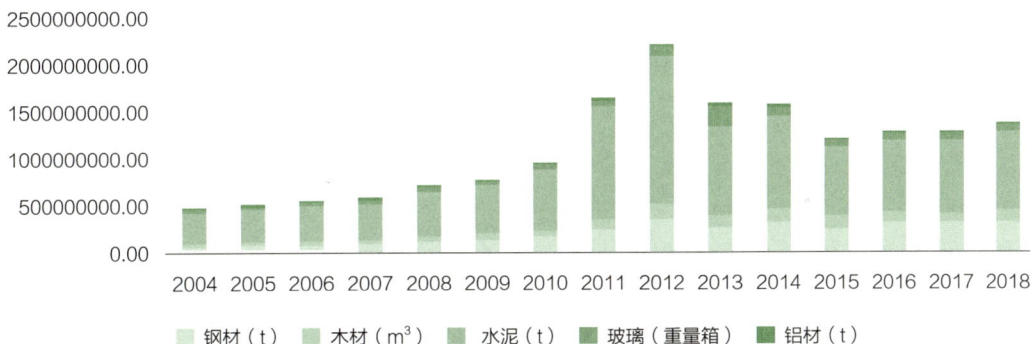

图2-2　我国主要建材消耗量（2004～2018年）

数据来源：《中国建筑业统计年鉴》

1. 减量化

从建筑造型上减量化，不搞"奇奇怪怪的建筑"，避免为保证结构安全性增加构件尺寸，或纯粹为了造型，增加一些塔、球、曲面等无使用功能的构件，从而增加材料用量。

优化建筑结构方案，对地基基础、结构主体形式、结构构件选型分析优化，选用安全、经济、适用的结构方案，减少材料的浪费。

采用土建与装修工程一体化，事先进行孔洞预留和装修面层固定件的预埋，避免在装修时对已有建筑构件打凿、穿孔；采用灵活隔断避免二次装修带来材料的浪费；推广全装修交房，避免毛坯房。

采用工业化建造方式，采用工厂生产的标准规格的预制成品或部品进行装配化施工，代替传统粗放的手工作业，大幅减少传统施工混凝土、砂浆、模板等材料的浪费。

材料选用上实现减量化， 选用高强度混凝土、钢，减小梁板柱尺寸，降低混凝土和钢材消耗；选用高耐久性材料，延长建筑物的使用寿命，免了建筑物过早维修或拆除而造成的巨大浪费；选用轻质高强材料，减轻结构自重，可以减小下部承重结构的尺寸，从而减少材料消耗。

采用信息化管理实现减量化， 例如，利用BIM技术实现设计、加工、施工的一体化协同，避免传统施工优材劣用、长材短用、大材小用等现象，减少材料浪费和建筑垃圾的产生。

通过施工过程合理策划实现减量化， 例如，采用商品混凝土和商品砂浆比现场搅拌可节约水泥10%，减少砂石现场堆放、倒放等造成的损失5%~7%。

2. 可循环

采用可循环建筑材料， 例如金属、玻璃、木材、石膏等，通过循环利用减少对天然资源的消耗；**采用可周转环保型模板，** 例如采用耐久性高、使用寿命长的铝合金、塑料等模板，减少模板消耗；**采用电动桥式等新型脚手架，** 施工安全可靠，装拆速度快，用钢量减少30%~50%；**采用模块化可周转临设，** 采用集成房屋，速度快，品质高，可多次重复使用。

3. 资源化

建筑垃圾资源化。 将建筑垃圾进行回收，用于城市景观营造，或进行再加工，作为原料生产砌块、再生混凝土，实现建材的循环利用。

建筑垃圾再生应用。 以建筑垃圾处理和再利用为重点，加强再生建材生产技术、工艺和装备的研发及推广应用，提高建筑垃圾资源化利用比例。例如，再生路基材料、再生混凝土、再生石膏等。

再利用工业废料。 进行混凝土天然骨料替代。例如利用高炉矿渣作为水泥的混合材，利用工业固体废弃物生产墙体材料，节约天然砂石资源。

废弃植物资源化应用。 实现废弃物资源化利用，利用工农业、城市和自然废弃物生产建筑材料，例如利用煤矸石、粉煤灰、矿渣、河库淤泥等生产墙体材料、市政材料、陶粒等。

2.4.2 施工减碳

建筑施工阶段碳排放占比比较小，但是作为建筑物最重要的阶段，施工过程中施工工艺的先进程度、建造方式以及建造手段均会影响全寿命期其他阶段的碳排放量。因此，施工阶段碳减排也是至关重要的。

1. 绿色施工工艺

在工程施工中全面贯彻绿色发展理念，推行设计、生产加工、现场施工的一体化建造水平，实现施工与建筑设计和运营的有机结合和良性互动，提高工程易造性和后期维护修缮的便捷性；加强低耗机械设备、可周转环保型模板、建筑现场垃圾减量化和资源化、永临结合技术等低消耗、低排放技术系统化应用，全面提升施工绿色低碳水平；积极推广施工材料工厂化加工，实现精准下料、精细管理，降低施工现场建筑材料损耗率；引导企业在施工过程中，严格执行绿色低碳施工相关要求，全面实施绿色低碳施工方案制度，将绿色低碳施工管理纳入施工现场评价体系，推行绿色施工减碳定量化管理模式，整体提升绿色施工的标准化、低成本化水平。

2. 工业化建造方式

整合工程全产业链、价值链和创新链，提升建筑工业化水平，实现工程建造的高质量、低消耗、低排放。全面推行标准化设计，实现装配式构件的少规格和多组合，提升工厂加工和现场施工的效率；优化构件和部品部件生产，将目前传统建造的现场加工转移到工厂加工，加工精度大幅提高，降低现场材料损耗；大力推进精益化装配施工，采用部品部件吊装、运输与堆放、部品部件连接等标准化施工工艺工法，以构件、部品装配施工代替传统现浇或手工作业，大幅减少施工现场建筑垃圾、污染、噪声；推广装配式装修，采用干式工法，将工厂生产的定制化装修部品部件与装配式主体结构、外围护结构、设备与管线等系统进行一体化设计和施工，实现质量易控、污染和浪费大大减少。

3. 智慧建造手段

集成5G、人工智能、物联网等新技术，积极推动传统工程建造向智能化发展，形成涵盖科研、设计、生产加工、施工装配、运营维护等全产业链融合一体的智慧建造产业体系。以BIM和信息化技术为基础，通过设计、生产、运输、施工、装配、运维等全过程的信息数据传递和共享，在工程建造过程中实现协同设计、协同生产、协同装配，并实现BIM交付，实现建筑、结构、机电、装饰全专业协同设计，实现设计、工厂加工、现场施工、运维的纵向拉通，提高建造精细化水平，避免"错漏碰缺"，有效避免返工，从而节约能源资源。

2.4.3 运行减碳

1. 做好本体节能

降低运行碳排放主要在于降低运行能耗，而降低能耗首先需要降低用能需求，作为低碳运行的首要条件。可通过以下途径实现：

空间形体节能。在建筑设计和使用中倡导利用建筑的先天节能因素，即自然通风和天然采光。通过有效的建筑设计手法与措施，使建筑具备在过渡季节和气候条件合适时具备充分利用自然通风的条件，可以大幅度降低空调能耗并有效改善室内空气品质；使建筑具备充分利用天然采光的条件，可以有效降低照明能耗并为室内人员提供良好的建筑心理环境。

围护结构节能。适当提高建筑外围护结构的热工性能与气密性能。超低能耗建筑与零能耗建筑等技术方向的发展，强调提高建筑外围护结构的热工性能与气密性能，从而大幅度降低室外气候对室内环境的不利影响，尤其对于降低建筑供暖能耗贡献巨大。

2. 提高用能效率

在"降低用能需求"已经完成的前提下，建筑仍有必要的用能需求需要保障，这些正常的用能需求是通过建筑机电系统供应的，主要包括供暖空调系统、电气系统（供配电、照明、电梯等）、给排水系统。建筑机电系统在提供的服务和消耗的能源间存在重要的比例关系，即用能效率，提高用能效率可以在提供同等服务的情况下有效降低能耗，从而降低运行碳排放。提高机电系统用能效率应从如下途径解决：

选用高效设备。选用新型的高效设备，如高效冷机、水泵、冷却塔、变压器、照明灯具、节水器具等。在系统设计中主要采用高效的系统形式与运行方式，如变风量变水量系统、大温差系统，低阻力管路、风道系统，能源中心近负荷中心配置，低损耗电路系统等。

建筑用能电气化。建筑等终端部门要实现深度脱碳，在加大节能和能效提升力度的同时，应加快建筑用能电气化发展，以电力替代煤炭、石油等化石能源直接燃烧和利用，减少直接碳排放。

智能运行维护系统。所有的高效设备、高效系统想要在实际运行中发挥出高运行效率，都离不开运行维护，而传统的人工运行维护方式存在简单低效、无法实现设计意图等固有问题，近年来随着自动控制、人工智能等技术的发展，采用智能化运行维护系统已经成为机电系统运行维护的必备手段，为机电系统长期、稳定、高效运行提供了有效的保障。

3. 采用可再生能源替代

采用生物质、地热能、太阳能等新能源，采用微电网、直流电、高效储能等新技术，设置智慧能源管理系统，统筹协调用能及产能，实现产品对能源资源消耗最低化、生态环境影响最小化、可再生率最大化目标。

热泵。包括水地源热泵、污水源热泵等，是以电或热作为驱动力将建筑内热量与空气、地表水、污水、土壤进行热交换的方式，所获取的有效冷热收益可达直接能源消耗的数倍。

地热能。我国地热资源丰富，已发现的地热显示区有3200多处，其中热储温度大于150℃，可用于发电的有255处。我国地热可采储量约相当于4626亿tce，资源潜力占全球总量的7.9%。地热能经简单换热或处理便可用于建筑供暖或生活热水，具有很高的应用价值。

太阳能。太阳能利用主要包括太阳能热水、太阳能采暖制冷、太阳房和太阳能光伏发电等技术。太阳能热利用在我国已有多年应用历史，技术和应用都已成熟。并且由于太阳能光伏供应的是电力，可以满足建筑各种用能形式的需求，在有效控制建筑用能需求的前提下，因建筑拥有庞大的表面面积，建筑一体化光伏有望成为建筑领域实现碳中和甚至对外供能最为重要的途径，近期已经呈现火热发展的趋势。

生物质能。生物质热利用包括沼气、生物质气化和致密成型技术。户用沼气在我国农村地区已有较广泛的应用，为居民提供清洁生活燃料，随着社会经济水平的不断提高和畜禽集中养殖，应在农村发展户用沼气的同时，积极发展大中型畜禽养殖场和村级沼气工程。生物质致密成型燃料生产技术可明显提高产品的能量密度和燃烧效率，易实现产业化和规模应用，用作农村居民和供暖锅炉燃料。生物质能的利用方式与生物质能源产业的发展和建设息息相关。

光储直柔技术。"光储直柔"是指包括光伏发电、高效储能、直流输电、柔性控制四个阶段的一种新型能源技术，实现建筑领域直流配电和柔性用能，从而提高建筑电气效率、平抑电网峰谷差和完成大比例可再生能源消纳，实现建筑碳中和。

第 3 章

以新型建造方式推动
中国建造升级

3.1 新型建造方式理念内涵

3.1.1 生产方式向新型建造发展的必然趋势

长期以来，建筑业的劳动生产率提高速度慢，与其他行业和国外同行业相比，大多数施工技术比较落后，科技含量低，施工效率差，劳动强度大，工程质量和安全事故居高不下，工程质量通病屡见不鲜，建设成本不断增大。究其原因是建筑业目前存在着"四多"现象：手工操作多，现场制作多，材料浪费多，高空作业多。这"四多"现象一直影响着建筑业的形象，制约着建筑业的快速发展。

国际建筑业的发展趋势告诉我们，中国已到了加快推进建筑工业化的重要历史时期。当前，我国施工企业都把转型升级作为改革发展的主线，紧紧抓住建筑生产方式和建筑部品的变革、集成和创新等关键环节，努力实现由数量型向质量型、速度型向效益型、劳动密集型向科技密集型、粗放型向集约型的转变。实践建筑工程"以现场工厂化、预制装配式为生产方式，以设计标准化、构件部品化、施工机械化、管理信息化为特征，能够整合设计、生产、施工等整个产业链，实现建筑产品节能、环保、全寿命期价值最大化的可持续发展"的新型建造生产方式，达到减少建筑用工、缩短建设工期、降低劳动强度、确保工程质量、节能降耗、提高综合效益等各项预期目标。

现有建筑的建造方式仍以现场施工为主，多年来，我国建筑建设一直采用现场"浇灌式"的施工方式，生产的流动性差，工作环境差，手工操作多（尤其在广大农村，建房还是以手工砌筑的方式进行），体现为高度的分散生产和分散经营。带来的结果一是环境污染大，二是劳动生产效率低，三是质量缺陷问题多，品质保障难以有效控制，四是安全隐患多，保障措施费用高，损失浪费比较严重。

站在历史观、未来观和全局观的视角，紧紧抓住影响产业竞争力的关键领域和短板，通过改革和创新来推动行业转型升级、提质增效。当前，在新材料、新装备、新技术的有力支撑下，工程建造正以品质和效率为中心，向绿色化、工业化和智慧化程度更高的"新型建造方式"发展。新型建造方式的落脚点体现在绿色建造、智慧建造和建筑工业化，将推动全过程、全要素、全参与方的"三全升级"，促进新设计、新建造、新运维的"三新驱动"。

1. 站在历史观，深刻理解新型建筑工业化是产业高质量发展的基础

纵观历史，人类社会先后经历了三次大规模的工业革命，每一次都推动了社会生产力巨大跃升。当前，第四次工业革命大潮也已汹涌而至，席卷众多领域，极大改变了产业生态。改革开放以来，建筑业抓住了劳动力充足、资本稀缺时代的发展机遇，通过对工程建设体制

机制的改革，通过建造技术装备的持续提升，将产业发展成为一个规模巨大的支柱产业。但伴随着人口红利的消失和更充足的资本涌入，建筑业必须向工业化进程的更高级阶段迈进，也就是新型建筑工业化。发展新型建筑工业化是落实党中央、国务院决策部署的重要举措，是促进建设领域节能减排的有力抓手，是促进当前经济稳定增长的重要措施，是带动技术进步、提高生产效率的有效途径，是提升建筑业国际竞争力的有效路径。

2. 站在未来观，准确把握智慧建造是产业高质量发展的关键

当前正在加速推进的第四次工业革命，其实质就是新型基础设施建设。新基建将奠定人类数字文明的发展基础，不仅本身形成了规模庞大的数字经济产业，还将颠覆传统产业，使之走向数字化，从而产生不可估量的投资叠加效应和乘数效应。此外，新基建触发带动新技术的应用，必将推动建筑业加快技术升级的步伐。根据麦肯锡的研究，从世界范围来看，工程行业的生产力提升一直相对缓慢，过去20年间，生产力平均每年提升1%。而未来应用新技术后可以帮助工程行业提升约15%的生产力。其关键就是发展新型建造方式，推动智慧建造的发展与应用。这是顺应时代的必然要求，是提升行业科技含量、提高人才素质、推动国际接轨的必然选择，是解决我国资源相对匮乏、供需不够平衡等发展不充分问题的必由之路，也是中国建筑产业未来占据全球行业制高点的关键所在。

3. 站在全局观，紧紧抓住绿色建造是产业高质量发展的归宿

如果要寻找建筑业高质量发展的核心指导理念，应该以人为本，体现在为人民群众提供更高品质的建筑产品，打造更具价值的应用场景，提供更优质高效的建造服务，要兼顾人与自然，也就是要实现绿色建造。为此，要把握道法自然、承启中华、AI赋能的绿色建造发展路径，把在家园层面实现绿色、生态作为建筑业高质量发展的根本归宿，通过推动面向未来的绿色建造技术应用，把建造的绿色化水平由浅绿推向深绿，在未来的绿色建筑中实现群落智慧的碳平衡，真正贯彻落实"绿水青山就是金山银山"的理念。

3.1.2　新型建造方式新理念、新内涵

为更好应对可持续发展的挑战和行业转型升级的需求，在新材料、新装备、新技术的有力支撑下，要以品质和效率为中心，向绿色化、工业化、智慧化程度更高的"新型建造方式"发展，其关键在于进一步解放生产力和改善生产关系，也就是要推动生产方式的转型升级。新型建造方式以"绿色化"为目标，以"智慧化"为技术手段，以"工业化"为生产方式，以工程总承包为实施载体，以绿色建材为物质基础，实现建造过程"节能环保、提高效率、提升品质、保障安全"。新型建造方式（Q-SEE）是在建造过程中，以"绿色、智慧、工业化"为特征，更好地实现建筑全寿命期"品质提升（Q），安全保障（S），节能环保（E），效率提升（E）"的新型工程建设方式，其落脚点体现在绿色建造、智慧建造和建筑工业化。

新型建造方式依赖于深化供给侧结构性改革，绿色建造、智慧建造、建筑工业化的关键核心在于推动生产方式变革、推动劳动效率提升、推动建筑产品品质，提高行业供给质量，

创造和引导新的需求，矫正要素配置扭曲问题，淘汰落后产能，提高资源配置效率，不断开辟新领域，重塑行业发展新生态，解决发展模式低效粗放的问题，实现产业形态从生产型建造向服务型建造的转变。主要具有以下几个方面的特征：

1. 发展目标绿色化——推进绿色建造

绿色建造追求绿色建筑产品和建造过程的统一，是可持续发展理念下工程建造的本质追求。绿色建造在推进中应遵循以下原则：先进理念是指导，符合国情是重点，因地制宜是抓手，以人为本是目的，自主创新是灵魂，投入产出是关键，单项技术是基础，集成技术是核心，政策法规是保障，持续发展是根本。

要从以下层面持续推动：一是理念上要形成对绿色建筑的系统认识，通过系统梳理绿色建筑的内涵，以清晰的理念指导工程实践，完善建造管理体系，向绿色建造的更高形态升级。二是目标上要突出工程建造综合效果最优，从全寿命期出发，统筹考虑项目建设各个目标，系统策划实施，追求综合效益最优。三是要提升全产业链水平，带动包括绿色设计、绿色施工、绿色建材等产业链环节，优化配置人、机、料、法、环等产业要素，有效支撑绿色建造实施。

2. 组织管理集约化——发展工程总承包

当前，建筑产业"碎片化"、信息孤岛和协同不足等，造成了产品观念不强、资源整合能力不足、产业整体效率不高，亟待推进工程总承包、设计施工一体化、全过程工程咨询，优化专业类别结构和布局，提升项目集约化管理水平。为此，一是推进管理标准化，完善企业标准管理、员工观念培养、监督机制"三位一体"的管理模式，向精细化管理转型；二是推行项目目标责任管理、项目策划、集中采购等，建强管理机制，提高执行力；三是着眼项目全生命期，强化协同，优化组织结构，完善运作流程，提高信息化管理水平，推动设计、施工、采购的深度交叉与高效协同，做好权责利的协调，提升运行效率。

3. 技术手段智慧化——探索智慧建造

当前，在新一代信息技术的推动下，工程建造行业将必然向智慧建造时代迈进。我们认为，智慧建造是在设计和施工建造过程中，采用现代先进技术手段，通过人机交互、感知、决策、执行和反馈，提高效率和品质的工程活动。智慧建造覆盖建筑、基础设施等土木工程各个领域，影响工程建造各个环节，不仅变革建造模式，还将改变企业运营乃至行业管理，是数字化的新型建造方式。

当前，智慧建造在我国得到了高度重视和快速推进，但仍然存在着亟待解决的一些问题，为此，一是以全过程集成应用为主导，打造优势。探索新型设计组织方式、流程和管理模式，构建智慧工地基础平台和集成系统，推动施工机器人的发展，打造项目多参与方协同工作平台，拉通建造全寿命期和全产业链，开拓"平台＋服务"的工程建造新模式，推动智慧设计、智慧工地和智慧企业发展。二是以自主研发BIM基础平台为支撑，补齐关键软件短板。目前，我国具有自主知识产权的BIM基础平台缺失。为此要加大基础平台的研发投入，重点解决三维图形引擎等关键技术，建立国家标准，加快突破智慧建造自主发展的技术瓶颈。三是以服务智慧城市建设为方向，拓宽智慧建造领域。通过现代科技的集成创新，将建筑和基础设施的系统、服务和管理等基本要素进行优化重组，开拓智慧建筑、智慧社区、智慧交通、智慧环保等新业态。

4. 生产方式工业化——推动新型建筑工业化

新型建筑工业化的主要标志是实现建筑设计体系标准化、构配件生产工厂化，现场施工装配机械化和工程项目管理信息化。我们要科学合理地推动建筑工业化发展：一是完善装配式建筑的产品及技术体系，一体化统筹各专业，强化主体结构与其他部件的匹配度，进一步推动全产业链的高度集成和纵向贯通，完善产品体系和技术体系。二是提升装配式建筑产品的品质，进一步强化协同设计和标准化设计，打破"等同现浇"理念约束，变革照搬现浇施工的"经验主义"做法，强化设计与施工的一体化，科学确定建造工艺，打造高品质产品。三是提高装配式建筑的技术经济协调程度，不盲目追求"预制率"等指标，切实把品质提升和经济合理作为工程建造的根本准则。

5. 发展动力市场内生化——强化建筑产品理念

建筑产品全寿命期所涉及的相关方众多、利益导向不一致，不利于品质提升。建筑作为一种市场化的商品，应着力强化产品理念，为此：一是要形成完备的产品建造说明书，来体现产品性能，使用户消费得明白，完善建筑效果后评估等机制，促进建设各方和最终用户的信息对称，增强打造高品质产品的市场内生动力。二是要形成完备的产品使用说明书，使消费者用得明白。要改进使用者行为模式，推动建筑运行更加智能、先进，引导和规范使用者形成合理的行为模式，把建筑产品生命期拉通。

3.1.3　新型建造方式关键技术综述

新型建造方式关键技术随工程建筑生产方式的改进而不断提升，总体特征体现为高度智能化、互联互通强、升级迭代快。具体可分为绿色建造技术、智慧建造技术及工业化建造技术3大类（图3-1）。

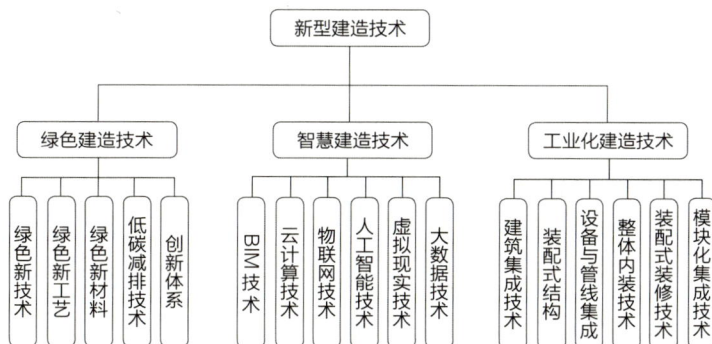

图3-1　新型建造技术分类

绿色建造技术是指在工程项目的规划、设计、建造、使用、拆除的全寿命周期过程中，能在提高生产效率或优化产品效果的同时，又能减少资源和能源消耗率，减轻污染负荷，改善环境质量，促进可持续发展的技术。绿色建造技术包括绿色策划、绿色设计、绿色生产采购、绿色施工、绿色交付、综合管理等。通过绿色建造，提高资源的利用效率，更有效控制环境污染，作业强度也会大大降低，总体建造效率得到更大提升，促进建筑业转型升级。

智慧建造技术是指通过智能化的感知、人机交互、决策和执行技术，实现设计过程、建造过程和建造装备等建筑建造全寿命周期的智能化，是新一代信息技术和智能技术与工程建造过程技术的深度融合与集成，是在建造过程中进行感知、分析、推理、决策与控制，实现产品需求的动态响应，新产品的迅速开发以及对生产和供应链网络实时优化的建造活动。智慧建造技术涉及建筑工程全寿命周期，主要包括智能规划与设计、智能生产、智能施工和智能运维与服务4个模块。主要技术有BIM技术、物联网技术、3D打印技术、人工智能技术、云计算技术和大数据技术等，不同技术之间相互独立又相互联系，搭建了整体的智慧建造技术体系。

建筑工业化是指通过现代化的制造、运输、安装和科学管理的大工业的生产方式，来代替传统建筑业中分散的、低水平的、低效率的手工业生产方式。包括设计技术、制造技术、总装技术和信息技术。主要标志是建筑设计标准化、构配件生产工厂化，施工机械化和组织管理科学化。工业化建造技术的核心是实现装配式建筑的手段，即设计、生产、建造过程的工业化与信息化。相对于传统技术，工业化建造技术难度更大、内容更广、分类更细。它不是对传统建筑技术的单点突破，是从多个维度对行业的整体提升。

3.1.4 新型建造方式典型案例

新一代建造服务，尤其以"制造+创造+建造"为特征，推动现代工业技术、信息技术与传统的建筑业融合创新，实践"研发+设计+制造+建造+服务"高度集成的新生产与服务体系。2020年7月，第三波新冠肺炎疫情在香港肆虐。在这样的形势下，应香港特区政府请求，习近平总书记亲自批示中央紧急支援建设香港临时医院等防疫措施。香港临时医院由深圳市援建、中国建筑国际集团负责承建，采用工程总承包DB模式实施。香港临时医院项目面临标准高、工期短、组织难度大等艰巨挑战，项目团队在建设过程中通过管理新模式、设计新思路、建造新技术的"三新"探索，取得了产品高品质，建造快速度的"一高，一快"建设成效，树立了工程建设行业的新典范。体现在以下几个方面：

1. 管理新模式——"一国两制"援建项目模式

香港临时医院是中央援助同心抗疫工程，按永久建筑标准、采用DB工程总承包模式和全英文合约的国际化建造模式，设计需深港两地审批，符合香港两署（建筑署和工务署）标准，要达成"完工即达标"的目标，是中央援建工程的重大模式创新。

2. 设计新思路——基于DFMA的模块化设计

将先进制造业DFMA（面向制造和装配的设计）理念和方法引入工程建造，在结构、机电、装饰各专业充分考虑可制造性和可装配性。项目基于DFMA的模块化设计方法，自主研发负压隔离病房MiC（模块化集成建筑）新产品，采用MiC模块与预制钢结构、预制混凝土结构、预制机电模块的混合体系，应用全过程BIM，将设计协调时间减少2/3，实现各专业高度集成，并与设计、制造、装配全周期高效衔接，达到了工厂预制、现场组装的最优效率。

3. 建造新技术——MiC结合智慧建造技术

负压隔离病房MiC单元件在工厂智能化生产，将设计BIM模型与工厂MES系统和现场智慧工地打通，并结合VR、AR等技术服务建造和运维，实现了全过程智慧建造，全部524个MiC单元件在两个半月完成工厂制造、在1个月内完成现场安装。通过MiC与智慧建造的融合创新，实现了"异地工厂并行制造+现场组装"的模块化快速建造，树立了新型建造方式的典范。

4. 产品高品质——国际一流品质防疫医院

香港临时医院是全球首家全MiC负压隔离病房传染医院，可抵御10号飓风、50年一遇洪水，其高品质体现在很多方面。一是安全。采用多项安全设计，避免交叉感染。在病房采用阶梯负压设计，满足每小时12次新风换气，气密性达到最高标准要求，病毒过滤超过99.97%，达到了近乎绝对安全。二是绿色。负压隔离病房MiC全部在工厂制造，现场高效安装，垃圾排放少、资源利用率高，并可完整再利用，将循环经济发挥到了极致。三是智慧。采用智慧医院设计理念，应用了5G信息化智慧医院等最新技术，采用了多种智能化系统，能有效提升医护人员工作效率。

5. 建设快速度——快速建造新标杆

香港临时医院项目用4个月极限工期按永久建筑标准完成了正常需建设3~4年的国际一流品质的传染病医院，建成后命名为香港北大屿山医院感染控制中心。

香港临时医院项目通过科技创新探索新型建造方式，推动了"制造、创造、建造""三造"融合创新，应用DFMA模块化设计与MiC建造方式，实现了"工厂、现场"的"两场"最优组合，将传统基于现场的线性建造方式变革为"异地并行制造+现场高效组装"的新一代快速建造方式，在工程建设领域探索了"建造4.0"，是绿色化建造、智慧化建造、工业化建造、国际化建造"四化"协同的行业标杆。

3.2 新型建造方式支撑中国建造发展

新型建造方式是中国建造突出的表现方式，是做大做强中国建造的重要支撑。通过推进新型建造方式，可以提高行业供给质量，创造和引导新的需求，矫正要素配置扭曲问题，淘汰落后产能，提高资源配置效率，不断开辟新领域，重塑行业发展新生态，解决发展模式低效粗放的问题，实现产业形态从生产型建造向服务型建造的转变，将引领我国建筑业迈入高质量发展新时代，为弯道超车迈入国际一流带来了历史机遇。

中国建造的创新驱动和高质量发展，依赖于深化供给侧结构性改革。新型建造方式的落脚点在绿色建造、智慧建造和建筑工业化，绿色建造、智慧建造、建筑工业化的关键在于推动全过程、全要素、全参与方的"三全升级"，促进新设计、新建造、新运维的"三新驱动"，从而推动生产方式变革、推动劳动效率提升、推动建筑产品品质提高。

3.2.1　新型建造方式是增强国家竞争实力的有效途径

建筑业上下游链条长，辐射范围广，大量的制造业产品以建筑、基础设施为终端。推进新型建造将为建设数字中国、美丽中国提供广阔的实践场景，带动绿色建筑、智慧社区等众多领域发展。特别是在当前外部形势下，"中国建造""走出去"更具便利和优势，通过新型建造塑强"中国建造"品牌，有利于更好服务"一带一路"建设，带动众多关联产业走向国际市场，进而推动"中国制造"整体更好"走出去"，提升我国竞争实力。

3.2.2　新型建造方式是推动智慧城市建设的重要支撑

建筑和基础设施是城市构成的基本物质单元。通过新型的智慧建造，创造智慧建筑、智慧基础设施，能够实现建筑和设施的联结、感知、智能，因此智慧城市的运行具备了支点、纽带与空间，使得生产经济活动和社会生活互联互通、高效便捷。

3.2.3　新型建造方式是实现建筑业可持续发展的必由之路

当前，我国经济已转向高质量发展阶段。传统建造方式面临的资源、环境、人力等制约不断凸显，难以满足新时代发展要求。新型的绿色建造、智慧建造采用现代技术手段，能够显著提高建造及运行过程的资源利用效率，减少对生态环境的影响，实现节能环保、效率提高、品质提升与安全保障，是行业可持续发展、迈向更高端水平的必然选择。

3.2.4　新型建造方式是深化建筑业供给侧结构性改革的落脚点

建筑业高质量发展，依赖于深化行业供给侧结构性改革，关键就是要通过推进新型建造方式，提高行业供给质量，创造和引导新的需求，矫正要素配置扭曲问题，淘汰落后产能，解决建筑业发展粗放的问题，升级生产方式，扩大有效供给，提高资源配置效率，不断开辟新领域，更好地满足人民需要，引导发展动能转换，提高全要素生产率，重塑行业发展新生态。

3.3 "三造"融合推动中国建筑业高质量发展

习近平总书记在2019年新年贺词中提出,"中国制造、中国创造、中国建造共同发力,继续改变着中国的面貌"。这一重要论断,内涵丰富,影响深远。2021年全国住房和城乡建设工作会议指出,要加快发展"中国建造",推动建筑产业转型升级。建筑产业转型升级的基本表现在于高质量发展,而高质量发展本质上是体现新发展理念的发展,关键在于转变发展方式。

近年来,国家相关部委陆续发布了《关于加快新型建筑工业化发展的若干意见》《关于推动智能建造与建筑工业化协同发展的指导意见》等文件,在智能建造和新型建筑工业化等方面作了科学部署,特别是伴随着"双碳"目标逐步深入人心,绿色低碳发展成为行业共识,中国建造的优化升级直接决定着建筑业实现"双碳"目标的进程。因此,必须大力发展以绿色化、智慧化、工业化和国际化为代表的新型建造方式,推动中国建造优化升级,助力建筑行业高质量发展,助力实现"双碳"目标。

新型建造方式的基本理念需要以"三造"融合创新、统筹"四化"协同发展,推动行业高质量发展,引领"中国建造"迈向"建造强国"。

3.3.1 "三造"融合创新驱动高质量发展

对建筑业而言,如何借助中国制造、中国创造、中国建造这"三造"融合来推动技术创新与行业变革,将是建筑业实现高质量发展的最根本路径。中国创造引领中国制造,中国制造支撑中国建造,中国建造推动中国创造、中国制造更好发展。"三造"融合不但可改变中国,还将影响世界。回顾建筑业发展历史,不难看出,建筑业的技术革命与钢铁工业、机械制造业、信息产业等工业部门的技术变化紧密相关,"制造+创造+建造"是建筑业生产方式变革的内在基因。长期以来,我国建筑业生产方式总体上仍比较落后,还没有真正完成建筑工业化。横向比较,制造业技术先进性已经显著领先于建筑业,在生产效率、质量控制、环境保护等诸多方面都具有明显优势,因此制造业先进技术向建筑业外溢、转移和扩散将是发展的必然趋势。以"制造+创造+建造"为特征,推动现代工业技术、信息技术与传统的建筑业融合创新,寻求建筑艺术与建造技术的完美契合。

探索"研发+设计+制造+建造+服务"高度集成的新生产与服务体系,代表了建筑业生产方式变革的内在基因,并将适应不同类型建筑特点要求,衍生出新一代装配式建筑MiC(模块化集成建筑)、钢筋现场工业化、3D打印建筑等多条路径的有效探索,创造更为广阔的新技术应用场景。

3.3.2 "四化"协同发展推动建造方式变革

在新发展理念的要求下，促使传统建造方式向节能、绿色、低碳、环保等现代化建造方式转变，推动中国建造绿色化、智慧化、工业化和国际化协同发展，是新时代面临的新任务，更是我国建筑业推动供给侧结构性改革的重要举措。

1. 绿色化是新理念的重要要求

面对严峻的碳排放攀升形势，为进一步加强建筑领域绿色化和减碳力度，转变传统建造方式，大力发展绿色建筑，是实现建筑领域碳减排的重要举措。建筑领域除降低建筑用能实现碳中和，更需要通过技术创新实现绿色发展，推动以建筑设计为主导的技术方法创新，推进空间节能和设备系统节能的融合，大幅降低供暖、空调、照明、电梯等用能需求，促进部分时间、部分空间的低碳用能理念落实，对减少建筑运行阶段碳排放至关重要。在碳达峰碳中和的目标指引下，未来"零碳"建筑、被动房、低能耗住宅将成为绿色建筑的重要发展方向。

2. 智慧化是新时代的关键引擎

从数字化、智能化到智慧化已成为全球建筑产业未来发展的主要方向，是行业竞争力和创新力的直接体现。从工程建造产业链来看，在BIM、大数据、物联网、人工智能等新一代信息技术的支撑下，建筑业数字化转型是大势所趋。工程建造从设计、施工到运维的数字化转型持续加快，正驱动数字建造向智能建造、智慧建造升级，新型建造方式的发展得到了技术上的有力支撑。从各建造相关主体看，无论是工程项目管理模式、建筑企业管理的方式，还是宏观层面政府监管，都在向数字化快速迈进。智慧建筑、智慧社区、智慧交通、智慧水务等支撑了智慧城市建设，把社会发展提升到了新的高度。

3. 工业化是现代化的坚实基础

随着社会经济发展和城镇化水平提高，国家及行业对环保要求越来越严格，施工现场劳动力短缺和成本不断提升等问题不断凸显，对施工现场作业方式、建筑节能降耗、建筑垃圾循环利用提出了更高的要求。新型工业化建造方式是提高劳动效率、提升建筑质量的重要方式，对带动建筑业全面转型升级、打造具有国际竞争力的"中国建造"品牌具有重要意义。

同时，新型工业化需强调建筑、结构、机电、装修"全专业一体化"和包含规划设计、生产制造、施工装配、智慧运维的"全流程一体化"，其前提是设计与工艺标准化。工业化建造也不应局限于装配式建筑，施工现场工业化也是工业化一种场景，如空中造楼机和住宅造楼机等智能化产品就是现场工业化的一种实现方式。

4. 国际化是新格局的关键要求

当前，国际经济政治环境复杂多变，各种不稳定性因素交织，全球产业化分工格局面临历史性重构，大国竞争日趋激烈，新一轮科技革命和产业变革深入发展，边缘创新和跨界融合趋势凸显。

挑战和机遇并存，建筑企业实施海外战略，参与"一带一路"建设，有利于在新发展格局下统筹利用国际国内两个市场、两种资源，深化国际产能合作、拓展国际发展空间，增强经济活力、影响力和抗风险能力。

建筑业要以更深邃的历史眼光、更高的目标站位和更强的使命担当，推进国际化经营，充分发挥全产业链优势，在更大范围内参与全球竞争，整合全球创新资源，以技术标准带动产业国际化融合，坚持国际化视野，体现中国元素，积极推进工程总承包、工程全过程设计咨询服务等有效模式，加快建立市场诚信体系，推进与国际化接轨的进程，向着世界领先水平阔步迈进。

3.4 新型建造方式发展目标

当前，中国建筑业进入了"品质提升时代"，人民对居住环境的要求从功能向性能升级，"绿色、智慧、健康、宜居"等成为引领行业发展的新趋势，随着新型建造方式的深入发展，很快会有以下4个方面的发展趋势：

1. 建造方式更加集约、现代化

新型建造方式是以绿色发展为理念，以技术创新为支撑，以信息化和现代化的组织管理为手段，形成建筑设计、生产、施工和管理一体化的现代化建造方式，解决工程质量、效率、绿色发展等方面遇到的问题，整体上将建筑生产的全过程连接为一个完整的产业系统，会大幅推动建筑方式的转变和革新，实现标准化设计、工厂化生产、机械化智能化施工，未来就可以像制造汽车一样制造房屋。

2. 组织关系更加高效、智能化

建立与建造方式相适应的组织关系和管理模式，将会大力提升建筑产业现代化的内生动力。BIM、大数据、云计算、5G和虚拟现实等信息技术，以及检测、施工等机器人的出现，将信息技术、人工智能技术与工程建造技术深度融合、集成为一体，全面提升了建造过程的感知、决策、预测能力，生产、管理和决策会更加高效、智能化。

3. 建造过程更加绿色、可持续

发展绿色化的设计技术、施工技术、建材和产品，是新型建造发展的核心和最终目标，是推动我国节能减排，保护民生，实现"绿水青山"的重大举措，这也是我国建筑未来十年甚至更长一段时期内的发展要求。

4. 产业协同更加完善、高效率

鉴于建筑部件、产品的复杂性，以及涉及材料、物流、生产、制造等多个环节，不同主体之间必须形成合力，发挥协同效应，才能实现产业链价值的最大化。随着新型建造的推进，这种协同会更加完善，变得高效。

展望2035年，新型建造方式应全面引领中国建筑绿色低碳转型，打造新型建造方式创新平台与产业平台，创新体制机制，重点突破一批新型建造领域关键技术，推进建造方式升级，打造新型建造特色工业化产品体系、数字产业化经济和"平台+服务"的新发展模式，建立绿色、智慧、工业化融合的产业生态，以新型建造方式带动中国建造业务提质增效，有效提升履约能力，保障建造安全，彰显"中国建造"品牌。

——践行"双碳"战略，推进绿色发展

打造高品质绿色建筑、近零能耗建筑、健康建筑等，引领新一代绿色建筑发展方向，形成自然生态优美、产业生态完善、社会生态和谐的新型城市。实现建造过程低碳排放，有效节约资源，与环境和谐共处。大量采用绿色建材，推广近零能耗建筑，确保2035年建筑垃圾现场排放量减少50%，最终排放量降低至20%以下，全中国建造碳排放量相比2020年减少30%。

——发展数字产业，打造智慧企业

建立智慧建造技术和软硬件产品体系，实现"软件自主、感知自动、装备智能、数据自控"的智慧化发展，形成面向未来的智慧建造大脑和数字化产业，全面推进中国建造智慧化转型发展，研究智慧工地、智慧社区、智慧城市建设，助力建设数字孪生城市。

——发挥制造优势，升级建造方式

打造新型建造特色工业化产品体系与EPC建造模式，创新内外部垂直产业链合作模式，形成长期稳定的工业化建造协同创新链条，实现建造业务品质领先、集约高效、低碳环保，确保在建造业务上不可动摇的领先地位，提升建造业务核心竞争力和创效水平，引领行业发展。

3.5 新型建造方式发展环境

整体而言，建筑业应抓住以新型建造方式为核心的生产体系的变革，要围绕新型建造方式规划、平台支撑、产业体系等方面策划实施路径，培育核心竞争力。从国家及行业战略层面，宜优先推动实施综合措施。

3.5.1 创造新型建造方式发展的应用环境

1. 建立新型建造方式体制机制

推进设计施工一体化，全过程工程咨询，优化专业类别结构和布局，探索工程项目企业标准化管理模式，推动工程项目管理向精细化管理转型，推行项目目标责任管理、项目策划、集中采购，推动设计施工采购的深度交叉，强化协同合作，推进产业链上下游资源共享、系统集成和联动发展。积极激发各级企业发展新型建造方式的内生动力，鼓励各级企业开展工程示范项目，持续推出一批标杆项目案例，选树一批管理标杆单位，以点带面，逐步推进，切实优化新型建造发展生态。

2. 完善新型建造方式标准体系

建立健全科学、实用、前瞻性强的新型建造方式标准和应用实施体系，完善绿色建造技术体系和建筑产品，拓宽智慧建造应用体系和业务领域，完善工业化建造技术体系和建筑产品，强化新型建造方式下建筑产品理念，形成完备的建筑商品说明书，完善建筑效果后评估等机制，真正把建筑产品生命周期拉通。

3. 保障新型建造方式资源投入

加大新型建造方式关键技术的科技攻关，引导科创技术迭代更新，培育和打造国家级、世界级科技创新成果。加大资金投入力度，加快对在数字科技、智能装备、建筑垃圾、低碳建材、绿色建筑等领域重点领域的技术、产品、装备和产业的战略布局。加快新型建造方式人才培育，培养一批行业专家和领军人物，探索一套新的人才培养体系与机制，加强人才激励，形成高中低的薪酬体系，拓宽发展通道，加快复合型人才的培养。

3.5.2　打造新型建造方式创新平台

1. 打造技术创新平台

以各细分领域的龙头建筑企业为依托，牵头组建国家级新型建造技术创新平台，通过创新平台统筹绿色建造、智慧建造和工业化建造优势资源，有效整合技术、产业链和金融资源，重点解决绿色低碳、数字化转型、工业化生产等重大关键技术问题，实现从技术到产品的转化，提升中国建造的创新能力和核心竞争力。

2. 打造产业服务平台

形成涵盖科研、设计、加工、施工、运营等全产业链融合一体的"新型建造服务平台"，发挥设计院业务链前端优势，结合建筑师负责制和全过程咨询，采用"平台+服务+投资"的新服务模式，创新策划、设计、施工（Planning, Design and Construction, PDC）新型建造业务模式，建立与工程总承包业务相适应的全过程、全专业、多主体协同机制，打通产业应用新链条，提高资源配置效率和产业链、供应链协同。加强科技创新成果应用，推进不同类型项目试点应用，逐步建立集设计—试点—应用—推广于一体的新型建造落地机制。

第 4 章

支撑绿色建造、智慧建造及工业化建造协同发展的设计新模式

4.1 现行设计模式的问题与思考

中国信息化发展水平和5G网络技术的演进及产业融合应用生态的完善，为建筑行业的创新提供了良好的技术基础，必将推动绿色建造、智慧建造、工业化建造新一轮变革。同时，随着国家倡导建筑师负责制的建设工作模式，为"设计引领"提供了环境基础，2017年12月，住房城乡建设部组织起草了《关于在民用建筑工程中推进建筑师负责制的指导意见（征求意见稿）》，提出推进民用建筑工程全寿命周期设计咨询管理服务，从设计阶段开始，由建筑师负责统筹协调各专业设计、咨询机构及设备供应商的设计咨询管理服务，在此基础上逐步向规划、策划、施工、运维、改造、拆除等方面拓展建筑师服务内容，发展民用建筑工程全过程建筑师负责制的总体目标。随后在上海、福建、广西、北京等地试点"建筑师负责制"，拓宽建筑师服务范围，充分发挥建筑师及其团队的技术优势和主导作用。

4.1.1 现行设计模式问题解析

1. 设计行业整体存在的不足

与发达国家相比，我国市场巨大，设计行业有着较为广阔的发展空间，但仍存在很多问题制约行业的高质量发展，主要体现在：

一是对"设计引领"理念的认识不足、各方角色倒置，基于各种原因，在项目整体系统中，建设方（业主方）实际上承担了总设计、总统筹、总协调的"项目经理"角色，设计仅作为一个工作阶段集成在整个项目系统中，然而实际中建设方（业主方）对关乎项目性能和品质的技术指标、经济造价、专业协调等工作内容的把控与整合能力参差不齐，设计机构不能充分发挥"技术大脑"的角色和资源优势，导致项目建设质量和用户使用体验整体不高。

二是设计机构自身角色认知和技术成果存在问题，设计院对于设计业务在建造全过程产业链的角色与作用认识存在滞后。还没有认识到图纸仅是设计工作成果的一部分，设计院是提供"设计咨询服务"的技术服务机构，而不是各类图纸的制造工厂，同时图纸大多是为了满足相关规范而不是以建造效果为核心。

三是技术创新不足，现阶段设计行业已成为劳动密集型行业，建筑师/设计师大多沦为"图纸生产线"上的操作工，未能充分发挥各专业技术人员"智慧输出"和"知识管理"的作用，同时设计机构大多对于技术研发、重大课题攻关、新技术和新产品的推广应用积极性不高，产生的结果就是设计行业创新环境不足、人才梯队建设存在断档。

2. 建造全过程存在的不足

建筑全生命周期的碳排放量一般按照建材生产、建材运输、建筑施工、建筑运营、建筑维修、建筑拆解、废弃物处理七个环节来计算。更宏观地，也可以大致按照物化阶段、运行阶段、拆除阶段来划分，其中物化阶段主要包括建材生产和施工建造过程的碳排放，可称作隐含碳排放或内含碳排放。

相关研究表明，设计标准提高并不意味着实际效果有同步提高，实际效果与设计目标不仅不匹配，而且存在较大差距，究其原因，主要有以下问题：

缺乏全过程统筹：一座建筑在实际运行中能否达到安全耐久、健康舒适、生活便利、资源节约、环境宜居等绿色建筑的要求，离不开合理的规划设计、建造全过程的精准配合和运行阶段的科学调试。因此，作为对整个设计与建造流程、技术细节等最了解的建筑师，理应担负起统筹、协调绿色建筑从策划到运行的建造全过程的主导角色。

然而当前大多数的建筑师却没有发挥应有的主导作用，这既有客观问题，也有建筑师自身的问题，直接结果就是我国许多"绿色建筑"只有设计标识而无运行标识，建筑实际运行性能无法达到预期的效果。

建造过程割裂：建设管理模式不连贯，缺乏全过程的资源整合。由于长期割裂的行业管理模式，致使设计、施工、采购和运营完全割裂，设计的前期阶段根本不管材料选择、诸多的专项设计以及后期施工建造的事，更说不上对运营的思考；施工图设计中甚至不包括装修和场地景观设计，只设计了空壳的"毛坯房"；项目建筑师不是总负责人，业主单位的设计部却成了设计总承包的负责人。

缺乏系统支撑：前期分析不到位，平行罗列技术措施，以节能目标代替性能指标，以设计评价和技术集成代替实效；忽略了绿色建筑应是以人为本而不是以建筑物的数值为本的实质。

由于我国建设项目一旦立项，推进速度很快，设计审批基本是以建筑形体造型为主，对于建筑性能、使用舒适度、建造成本、选材选型和节能运行等的分析基本处于一种粗颗粒度的状态，大多以流程式的技术罗列和绿色建筑预评分作为审批依据。

建筑师们虽然已有了绿色建筑的基本理念，但缺乏理性的数据支持，只能停留在讲概念的阶段。这造成了前期缺少建筑方案设计阶段的技术集成策划、性能数值分析和成本预测，本应在前期的模拟都变成了后期评价的模拟补充材料。

缺乏产业链协同：缺乏在设计建造全过程中将全产业链的生产加工、施工装配、交付调适等要素与建筑设计融合的集成系统，难以实现设计、工艺、制造一体化协同。缺乏绿色设计统筹策划、设计、生产、施工、交付建设全过程集成设计协同方法和数字设计基础平台，经常出现绿色建筑因施工质量问题所造成的性能品质下降，也经常会出现运行系统"大马拉小车的现象"。

3. 注册建筑师的执业范围与身份定位

一是我国注册建筑师的执业范围相对狭窄。《中华人民共和国注册建筑师条例》(国务院号184号令)第二十条规定，注册建筑师的执业范围包括建筑设计、建筑设计技术咨询、建筑物调查与鉴定、对本人主持设计的项目进行施工指导和监督、国务院建设行政主管部门规定的其他业务。《中华人民共和国注册建筑师条例实施细则》(建设部167号令)第二十八条进一步规定，建筑设计技术咨询包括建筑工程技术咨询，建筑工程招标、采购咨询，建筑工程项目管理，建筑工程设计文件及施工图审查，工程质量评估，以及国务院建设主管部门规定的其他建筑技术咨询业务。这些规定其实也涉及了策划、施工等环节，但总的来说，不同于欧美等国家对建筑师全过程服务责任的规定。我国建筑师更多的职业实践集中于建筑设计环节，虽然规定建筑师有对本人主持设计的项目进行监督的义务，但实际上在项目施工环节，代表业主承担监理责任的是监理公司，而非建筑师，建筑师的监督义务因此大打折扣或无从谈起。

二是我国设计单位的业务承接模式较为单一。在业务承包模式上，国内目前大多采用的是"建筑设计与二次深化设计独立承接"这样一种工程项目合同模式，也就是设计单位只管建筑设计部分，这与国外大多由建筑事务所来承接整个设计合同再自行发包进行二次深化设计的模式是不同的。在工程控制方面，国外设计单位的业务承接还包括设计与监理总承包、工程总承包等多种模式，在这些模式中，建筑师作为专业技术人员和业主利益的代理人，在业主要求的环境品质和限定的资源条件下，制定建筑的功能和技术性能指标，整合各种技术方案和空间安排，通过设计图纸与文件的表达记录模式，向施工者准确传达并监督、协调其实施过程，以达到业主对品质、造价、进度等的整体要求，真正起到了全程管控的作用。相比之下，我国建筑师所在单位业务承接模式的单一化，客观上造成其并不具备在实际工程项目中进行全过程管理的现实条件。

三是我国建筑师身份定位不利于全过程服务。我国现在建筑师的身份定位只能说是"建筑项目设计主持人"，而非国际上建筑师的通常职业定位——建筑项目全过程服务者，这样的身份定位显然不利于建筑师在工程项目中进行全过程服务，发挥主导作用。

4. 设计阶段中的问题

一是项目决策过程缺乏注册建筑师的技术判断。我国政府投资项目的立项决策由发展改革部门组织并审批，可行性研究是项目建设前的技术分析，对拟投资项目在技术、经济、社会等各方面进行调查研究、分析测算，进而对该项目的投资的必要性和可行性做出科学的评价和论证，为投资决策提供依据。目前项目的可行性研究和决策的过程中基本没有注册建筑师的参与。在缺乏注册建筑师对项目选址、规模、设计方案等进行严肃客观的技术判断的情况下，下一步的建筑设计以及工程建设的准确预测将难以实现。还需要注意的是，虽然有些项目的可行性研究中加入了设计方案，但该方案一般只是建筑师根据建设方要求提供的一些片段想法或是初步的概念，缺乏可行性研究的技术严肃性，建筑师往往只是为了取得下一步的设计任务而配合建设方工作，对方案缺乏责任意识，这也是造成决策失误的因素之一。

二是设计阶段各专业割裂严重，二次深化设计与建筑设计脱节。目前普遍采用的分阶段设计的办法，造成规划、建筑、景观、室内装修、幕墙、照明等设计阶段割裂严重，设计单位各自为政，缺乏整体的控制和协调，注册建筑师的管控范围仅限于其中建筑设计的环节，难以对项目设计的全部内容进行整体的把握和综合控制，无法贯彻整体的设计思路，严重影响了项目设计的完整性。导致业主的要求常常不能通畅地贯彻执行，影响项目的正常实施。建筑师常常无力协调其他专业，无法从整体层面对工程项目的设计进行有力掌控，使得建筑的完成度大打折扣。

三是建筑设计各专业、二次深化设计各单位权责不明。国外建筑师的工作贯穿于策划、设计、施工的全过程，建筑师有一个较长的周期和较多的技术人员共同优化设计和实现建筑生产。因为建筑师要对最终的产品负责，因此建筑师具有建筑设计、材料、施工等多方面的控制权，并领导和组织各专业公司（景观、室内、照明、标志等）的工作。国内建筑师与各专业工程师、施工者是各自领域的决定者，建筑设计各专业、二次深化设计各单位各自为政，难以形成统合关系，相关权责也常有含混之处。在新实施的"五方责任制"中，设计方只有项目负责人签字，其必须为项目设计上的种种问题负责，这些问题应该包括建筑设计的各专业以及二次深化设计，在建筑师没有相关技术控制权的情况下，责任的承担难以落实。这也会引起将来追责时附带争议和纠纷。

5. 施工阶段中的问题

一是最低价中标的顽疾与建筑师话语权的缺失。施工单位竞相压价恶性竞争，施工过程偷工减料，或是先以最低价中标后再想方设法追加造价等，违章违法的现象层出不穷，难以保证工程的完成品质。施工方普遍不做前期放样和深化，通过施工过程中的各种修改，争取追加费用。在这种情况下，建筑师对施工过程的控制困难重重，也无法承担投资控制的责任。这既损害了施工单位的利益，也损害了建设方的利益。同时，在施工招标投标过程中，由于缺少成文的规定，国内的建筑师一般不会参与其中，招标投标过程中基本没有建筑师技术判断的话语权。

二是目前，我国设计机构以提供设计文件为主要工作内容，注册建筑师处在被动的施工服务状态，无法发挥技术控制的主导作用。同时，施工监理这一岗位在很多情况下也无法起到应有的作用，设计、施工两方面的责任均无法承担，监理人员缺乏对设计的了解，业主不肯放权，监理形同虚设。

4.1.2　现行设计模式提升方向

1. 行业整体提升方向

一是提倡注册建筑师参与项目立项决策和前期策划阶段的工作。二是在项目设计阶段鼓励采用设计总承包模式。三是在施工招标投标环节中明确注册建筑师技术判断权。四是提倡由建筑师担任施工监理工作或由建筑师委任监理工作，强调竣工验收中注册建筑师的签字作用。改变目前的设计承包模式，提倡工程整体承包模式。五是鼓励设计单位在业务承接模式上向工程全过程技术管理的模式过渡，改变注册建筑师目前单一的设计负责人的身份定位，转向设计监理总负责，建设工程责任主体等工程主导身份。六是针对目前国内设计阶段各专业割裂严重的情况，现阶段首先鼓励设计单位采取设计总承包的模式。

2. 以整体优化为目标的提升方向

发达国家许多被广泛认可的协同设计方法都不仅止于技术内容，还包含对团队的管理与把控，因为协同过程中每个组成部分对整体目标的认知程度甚至积极程度都对项目的最终结果有着很大的影响。成熟的协同方法更强调整个建设过程中团队随时都要以优化整体而非部分优化为目标，让每个组成部分清楚整体的目标和进度，尊重每个组成部分的专业性意见。

3. 建造全过程的建筑师定位提升方向

美英等发达国家的建筑师需要掌握的能力不仅包括设计，还必须包括管理、建造等方面的知识和能力。一般来说，建筑师在与业主签订的合同中要明确从项目启动到结束的全部阶段建筑师负责的工作内容，主要职责包括项目管理服务、支持服务、评估与策划服务、设计服务、施工采购合同管理服务和设施调试服务，同时由于建筑师在选择材料和确定工艺流程方面具有专业性和权威性，合同中一般会约定建筑师具有指定材料和确定施工工艺的权利等。

4. 行业资源共享平台提升方向

美国、加拿大等国家的绿色设计协同平台依托其国家或地区或行业的开放资源共享平台，很多包含大量实践的材料、设备、工艺等，极大程度上提升了行业高质量建造的水平。所以，构建工程总承包行业电子商务供应链平台，研究与供应链上下游企业间的互联互通，提高供应链协同水平至关重要。

5. 协同设计平台和自主可控软件提升方向

发达国家的基础设计软件一般具有BIM性质，可以说天然具备一定的协同基础，很多大型事务所都会内部研发各专项插件或软件以便更好地协同设计，专用软件很多时候是国外设计事务所的核心竞争力之一。目前，在国内基础设计软件不能支撑协同要求的情况下，需要研发专项协同软件或平台以实现真正的协同设计。

4.2 设计新模式的借鉴与探索

4.2.1 国外情况

1. 设计在建造产业链中的定位与作用

新型建造方式（绿色、智慧、工业化）关注的是建筑全生命周期内的性能和运行效果，强调从策划—设计、施工、调试—交付到运行维护在内的协同。其中"策划—设计"作为建造最前端，需统筹协调建造的全过程、全专业，对于建筑能否实现预期的性能、品质、效果起到了引领性作用。

欧美发达国家重视设计对于建筑工程建造全生命周期内的引领作用，尤其重视通过整合设计过程提升建筑性能的指标要求和运行效果，体现出以下特点：目标值注重实际作用，突出项目场景体验感；广泛应用协同设计平台与工具；重视发挥建筑师牵头团队的作用；注重建筑材料的性能；开放的行业资源共享平台。

2. 整合设计模式情况

（1）发达国家的绿色整合设计

发达国家大多将绿色建筑协同设计相关内容称为整合设计过程（Integrated Design Process），根据欧洲和北美的普遍共识，整合设计过程定义可以概括为：它包括一系列针对每个设计阶段的设计循环，在每一个设计循环中，设计团队成员都参与其中。在此基础上，整合设计过程融入了现代管理学和经济学的一些理论，帮助完善设计过程。

"整合设计"区别于以往传统的线性设计过程，旨在使建筑各方面性能系统性达到目标要求的基础上，通过整合设计过程的实施提升效率并降低开支。阿利克斯·齐默尔曼（Alex Zimmerman）的《Integrated Design Process Guide》(《整合设计过程指导》)、巴特·帕德（Bart Pod）的文章《The Integrated Design Process in Practice》(《实践中的综合设计过程》)阐述了如何建立有效的整合设计过程以及主要参与人员和关键技术。其协同设计方法不仅止于技术内容，更强调整个建设过程的多主体、全专业团队随时都要以整体优化而非部分优化为目标，并将每个组成部分的专业性意见进行综合分析优化。

（2）发达国家在设计过程中的性能模拟

美国建筑师协会发布了《建筑师的建筑性能指南——在设计过程中的性能模拟》。指南的主要目标是帮助建筑师使用建筑性能模拟来评估整个建筑设计过程中的决策。

绿色设计策略在设计的早期由建筑师决定，建筑性能模拟和优化要求建筑师在设计早期就考虑建筑的能耗，并为建筑师的设计提供更加科学的判别依据。这些模拟包括了环境质量、主要功能空间用能、自然资源利用、成本控制等在设计的不同阶段所进行的不同深度的估算和模拟分析，而通过模拟形成的决策将对设备系统的选型、成本以及运行能耗起到决定性的作用。如果仅仅在设计的末期才进行能耗模拟，那就错过了优化建筑性能的机会。

（3）发达国家的设计过程仍存在割裂与不足

虽然发达国家在整合设计与设计协同方面取得了许多先进的成果，但设计方与施工方、运营方等存在着比国内更严重的割裂。各大国际事务所和独立工作室均各自开发协同设计软件，仅适用于内部使用，并不面对市场，难以将施工运营阶段的数据库整合，导致协同设计终止于设计阶段，无法实现真正的全过程协同。

3. 建筑师负责制情况

当下业内普遍关注的"建筑师负责制"，即以建筑师/设计师为主导的协同设计，通过建筑创作而不是通过技术简单堆砌实现绿色建筑；同时，不仅止于技术内容，对团队的管理与把控，保障了各专业、各阶段对项目整体目标的高质量建造起到决定作用。从第二次世界大战后格罗皮乌斯组织成立"建筑师合作协会"开始至今，法国、日本分别在城市设计与建设工作中分别实行了"协调建筑师""主管建筑师协作设计法"等制度，充分发挥以建筑师/

设计师为主导的设计在建设中的引领作用。以美国、英国、日本为代表的典型发达国家在实行建筑师负责制方面的做法具体如下：

（1）美国建筑师的设计咨询

建筑师作为建筑生产关系中委托人和承包商中间的公正的、专业的第三方的角色定位。工作内容包括项目管理服务（制作项目进度表，向业主演示汇报，协助业主完成行政申请并获得批准，项目预算和造价的评估等），支持服务（设计任务书、地质报告、环境报告等，一般由业主及其顾问等提供，除非特殊说明，建筑师不负责此工作）以及设计服务（包括方案设计、初步设计，施工图3个步骤）。

（2）英国建筑师的设计咨询

英国建筑师的执业范围总体上非常广泛，覆盖了从项目启动到结束的全部阶段，例如英国知名"一体化设计"的奥雅纳事务所承接的任务大多覆盖建设全过程。建筑师协助业主制定项目要求、组织招标投标、完成设计、监督施工等，还负责向政府有关部门申报项目规划和设计审批，在公共咨询阶段回复居民质询。

（3）日本建筑师的设计咨询

日本法律明确规定了建筑师的执业范围包括设计、监理以及其他业务，即使得到业主的许可，设计企业仍然不得将设计或监理的业务整体转包给其他公司。设计工作不仅指建筑专业的图纸设计，还包括了对建筑物尤其是大型建筑物的设计指导和预算书制作。

总的来说，国际通行的建筑师负责制有以下特点：

一是通过方案设计竞标（或委托）获得设计业务，由建筑师团队整合社会专业设计力量完成设计工作。

二是建筑师作为对业主负责的代表，全过程负责建筑的性能、用材质量和设计品质，通过制定详细的技术标准，保证建筑品质、性能和整体质量。

三是建筑师使用建筑性能模拟来评估整个建筑设计过程中的决策，将其作为路线图，利用建筑设计经验，分析和应用指标。

4. 工程咨询公司情况

国外的工程咨询业经过100多年的发展，制度建设和运营模式不断完善。随着项目规模增大、技术复杂程度上升、项目参与主体增多以及项目管理越来越精细化，企业通过兼并重组等模式，拓展业务范围，延长产业链，以满足客户多样化的需求，一些技术实力雄厚的公司逐渐发展为国际工程咨询龙头公司，既可以为客户提供工程咨询、工程项目管理，也可以做设计、采购、施工等项目总承包，全过程工程咨询业务在市场竞争中自发形成。

虽然近年我国设计咨询公司发展较快，成长迅速，但对标国际工程设计巨头，依然存在着不小的差距。国际上最具代表性的工程咨询/建设顾问公司，如阿特金斯、AECOM、WSP、FLUOR等与我国设计类上市公司进行比较，在业务开展和组织管理中强调多专业协同，非常重视设计在建造全过程中的引领和统筹作用，不管是营收盈利、全领域一体化服务还是国际化布局，国际巨头均有着全方位的领先。例如，AECOM提供规划、咨询、建筑设计和工程设计、项目方案和施工管理服务，包括公路、机场、桥梁、公共交通系统、政府和商业建筑、污水处理设施、输电和配电。还为美国政府机构提供程序和设施的管理和维护、培训、后勤和其他支援服务，具体如下：一是业务范围覆盖设计、工程、施工管理、运营和维护，基本涵盖建筑建造主要过程，以此为基础建立四大业务板块，以设计&咨询作为主营业务，同时开展项目管理、建筑服务和投资。

二是通过集成专业技术形成企业的核心能力，进行业务组织重构，建立"一站式"的服务模式，汇聚跨学科的专业人员形成了综合竞争优势。

三是搭建采用通用的数字集成和数据管理方法的信息化平台/设计平台，研发可持续系统整合模型（SSIM），建立了数据库，根据目标需要，按照控制成本效益控制，匹配每项AECOM 技术服务和专业团队。

4.2.2　国内情况

1. 典型设计院的情况

针对新型建造方式的技术特点和发展趋势，国内典型设计院大都成立了如装配式中心、绿色建筑中心、智慧建造中心、BIM中心在内的专业技术中心，也将业务触角拓展到了工程总承包、全过程工程咨询、设计与技术顾问咨询等领域，发展迅速、成效显著，其中以浙江省建筑设计研究院（以下简称"浙江省院"）的发展最具代表性，从2017年开始至2020年，EPC项目业务量达300多亿元，发展成效显著，主要原因如下：

（1）从发展思路转型、改革创新、发挥平台和资源优势、人才建设（高端、复合、专业三类人才）、政策制度等多个维度发力，共促EPC业务发展。

（2）发挥、突出设计引领作用，深化优化设计等全过程全方位的设计服务，设计施工深度融合、形成共同体，实现成本可控、建设周期缩短、管理高效。

（3）强化设计管理以最小的管理成本实现最大效益产出，根据浙江省院的管理数据显示，项目决策阶段，技术方案选择直接影响60%～65%的项目总投资额；初步设计和施工图设计阶段影响10%～15%的项目总投资额；项目施工阶段通过加强管理，技术进步影响5%～10%的项目总投资额，也就是说充分发挥设计的引领和协同作用，能够有效控制成本、提升效益。

尽管如此，从行业整体上看，相比国外类似机构，我国典型设计院在该领域依然存在较大差距，主要体现在：设计与技术咨询集中在后评估、后评价，"前策划"比重小且未贯通建造全过程；装配式建筑发展迅速但技术评价的核心仍是"装配率"，理念稍显滞后；BIM应用已较为广泛，应用场景多集中在空间模型搭建与施工配合，鲜见全生命周期信息叠加，信息化程度仍较低。

2. 大型工程总承包公司设计院的情况

工程总承包公司因其工作特点，对多专业、全过程的协同工作有着较丰富的经验，因此其设计板块在统筹建造全过程、协调各专业的工作中往往有着独特的优势。以中建科技集团有限公司下属的中建建筑工业化设计研究院参与的全国首个EPC建筑工业化项目——深圳长圳公共住房项目取得的经验为例：

一是在项目质量管控方面，实行"设计质量控制—生产质量控制—装配质量控制"的模式，以设计为引领，实现"设计—生产—施工"一体化和"主体—装修"一体化，提高了全产业链的整体生产效率和协同性。

二是设计阶段，通过加强设计标准化、严格选择审核方案、控制设计接口、鼓励设计创新、强化各专业协同设计、认真做好设计交底与图纸会签等措施，充分发挥设计引领作用。

三是采用精装设计一体化，选材优质绿色，为各专业安装工程提供精确点位，实现了绿色环保、高质量、高品质的效果。

四是运用智能化软件（BIM）实现管理信息化，整合从设计、生产、建造、运营的数据信息，实现高效的协同设计并为项目各方提供了全生命周期的智能化服务。

4.2.3 发展策略与措施

1. 发展策略

（1）产业发展策略

推动设计向产业链上下游延伸，以"咨询""策划""设计"的前端服务带动发展具有我国特色的全产业链，将工程立项策划、设计、施工三个部分组合的PDC（Planning，Design and Construction）作为"新型建造"的后部业务，打造设计为引导的我国特色全过程、全产业链服务模式，带动产业发展。

（2）技术发展策略

以数字化为依托，强化设计业务链条上各环节的互联互通，形成高效、协同、可控的设计模式；以精益化设计为手段，使建筑设计从单一的"画图"转变为"设计""性能把控""采购"的全过程管理模式，真正发挥建筑设计核心作用，结合BIM、VR、AR等技术的运用，实现数字化设计的落地与广泛应用。

（3）人才发展策略

完善设计业务结构，提升建筑师综合业务水平，探索和实践我国特色的"建筑师负责制"全过程咨询服务模式。通过设计主导的融合设计、采购、施工为一体的工程模式，把专业化的技术能力转化为复合型的管理能力，培养全过程高端复合型人才。

2. "四新、三造"整合设计新模式构建措施

（1）构建新方法

构建建造全过程一体化设计新方法。一是构建从立项、设计、施工、交付的建造全过程的绿色正向整合设计新方法，编制多主体、全专业、全过程一体化绿色建造协同流程，输出优秀建筑师团队大脑。二是构建贯穿建造全过程，使设计与全生产链的制造加工、施工装配

紧密协同的装配化设计新方法，实施工厂化制造的协同设计，提升建造效率和质量。

（2）形成新方案

构建负碳、零碳、低碳（高、中、低）不同目标值，不同工作生活场景和主要设计产品（大型公共建筑、居住建筑）所对应的解决方案。明确地域适应性、场地适应性、经济适合度。

（3）开发新工具

开发我国特有的智慧推演新技术工具、协同平台和建造全过程数据库。一是开发"一果多因"的复杂系统数理推演工具，解决技术"简单集成"叠加的问题，用数理逻辑向"权威阐述真理"，支持技术决策和行政决策。二是开发建造全过程协同设计平台和数据库。实现设计对主动能源和被动能源，设计与生产加工、施工装配信息的有效传递和累加。

（4）研发新技术

一是开发针对大型公共建筑的关键技术，包括：建立重点耗能空间智能分析和选取方法，以及重要阶段节点的建筑能耗与碳值数字化控制方法；建立不同技术措施在不同类别建筑和不同重点耗能空间所对应的能耗和碳排放数值适配编码模块关系；建立重点耗能空间+数值适配编码模块+人的行为轨迹+场景模拟的数字孪生场景大数据平台，形成可观察、可推演的数据类型，涵盖工程基础数据和人的行为社会数据，最终构建基于人机互动、泛在、智能、普适、精细的大数据计算平台，以解决智能适配、部品性能与寿命匹配以及造材适用选择等问题。

二是开发针对大片区住区开发的关键技术，包括：建立住区开发的低碳、零碳、负碳应用场景中，空间规划、性能提升（环境健康，长久使用、人性化）、住户满意度智能感知等矩阵模块与技术适应性和成本适宜度所对应的碳值计算值，以及智能设计生成技术；建立住区开发的工业化建造技术模块与建造全过程碳值计算值的自动生成对应关系。

4.3 设计新模式的总体构建

4.3.1 总体目标

1. 实现设计支撑"三造"融合

统筹策划、设计、生产、施工、交付建造全过程，实现设计与全产业链的生产加工、施工装配一体化协同，建立与工程总承包业务相对应的全过程、全专业、多主体协同的绿色建筑正向整合设计技术体系。

2. 实现设计与"三造"的大数据融合

推进设计建造一体化的管理数字化、生产数字化（工具&平台）和技术数字化（技术标准化、知识和数据库平台建设）。以数字化为依托，强化设计业务链条上各环节的互联互通；结合BIM、VR、AR等技术的运用，实现结合传统互联网，工业互联网，人体互联网，构建可支撑数字空间，数字人体，数字建材，数字模拟，可人工智能运算的数字孪生协同工作平台，实现设计与建造全过程的大数据融合。

4.3.2 实施路径

1. 技术路径

推动设计过程向建筑全产业链前后端延伸。建立绿色建筑全过程多主体全专业协同高效设计模式和标准体系，开发基于大数据的绿色协同发展CIM数字平台；开发碳达峰目标下绿色建造协同设计模式与数字化工具。

推动全产业链集成产品体系研发。研究绿色建造全过程——优化设计、节点深化、建材比选和设备选定等协同技术体系，支撑不同专业之间以及设计与后续工艺加工、制作制造、施工、调适的不同过程之间的高效数据交换和信息共享。通过推进数字化设计体系建设，统筹建筑结构、机电设备、部品部件、装配施工、装饰装修，推行一体化集成设计。

加快建筑高品质建造管理数据库的建设，加快部品部件生产数字化、智能化升级，推广应用数字化技术、系统集成技术、智能化装备和建筑机器人。充分发挥设计院的引领作用，加快推动新一代信息技术与建筑工业化技术协同发展，加快推动精益化建造关键技术发展。

2. 产业路径

从更大层面建立设计院与工程局等跨单位、跨业务的合作机制和模式，发挥设计院牵头的EPC总承包业务、全过程咨询业务等优势，创造PDC（Planning，Design and Construction）"新型建造业务模式"，打造基于"产业链纵向一体、横向拉通"的综合解决方案，充分体现设计院技术产品的集成能力和组织管理的协同能力。

开发相应的设计建造一体化的数字平台和工具，整合产业链上下游优势资源，开发我国特有的全产业链集成化专业产品，为业主提供全过程、全要素、数字化、智能化的整体服务。研究基于绿色建筑全过程多主体全专业协同设计模式、工具和标准体系，结合大数据、人工智能、BIM、物联网等技术的创新应用，通过一体化产品和运作，贯穿绿色产业链条，实现整体效益最大化。

4.3.3 工作模式

1. "造项目"模式

建立跨企业、跨业务的造项目转型模式，充分发挥设计引领作用，形成具有差异化的全链条拳头产品。奔着市场走，形成"三高一优"（高质量、高品质、高效率和优化成本）具有明显市场优势的新型建造产品，变"争业务，抢项目"为"造项目，造业务"的新型业务模式，打造以设计版块牵头的新型建造产品品牌，为客户提供从项目策划到交付运营的全过程、以点带面的一站式服务。

2. 项目管理模式

在传统工程中，跨越不同设计单位的设计组织管理协调工作都是建设单位负责的，各设计单位分别对建设单位负责。新型建造模式的建筑师必须总负责工程所需的所有设计，领导、组织、管理和协调工程所需所有专业设计，建筑师有责任领导、组织、管理和协调所有专业工程师、设计师和艺术家为工程提供所有所需的设计。按建设单位需求（设计任务书）设计建筑工程项目，为建设单位提供一个符合建设单位需要、满足规划条件、体现建筑师理念的设计。新型建造模式下建筑师在设计阶段拥有由建设单位通过建筑师负责制所赋予的发言权、决策权和领导权。

3. 数字整合模式

全面推进设计建造一体化的管理数字化、生产数字化（工具&平台）和技术数字化（技术标准化、知识和数据库平台建设），通过技术基础建设实现企业高效运营。在数字化设计企业建设的基础上和业主、厂商、互联网企业等广泛合作，实现"全过程"智慧化、信息化管理。

4.3.4　重点任务

1. 政策机制方面

加强政策集成。一是强化顶层设计与把控。制定出台具有我国特色的新型建造"竖向产业链、横向联合体"的市场目标、发展规划；二是建立健全相关单位协同联动机制，在设计院、工程局、专业公司之间，以市场为导向、以产品为中心，共同创建新型建造技术的专业公司培育池，探索实体化、公司化运作；三是要科学制定围绕新型建造业务模式下，设计院转型和新业务拓展的绩效考核奖励机制，发挥考核这个"指挥棒"作用，激发各单位推进新型建造的动力源。

2. 人才队伍方面

一是完善新型建造业务人才的培养机制，通过内培外引，加强领军人才、专家人才、骨干人才的梯队建设，畅通人才晋升通道；二是建立人才共享、专家支撑机制，出台相关人才使用政策，打破单位之间的壁垒，将人才资源充分盘活，提升人才价值的使用效率和质量。

3. 成果转化方面

一是积极运用数字化新技术，明确责任机构或组建新型企业，打造产业链贯通的数字协同平台，形成新业务拓展的技术支撑工具；二是建立"3+2+N"成果转化机制，即凭借技术平台、大数据平台、云计算平台三大平台，依托跨企业、跨业务的"科技创新"新型公司、市场区域两大载体，推进示范项目实施落地，实现技术成果转化。

4.4 设计新模式成果

4.4.1 绿色建筑协同设计

建筑师主导的全过程绿色协同设计模式可以表达为以建筑师最擅长的空间和人的行为为两大要素：明确不同建筑空间的节能性能，按不同空间的使用频率和使用时长，建立建筑空间节能性能与使用者关系，以及建筑空间节能性能与关键技术与技术经济性对应关系，通过建筑创作，完成设计出来的绿色建筑，而不是技术堆砌出来的绿色建筑。

要实现高质量、高品质的精益绿色建造离不开设计，设计是绿色建造的关键部分，绿色建造所指的设计包括了方案设计、技术设计、施工深化设计和调适提升设计，其高颗粒度的流程控制和频繁权衡是关键保障。

建筑师需要掌握的能力也不仅仅止于设计，还必须包括管理、建造等方面的知识和能力。建筑师要明确从项目启动到结束的全部阶段建筑师负责的工作内容，主要职责包括：项目管理服务、支持服务、评估与策划服务、设计服务、施工采购合同管理服务和设施调试服务。由于建筑师在选择材料和确定工艺流程方面具有专业性和权威性，应约定建筑师具有指定材料和确定施工工艺的权利等，这对于降低建筑业的碳排放会起到重要作用。

基于上述要求，建筑师主导的全过程绿色协同设计新模式以正向整合、空间性能设计为"两大方法"，建立"一体协同"的工作流程、搭建"一体协同"的工作平台。通过协同工作平台完成工程全过程的设计协同和管理协同。也就是说建筑师所运用的绿色设计方法已不再只是感性的创作认知，而是通过空间节能性能高低的划分和组合，明确空间的使用频率和使用时长，建立人的舒适性和对环境控制的数据耦合，并建立建筑空间节能性能与关键技术与技术经济性对应关系（图4-1）。

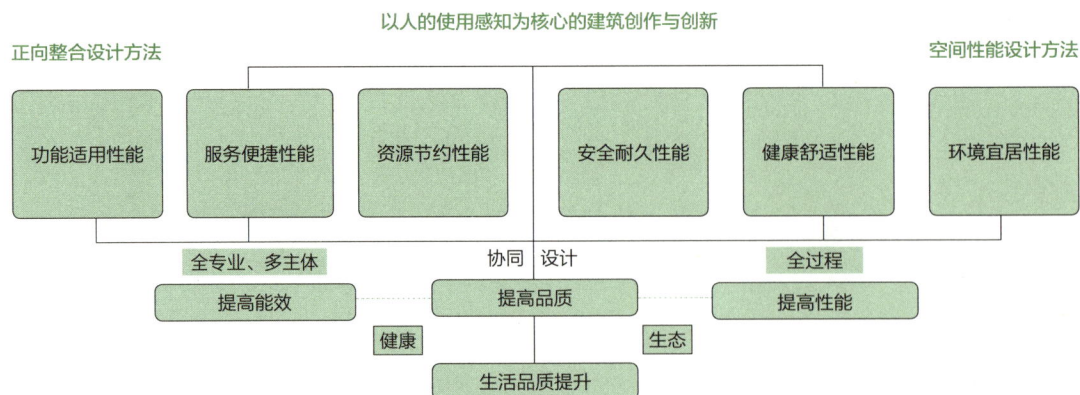

图4-1 建筑师主导的全过程绿色协同设计模式架构

　　整合设计模式不仅止于技术内容，还包含对团队的管理与把控，因为协同过程中每个组成部分对整体目标的认知程度甚至积极程度都对项目的最终结果有着很大的影响。成熟的整合设计模式更强调整个建设过程的团队随时都要以优化整体而非部分优化为目标，让每个组成部分清楚整体的目标和进度，尊重每个组成部分的专业性意见。

1. 工作内容

　　建筑师主导的全过程绿色协同设计是一个涉及多专业、全流程的系统性工作，建筑师要想统筹好这个组织环节和技术体系越来越复杂的"巨系统"工程，流程管理至关重要（图4-2）。

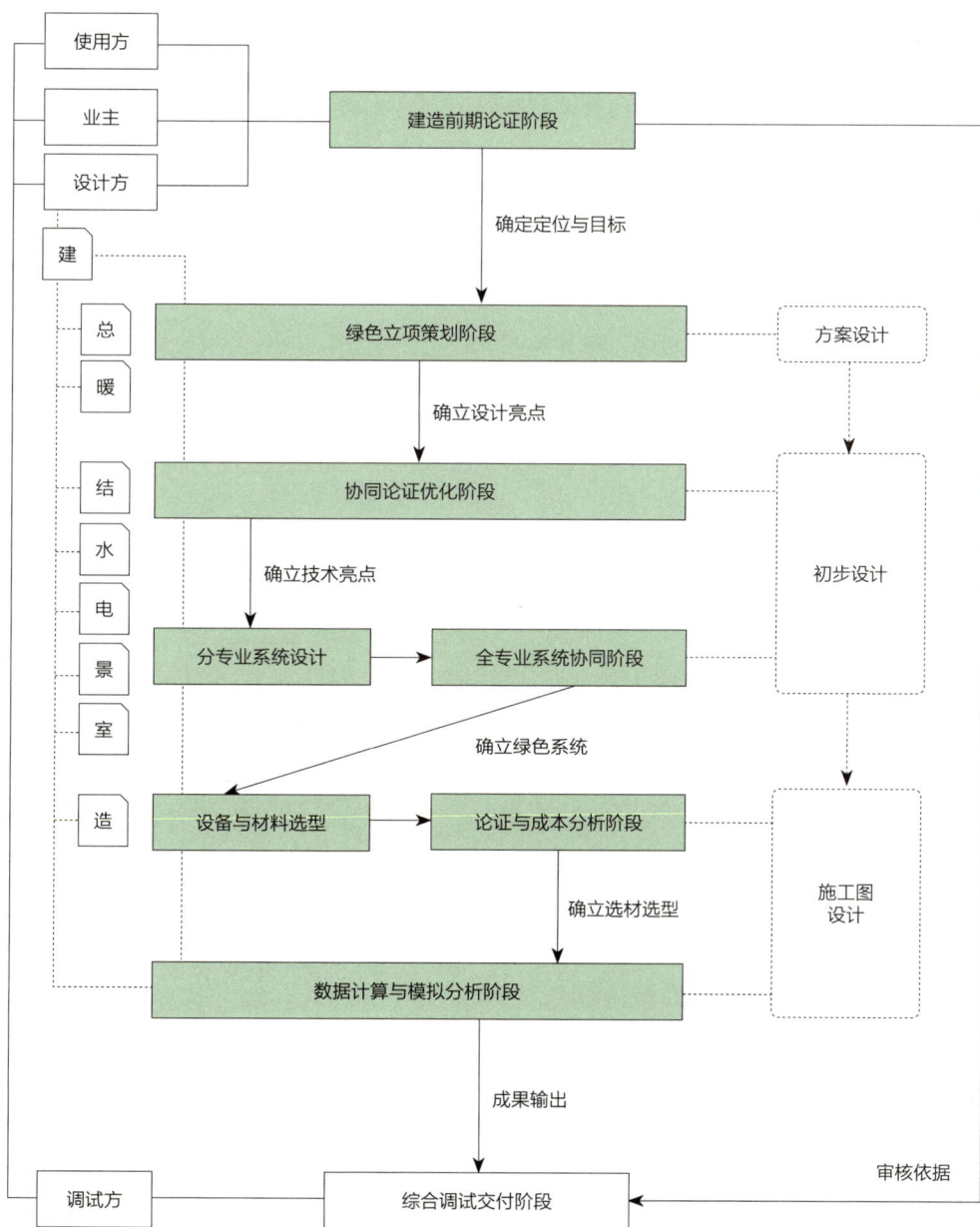

图4-2　工作流程模板

51

（1）确定流程控制节点

协同设计流程的设定并不是要罗列所有的工作节点，而是要明确建造全过程与建筑质量和品质密切相关的性能控制节点都有哪些，建筑师应该怎么做，做了没有，是否达到目标要求。将国家标准《绿色建筑评价标准》GB/T 50378、各地方编制的绿色建筑设计标准，以及正在编制的团体标准《建筑工程绿色建造评价标准》和《公共建筑后评估标准》等标准规范及技术措施中1600余项措施要点进行提炼，总结为约70项流程步骤。再将这些流程步骤按照"场地规划设计、建筑方案设计、技术设计、设计选材、设计交付与调适"五个阶段约19项流程（过程）进行控制（其中建筑师主导的关键控制节点为7项），保证每个步骤和关键流程节点的过程控制效果。

（2）制定项目前置控制要求

美英等发达国家的建筑师需要负责编制项目"技术标准（Technical Specification）"，并在不同的设计阶段进行不断的优化调整，可以形象地说他们的很多设计工作是"写出来"，而不是"画出来"的。

我国设计工作很多只是止步于图面上，多以依据"标准"开展设计。实际上，即使标准规定得再详细，也不可能做到穷尽所有事项，只有根据不同项目的具体情况，结合流程和内容节点控制要求制定详细的项目级"技术标准"（技术规范书Technical Specification），形成"一案一标"的前置性能控制要求，并在项目实施过程中不断优化调整，才能使绿色设计的流程控制具有精细化落地的"抓手"。

（3）选取重点节能空间

针对100多个不同类型的公共建筑项目，以及《建筑设计资料集》对于各类型公共建筑不同功能空间的分类，整理出260个功能空间。经过归类整理，从中归纳出74类主要的功能空间，再经过针对建筑师的问卷调查，并依据《全国民用建筑工程设计技术措施》和相关标准规范中对主要功能空间负荷指标的规定，合并简化为32类节能重点空间。通过对各类功能空间的供暖热负荷及电负荷模拟计算，形成节能重点空间的负荷区间取值。

（4）确定重点节能空间影响因子

针对重点节能空间，建筑师通过其优化设计进行有效控制，首先应以空间面积、空间大小、空间在建筑中所处的位置、空间的功能复合性等为影响因子；其次再以围护结构、通风采光、窗墙比等主动、被动技术手段的应用情况进行数据模拟；最终通过大量设计项目在协同设计平台的应用，形成大数据叠加，通过机器学习不断进行自我修正，最终形成技术应用的影响系数区间。

（5）搭建绿色建筑整合设计模板

随着新一代信息技术的应用，可以将协同设计流程与模式应用于设计平台之中，其中绿色建筑协同设计模板作为开展工作的基础，应包括量化分析、数值约束、设计要点和性能要求等关键要点。与传统设计模式相比，其优越性具体体现为：一是能够明确重点节能空间、各类空间节能影响率；二是前期多方案自查比选方便快捷且科学合理；三是对于优先应用被动技术，可直观估算各技术手段的节能率；四是实时比对舒适性、能耗、经济等指标根据不同技术手段选择的变动情况；五是将后期模拟基本系数简化、前置，形成与建筑师的有效沟通。

2. 协同流程

根据归类整理出的74类主要的功能空间，经过针对建筑师的问卷调查，并依据《全国民用建筑工程设计技术措施》和相关标准规范中对主要功能空间负荷指标的规定，合并简化为18类绿色模块。项目的设计过程即对18类绿色模块进行组织和排布的过程，全程采取标准化模块设计，并保证装配一体化和可生长的功能可变性空间组成。

该方法已在实际项目中进行应用，对全过程设计流程、步骤和节点控制要求进行管理，将规划设计、建筑结构、机电设备、部品部件、装配施工、装饰装修、景观环境和各类专项设计以及工艺加工、绿色选材和成本管控等工作流程汇集于一体进行管理。制定了每个步骤相应的设计策略、控制要点、优化要点和目标值，并在关键的设计节点进行仿真模拟分析。分析不同的功能空间能耗特征，明确节能重点空间，给出相应的关键技术索引（图4-3）。

（1）**场地规划设计应符合以下设计流程和节点控制要求**

1）城市环境呼应与场地资源利用保护，包括：符合上位规划和城市设计要求；场地布局与城市环境进行呼应；对场地既有设施和现有资源环境进行利用和保护。

2）对场地规划布局进行环境模拟分析，包括：日照环境、风环境、光环境、声环境、遮阴环境等模拟分析。

3）场地交通与公共设施规划布局合理，包括：场地人行、车行流线和停车设施布局合理；形成开放共享的服务设施和公共空间；室外设施完备，材料安全、耐用、易于维护。

4）优化调整公共空间环境舒适与利用率，包括：提供多样化的室外空间；公共空间具有舒适度，满足多季节、多时段使用需求；公共空间具有吸引力，促进使用者交流。

（2）**建筑方案设计应符合以下设计流程和节点控制要求**

1）优化调整建筑形态和重点耗能功能空间布局，包括：优化调整建筑形态、体型控制、重点耗能功能空间布局。

2）优化调整窗墙体界面有利于利用自然资源，包括：优化调整不同朝向，周边自然环境资源影响建筑开窗和窗墙、幕墙比例；优化调整窗体开启模式和比例。

3）建筑利用自然资源优化模拟分析，包括：对地上地下建筑主要功能空间的光环境、日照环境、自然通风环境进行模拟分析；对窗洞口和构件以及导光构件进行模拟分析。

（3）**技术设计应符合以下设计流程和节点控制要求**

1）完成模数和构造节点性能优化设计，包括：对空间模数和用材模数协调进行优化设计；对墙面、窗体、幕墙、地面、吊顶和隔墙等构造节点进行优化设计；对围护结构和内隔墙的热工性能、防水性能、隔声性能等构造节点进行优化设计；对管线集成和安装节点进行优化设计。

阶段	分步流程	分步工作内容
地域	地域气候条件数据检索	可利用和重点关注的自然条件（气候、风、阳光等）
		不同季节平均气温、日温差、日照时数
		不同季节风力情况、时势
	地域资源可利用数据检索	可利用的降雨、降雪量和时数，以及周边水资源情况
		可利用的自然材料（就地取材或利用废弃材料）
		区域范围可利用的可再生能源
场地	尊重场地环境策略要点	对城市设计条件影响场地布局的策略要点
		对城市山水环境影响场地布局的策略要点
		符合周边地规划的策略要点（既有建设场地、拟建设场地）和保护策略要点
	场地现状气候环境模拟分析（场地模型）	日照环境分析、风环境分析、光环境分析、声环境分析、遮阳环境模拟分析
布局	建筑布局与环境融合策略要点	片区规划影响建筑布局的策略要点（城市肌理、城市骨架、公园、标志物、轮廓线控制等）
		场地规划影响建筑布局的策略要点（轴线关系、绿地、水面、地形等）
		场地交通流线布局策略要点（人、车流线组织、停车系布局等）
		开放共享服务设施布局和公共环境布局策略要点
	建筑布局对室外环境影响模拟分析（体块模型）	建筑和室外空间风环境分析（架空层、上人屋面、室外交往院落、下沉庭院、建筑迎风面、风压力等）
		室外热环境分析（室外交往院落遮荫、人行和自行车道、地面自行车和机动车停车场所荫萌分析）
形态	不同地域气候条件所适宜的建筑形态策略要点	结合地域气候的建筑形态生成策略要点（架空、出挑、体型控制、展开面控制等）
	建筑形态利用自然资源优化模拟分析（深化体块模型）	不同建筑形态光环境分析（建筑主要功能体块的自然光入射进深、时数）
		不同建筑形态日照环境分析（建筑主要功能面日照强度、时数、需要遮阳的面开面）
		不同建筑形态通风环境分析（建筑主要功能体块的风压力、季节）
空间	不同性能空间对自然资源利用策略要点	高性能空间设计策略要点，指主要使用功能空间、重点能耗使用功能空间、特殊使用功能空间
		普通性能空间设计策略要点，指人员使用频率和时间较短的空间（常规走道、卫生间等）
		低性能空间设计策略要点，指人员使用频率或时间很短的功能空间（设备间等）
	高性能空间自然资源利用模拟分析（深化体块模型）	获得日照空间比例、时数模拟分析
		获得天然采光空间比例模拟分析（侧窗采光、天窗采光、下沉庭院采光、中庭采光、导光设计措施）
		获得自然通风和可对流通风的空间比例模拟分析
	地下（大进深空间）自然资源利用模拟分析（深化体块模型）	地下功能空间光环境模拟分析（下沉空间、屋顶采光利用等）
		大进深空间内庭院设置和屋顶天窗自然资源利用模拟分析，大进深空间内气流组织模拟分析
界面	窗墙体界面	不同朝向建筑窗墙、幕墙资源影响建筑窗开的要点
		不同气候区、周边自然环境资源影响窗开的要点
		窗体开启和方式比例控制要点
	窗洞口和构件实效模拟（深化造型模型）	建筑窗体构造、装饰构架（层）对自然资源利用的影响实效模拟（遮光、遮阳等）
		遮阳构件实效模拟（遮阳设施、窗洞口构造遮阳等的实效对比计算值）
		导风、挡风构造实效模拟
		导光构件实效模拟（窗体构造导光等实效对比计算值）
	屋面界面	垂直绿化、种植屋面、屋面构架、女儿墙等气候适宜性要点
功能	功能利用资源的性能优化	高性能空间中不同类型功能空间利用资源优化要点
		普通性能空间中不同类型功能空间利用资源优化要点
		低性能空间（设备负荷中心、设备用房）布局要点
		地下功能空间中高性能空间利用资源优化要点（餐厅、报告厅、活动室、健身泳池等）
	自然资源利用模拟（剖平面模型）	高性能空间利用自然资源模拟分析（日照、采光、通风、导风设施等）
选材	外界面材料	界面表皮料（墙体、斜屋面、室内）利用自然资源就地取材或废旧料利用策略要点
		围护结构（屋面、外墙、窗体、幕墙）材料环保性能、热工性能、防水性能、隔声性能（环保性能、就地取材、海绵蓄水等要求）
		室外环境材料利用自然资源就地取材和废旧料利用策略要点（环保性能、就地取材、海绵蓄水等要求）
	内饰面材料	影响室内光环境、声环境功能材料选择要点
		内饰集成墙板材料性能要求（热工性能、环保性能、耐久性能、防火性能、隔声性能要求）
技术	建筑与室内设计	利用自然资源的建筑节能措施优化策略（建筑导风、拔风墙、蓄能幕墙、蓄能阳光房、呼吸幕墙等措施）
		空间和构件模数化设计
	结构设计	通过结构优化设计和梁柱优化提升空间利用的策略要点
		预制空间模块整体装配策略要点
	设备系统设计	雨水收集利用技术策略要点
		空调热源和冷源、输配系统、监控和计量、末端装置等优化策略要点
		供配电系统、照明系统、电气设备、直流供电充电桩配置、蓄能系统等优化策略要点
		信息网络和智能运维系统策略要点（计量、设备运行启动）
	室外环境设计	海绵渗水技术，湿地与绿植净化技术设计要点
施工	施工组织	结合场地地形、地质等实际施工条件的基坑开挖施工优化方案（大面积开挖、植被迁移、保护设施迁移）
		施工现场临时设施结合与永久设施结合的策略要点（运输电梯、垂直输送立管等）
	建造构造	围护结构构造节点优化设计（窗墙构造、幕墙构造、装饰墙板构造、设备安装构造等）
		尺寸模数协调等技术规格说明要点（墙面、窗体、幕墙、地面、吊顶材料和隔墙材料等）
调试	建筑围护系统调试	围护系统调试自然资源设计运行提升策略要点
	空调、照明系统调试	末端及调节设施、平衡调试验证、实际性能测试、自控功能验证、系统联合运转、冷热源、输配系统、空调末端
	主要设备系统效能提升方法与使用说明	建筑环境性能优化运行提升策略要点（室内热湿环境性能、光环境性能、声环境性能、空气质量性能）
		建筑用能优化运行与提升策略要点（采暖空调系统、其他用能系统），使用中的行为节能措施要点
测试	运行能耗与设计工况对比分析	围护结构热工性能测试与设计工况对比（窗体、墙体、屋面测）
		空调、照明、插座等系统运行能耗与设计工况对比分析
	室内环境质量与设计工况对比分析	测试天然采光、混合采光、人工照明质量、室内空气质量、室内热舒适度、过渡季自然通风质量
	可再生能源利用与设计工况对比分析	测试光电利用、光热利用占比
	建筑和功能空间能耗值与目标值对比分析	测试高性能空间能耗值与目标值对比分析
		不同类型建筑年单位综合能耗值与目标值对比分析

图4-3 流程模板

2）结构设计涉及建筑功能、建筑形态、模数、装配和基坑等优化，包括：结合建筑功能进行结构优化设计；结合建筑形态进行结构优化设计；空间和构件符合模数化设计要求；采用工业化装配结构；结合实际施工条件进行基坑开挖优化设计。

3）围护设计涉及建筑性能指标的认定，包括：对围护结构防火性能、热工性能、防水性能、隔声性能等进行优化设计。

4）机电设计涉及设备系统性能指标的认定，包括：对空调热源和冷源、输配系统、监控和计量、末端装置等进行优化设计；对供配电系统，照明系统，电气设备进行优化设计；对直流供电充电桩配置蓄能系统等进行优选优化设计；对信息网络和智能运维系统进行优选优化设计；对可再生能源利用进行优选优化设计。

5）给排水设计涉及生活和设备用水系统性能指标的认定，包括：优化调整卫生器具的用水效率等级；对绿化灌溉系统进行优化设计；对空调冷却水系统进行优化设计；保证生活饮用水水质符合技术要求。

6）室外环境涉及环境丰富度和雨水利用优化设计，包括：进行使室外环境符合绿化充分，景观层次丰富，环境整洁美观的优化设计；优化场地竖向设计，对雨水收集利用、排放和海绵渗透进行优化设计。

（4）设计选材应符合以下设计流程和节点控制要求

1）外界面利用废弃、自然材料和复合材料选材优化，包括：界面表皮材料利用自然资源就地取材和废旧材料；外饰采用单元式幕墙、多功能复合墙体等集成墙板材料；室外环境材料采用自然资源就地取材和废旧材料；采用以废弃物和建筑垃圾为原料生产的利废建材。

2）建筑内装修采用一体化集成产品选材优化，包括：采用装配式装修；选用厨卫集成模块。

3）材料同寿命族群和部品部件之间寿命匹配选材优化，包括：建立相近使用年限的同寿命期族群适配材料组合；活动配件选用长寿命产品，并考虑部品之间合理的寿命匹配，构造便于通用性拆换。

（5）设计交付与调适应符合以下设计流程和节点控制要求

1）交付前对建筑围护系统和各设备系统进行设计调适，包括：围护结构和设施系统调适；空调、照明系统调适。

2）开展运行能耗与设计工况对比分析，包括：围护结构热工性能测试与设计工况对比；空调、照明、插座等系统运行能耗与设计工况对比分析；可再生能源利用与设计工况对比分析。

3）开展室内外环境质量与设计工况对比分析和用户满意度评价，包括：测试天然采光、混合采光、人工照明质量；测试室内空气质量、室内热舒适度、过渡季自然通风质量；室内外环境的用户满意度评价。

3.　新技术协同应用

（1）被动辐射制冷技术

与空调的主动制冷相反，被动辐射制冷不需要电能驱动，是利用围护结构表面材料在近红外波段和远红外段（780～20000nm）高发射率与太阳光谱段（300～2500nm）高反射率，以红外辐射的形式，将围护结构表面热量散发到大气层。尤其是在8～13μm波长范围（大气窗口）围护结构表面热量辐射可以直接散发到大气层外寒冷的宇宙空间（又称外太空，-270.15℃或者+3K）。近年来，随着材料技术的突飞猛进，国内外已有学者成功研制出同时具有高短波反射率和高长波（大气窗口）发射率的辐射制冷涂料，并在夏季的现场测试中成功地将围护结构的表面温度降低至环境空气温度以下5～10℃。如中国建筑西南设计研究院有限公司研发出新一代单层微孔结构的白色及系列彩色制冷涂料。其中的白色日间被动辐射制冷涂料，太阳反射率为98.6%，第三方中国建材研究院国家检测中心测定的太阳反射率为97.4%；与超双疏自清洁保护层复合后，太阳反射率保持不变，涂层体系的总体红外辐射率提升到95%，大气窗口的选择性红外辐射率为99.9997%，以上所有参数均为目前世界最高值。

中国建筑西南设计研究院有限公司推出的超疏水/超疏油自清洁日间被动辐射制冷涂料目前已进入产品推广阶段，可广泛应用于建筑、彩钢房和集装箱房、粮仓、通信基站、变电柜、数据中心、冷链物流、油气储罐和液化天然气运输船以及户外生活用品如安全帽、遮阳伞和罗马帐篷中。取得了非常明显的制冷效果，提高了热舒适性，大幅降低了制冷用电（图4-4）。

在重庆，应用于中储粮国家储备库高26m的浅园仓时，涂敷制冷涂料浅园仓顶表面温度低于没有涂敷制冷涂料的淡黄色浅园仓顶表面温度17.37℃，将麦堆内部温度降低6.06℃，保证了粮食安全与品质，节约了大量空调能耗。这种涂料的普及应用将大幅度减少我国建筑运行的夏季空调能耗，有利于节能减排，实现"碳达峰"和"碳中和"的国家发展战略目标，减缓城市热岛效应和全球气候变暖趋势，具有重要的社会、经济和生态效益。

（2）建筑用纤维复合材料工业化围护结构

2019年中国工程院战略咨询中心发布了《全球工程前沿2019》报告，把纤维复合材料（FRP）列为土木、水利和建筑工程领域的工程研究前沿。碳纤维、玄武岩纤维等复合材料作为结构材料在桥梁、建筑空间筋索结构、预应力FRP筋混凝土结构、FRP混凝土组合结

5G 户外基站应用现场

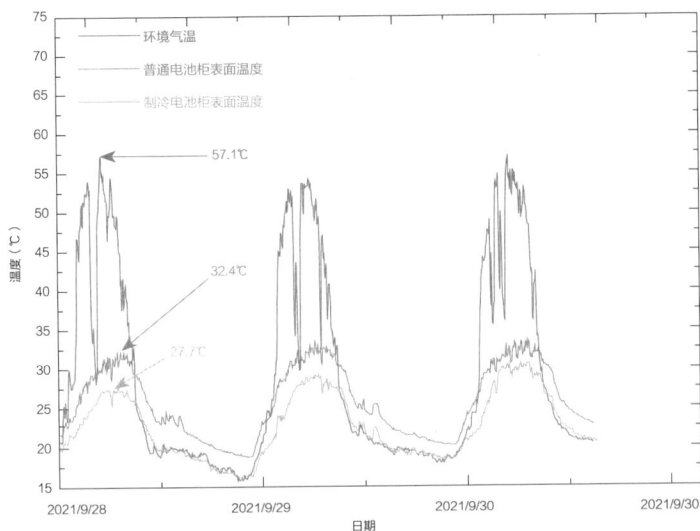

涂敷和没涂敷超双疏自清洁制冷涂料基站柜表面温度对比

图4-4 超双疏自清洁涂料在5G户外基站上的应用

构、FRP-木组合构件以及全FRP结构、FRP型材技术等方面的应用已有30多年。但作为建筑围护材料在国内外建筑工程中的应用并不多，如何发挥纤维复合材料轻质、高强、耐候、防腐、防火、绝热等优点，目前国内外相关企业在该领域取得了可喜的成绩，正在迅速地推广应用。例如中国建筑西南设计研究院有限公司利用玄武岩纤维复合材料在建筑工业化（装配化）围护结构、建筑室内外饰面板、景观设施等领域已经实现了产业化生产与应用。玄武岩纤维复合材料是玄武岩纤维增强材料、纳米蒙脱石、特种阻燃聚合物胶粘剂等经改性处理，并以纳米状均匀分布在复合材料中，以化学键的形式与聚合物分子相连接，大大改善了复合材料的力学性能、耐热、防腐性能和尺寸稳定性能等，表4-1为材料主要物理力学性能。

玄武岩纤维复合材料主要物理力学性能　　　　　　　　　　　　　　表 4-1

性能指标	抗压强度（MPa）	抗压模量（MPa）	抗弯强度（MPa）	抗压模量（MPa）	导热系数 W/(m²·C)	防火性能	密度（kg/m³）	吸水性（%）
玄武岩复合材料	512	4.11×10^4	439	3.19×10^4	0.35	A级	2200	056

由于该材料同时具有良好的耐腐蚀性、力学性能、耐老化性、耐水性和耐久性等性能优异，可广泛应用于建筑领域，在一些领域可替代钢铁产品、木材制品、铝材制品等传统材料。图4-5、图4-6是集装饰、节能、防火、耐候于一体的玄武岩纤维复合材料外墙挂板及内墙板，与混凝土PC板比较安全、轻质、施工更为方便。

由于玄武岩复合材料还具备防水、耐潮湿、隔热吸声、不生锈、不含放射性元素、不含卤素、抗老化、阻燃及良好的温度特性等优点，因而它既可用于潮湿、暖热的南方，也可用于干燥、寒冷的北方；既可以用于紫外线强烈的高原地带，也可以用于湿热和盐分高的海边；既适用于室内、又适用于室外等多种场合。纤维复合材料围护结构尤其在城市更新、既有建筑改造领域能充分发挥产品的优势，具有宽阔的应用前景（图4-7~图4-9）。

图4-5　玄武岩纤维复合材料工业化装饰、保温、防火外墙板

图4-6　玄武岩纤维复合材料室内装饰、防火墙板

玄武岩复合纤维型材

在建筑室内外装饰中应用

图4-7　玄武岩纤维复合材料室内外装饰板和型材

图4-8　四川省人民政府办公楼改造项目外挂板

图4-9　四川牛背山旅游区栈道、宾馆建筑

（3）集热保温被动太阳能一体窗技术

传统窗户的热工参数固定不变（传热系数、太阳透射比），无法解决白天太阳得热要求的太阳总透射比大和夜间防止失热希望的传热系数小的矛盾，造成其在太阳能富集地区冬季被动供暖工程项目应用效果欠佳。集热保温被动太阳能一体窗由可活动开启的内层保温隔热窗、中间空气层、外层得热窗以及高性能密封部件组成，通过热过程原理与型材构造创新，可实现传热系数、太阳得热系数阶跃变化。该系统类似于人穿衣服，该产品可灵活实现对建筑的"加、减衣服"，有效调节进出室内的太阳辐射热量和空气对流传热量，集热保温整体性能提高30%，并可有效隔绝噪声。

（4）"平疫霾"结合智能净化中央空调技术

空气过滤是控制气溶胶颗粒物浓度的有效手段，但传统中央空调系统为了降低能耗和维护费用，普遍采用低级别的空气过滤措施，导致无法应对重度污染的雾霾或突发的疫情状

图4-10　"平疫霾"结合智能净化中央空调机组

况；因工艺要求而采用高效空气过滤措施（HEPA）的空调系统，则由于平时工况运行能耗大，过滤器更换费用高，给业主带来极大的经济负担。"平疫霾"结合智能净化中央空调技术，通过改变空调机组内部结构和净化工艺流程，对机组内部空气处理进行分区，利用分布式送风原理，采用石墨烯抗菌过滤材料与紫外线照射双重消杀技术，在实现空调机组变工况（雾霾、疫情、平时等）运行的基础上，能够对新风和回风中的生物气溶胶进行有效过滤和物理消杀，可满足雾霾、疫情等极端情况过滤消杀要求，并大幅减少高效过滤器（HEPA）的更换频率及整个系统的运行阻力，有效降低系统能耗及运行维护成本（图4-10）。

4.4.2　建筑工业化设计

1. 理论依据

（1）理论与实践现状

建筑工业化在我国20世纪及21世纪初的发展，几起几落，几经"折腾"，始终没有得到持续性的稳健发展。其主要原因就是缺少整合建筑的系统科学理论指导实践。由于缺少科学模式指导，只能头痛医头、脚痛医脚，始终处于碎片化的发展状态。导致建筑设计、加工制造、装配施工各自分隔，相互间关联度差；建筑、结构、机电设备、装饰装修各自发声，缺乏协同；建造粗放、成本至上、寿命短、标准低，按照传统的施工总承包模式，无法从施工的末端引导前端的技术研发、设计和部品部件采购环节。我们今天发展建筑工业化，应该将其作为一个系统工程，需要集成若干技术要素，以整体最优为目标，用设计、生产、施工一体化，建筑、结构、机电、内装一体化和技术、管理和市场一体化的三个一体化发展思路，围绕建筑业提质增效、持续发展的核心目标，选择适宜的技术路线稳步发展。可以预期，以建筑工业化为抓手，利用系统科学理论指导，必将进一步开拓工业化建筑设计及建造的新领域，促进建筑行业的转型升级和大发展。

（2）理论内涵

为了解决上述问题，我们需要引入系统科学的理论和模式，探讨工业化建筑设计建造全方位的整体解决方案。

系统是由相互作用和相互依赖的若干组成部分结合而成并具有特定功能的有机整体，其核心价值在于要素之间的联系。系统科学以系统构成要素及其关联科学为研究对象，是"管科学的科学"。

"工程这个词十八世纪在欧洲出现的时候，本来专指作战兵器的制造和执行服务于军事目的的工作。从后一含义引申出一种更普遍的看法：把服务于特定目的的各项工作的总体称为工程，如水利工程，机械工程……，如果这个特定的目的是系统的组织建立或者是系统的经营管理，就可以统统看成是系统工程。"（何继善《工程管理论》）

系统工程是系统科学工程应用理论和模式多元复合的有机体，是实现系统最优化的管理工程技术，是"二战"后人类社会若干重大科技突破和革命性变革的基础性理论支撑和模式论。对原子能、电子计算机、空间技术和生物工程的发明和应用起到了关键作用。在工业、农业、国防和科学技术等领域都得到了应用。自1956年以后，伴随着"两弹一星"的研制，我国系统科学与系统工程得到了体系化的大发展，目前不仅应用于航空航天、导弹火箭等国家重大工程项目，还广泛应用于大飞机、航母、高铁、深潜、汽车等"中国制造"的主攻方向。

工业化建筑系统工程是研究建筑整体、部分及其关联关系的工程技术应用科学。它既定性又定量地为工业化建筑系统的规划设计、试验研究、建造使用和管理控制提供科学模式的模式论科学。它的最终目的是使建筑系统运行在最优状态。

（3）理论外延

系统工程不是依托于单一学科而存在和发展的，它是一个综合性的科学，服务于特定的某个学科时，往往用"××系统工程"来表示。比如：飞机系统工程、生物系统工程、航天系统工程等。相对于建筑系统工程，建筑学科的先进成果为系统工程提供了解决问题的路径和模式；同时系统工程的实践也促进了建筑学科的发展和完善。

不同的专业背景，对系统工程的定义也不同。因此，我们首先要站在建筑专业的角度来理解系统工程，利用系统工程普遍原理和模式，解决建筑问题；其次，要借助系统工程，充分吸收各学科、各专业的先进成果去解决建筑问题，以此促进建筑科学的进步和完善。

建筑系统工程的精髓，是将建筑、结构、设备、装修等专业，和设计、制造、施工、安装等各工种的智慧，汇集到一起，形成知识和技术的集合。建筑系统工程要综合地提出解决建筑问题的模式和步骤。在构建这个集合并综合解决问题的过程中，集成和整合是不可缺少的两个方面。

集成是将一些孤立的事物或元素通过某种模式改变原有的分散状态集中在一起，产生联系，从而构成一个有机整体的过程。整合是把零散的东西彼此衔接，从而实现信息系统的资源共享和协同工作，形成有价值有效率的一个整体。在研究建筑系统工程时，要建立"集成"和"整合"的概念，并用整合建筑的模式将建筑各组成部分有机建构为一个完整的建筑。

建筑系统工程是通过综合研究社会、经济、生态及其他工程技术系统，以相互联系的整体观和整体的系统观，开展城市规划、建筑设计、工程管理、施工组织等活动。以规划、设计、施工及管理的一体化为主线，综合美学、生态学、社会学、经济学、工程学、电子学等学科。采用综合、系统地整合设计建造全过程，以达成建造过程及建筑产品的社会、经济、生态和产业等综合效益的统一和优化。

建筑系统工程的研究对象除了土木、机械、施工这类"硬"工程之外，尚包括工程组织与经营管理等其他属于"软"工程的各种内容，因此，建筑系统工程具有"软硬兼顾"的综合性特征。

建筑系统是人、建筑物和建造过程的有机组合，其中人是最主要的因素。因此在应用系统工程的模式处理建筑问题时，要以人为中心。

2. 系统构建

对建筑系统的研究，涉及建筑整体和部分的优化、控制、信息、仿真模拟及数学分析等各种模型，其科学意义在于通过分析各种建筑要素，找到其本质属性、区分其从属关系、分析其逻辑层次，用系统建构的模式表达出其功能、成分及相互关系，将涉及建筑本体的技术要素与艺术要素联系、整合在一起，构成系统最优化，功能最完善，体验最完美的有机整体，以满足人对建筑的总体需要。

工业化建筑与非工业化建筑相比，其系统建构更为清晰，我们只要遵循工厂制造和现场装配的逻辑关系，结合其在整体中的作用和功能，就能比较科学地区分开各大系统要素。一般的工业化建筑由结构系统、围护系统、机电设备系统和装饰装修系统四大部分构成。结构系统是建筑的主要支撑体，承担抵抗竖向荷载和水平荷载的结构功能，结构系统的基本属性是安全性，也兼具经济性、易建性和结构空间对各种功能的适应性等要求。可以选择钢结构、钢筋混凝土结构、木结构、混合结构、组合结构等结构形式。结构系统包括柱系统、墙系统、梁系统、楼盖系统、减震系统、隔震系统等子系统。各子系统之间通过具有结构功能的连接节点来发生关联并组成为完整的结构体系；围护系统包括屋面系统、外墙系统、门窗系统、遮阳系统、阳台系统、防火分隔系统等子系统，各系统之间通过既有结构功能，又有物理性能要求的构造连接节点产生联系，并共同构成具有热工、声学、密闭等物理性能的完整的围护体系；机电设备系统与使用功能和人的生理需求密切相关，包括采暖系统、空调系统、给水系统、排水系统、强电系统、弱电系统、消防系统、支吊架系统等，各子系统之间通过管线综合和建筑设备产生联系，共同服务于建筑的声、光、电、暖及空气环境；装饰装修系统，是建筑各系统中与人的使用和体验最密切相关的子系统，不同的建筑类型，其系统构成会有所不同，如住宅建筑的装饰装修系统包括收纳系统、厨房系统、卫生间系统、家政系统、墙系统、吊顶系统、地面系统、内门系统等子系统，其间通过装饰连接件（挂镜线、踢脚等）联系并形成完整的内装体系。

这四大系统，基本能涵盖建筑整体各主要要素，四大系统之间主要通过建筑功能、空间和形式产生联系，当功能、空间和形式发生变化时，结构、围护、机电和装修也会相应发生变化。建筑标准和工程造价等因素，也会影响到建筑系统的变化（图4-11）。

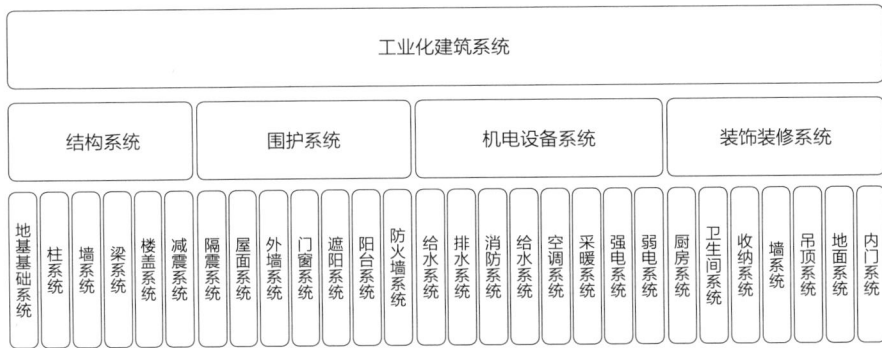

图4-11　工业化建筑系统框架图

（1）结构系统

结构系统是建筑的主要支撑体，其主要功能是承受荷载（包括竖向荷载和水平荷载）。其基本属性是安全性、经济性、易建性和适应性等。

安全性：结构安全是结构系统必须具备的基本属性，建筑会受到竖向作用或是水平作用，在承受各类荷载时，均要满足结构安全性的要求。

经济性：好的结构是科学受力、选型合理的结构，这样的结构一般都是经济性比较好的结构。结构的经济性，一定不能站在单纯造价的角度来评价，而是要站在结构安全性、可靠性、长寿命和空间的适应性等角度来进行综合评价。也不能仅考虑节省材料，而要综合考虑材料、工期、人工、施工措施和运维管理方面的成本。

易建性：工业化建筑的结构系统，要以"易建性"作为基本的评价标准。要形成类似制造业的跨行业、跨部门的协同机制，让建筑设计、结构设计、机电设计、内装设计和工厂制造工程师，现场施工工程师一起工作，立足工厂和现场的易建性，设计出便于生产和施工的结构构件和连接节点，并形成相应的生产工艺和施工工法。比如，用带栓钉的钢梁，匹配不出筋叠合板，会让工厂制造和现场装配变得非常简单。

适应性：辩证唯物主义认为，物质是运动的，也是静止的，但归根到底是运动的，运动是无条件的、永恒的，而静止是有条件的，相对的。从运动的原理来看，大千世界的静止是相对的，变化是永恒的。建筑看似建成以后就一直静止地待在基地之上，是静止的，但放在时间的维度来看，建筑的使用功能也是永远在变化的，其使用状态也是每天在变化的，其使用场景也阶段性随着社会的发展变化在不停地变化。建筑的永恒变化规律，决定了建筑适应性是满足其变化规律的本质属性。结构空间对各种变化的适应性，是结构系统"有用"的根本保证。老子曰："埏埴以为器，当其无，有器之用。凿户牖以为室，当其无，有室之用。故有之以为利，无之以为用。"其中的道理我们可以理解为：建筑能为我们所用的就是结构系统所构建起来的建筑空间。建筑的功能是通过建筑空间来保证的，建筑对各种功能的适应性也是通过建筑空间的适应性来实现的。如果期望用数学模式来描述结构空间与其适应性的关系的话，可以认为结构系统的适应性与其构建的空间适应性成正比，空间越大，其适应性越高。

（2）围护系统

围护系统是建筑与自然或其他领域空间之间的分隔体，其主要用于围合、分隔和保护某一个空间区域，将其与某种功能的空间隔开，来实现该部分空间在特定使用功能下的保护和分隔。围护系统的主要功能有保温、隔热、隔声、防水、防火、防护等；其特有属性有整体性、物理性、安全性、多样性等。

（3）机电设备系统

机电设备系统是具有特定功能，能满足建筑某种使用需要的机电设备、设施及管线网络的整体，本系统是结构主体之外，附属在建筑主体的填充体。其主要功能是建筑供配电、弱电智能化、建筑照明、空气调节、供暖通风、给水排水、电梯扶梯、消防系统、安防监控、雨水排放、中水利用、太阳能利用、燃气系统等。其基本属性有整体性、特异性、发展性和关联性。

（4）装饰装修系统

装饰装修系统是保证建筑使用功能，承载物理性能并提供建筑使用场景的填充体。本系统以主体结构的填充体形式存在，它承载着机电设备系统和人日常使用的各种需求，将装饰装修各要素整合在一起，形成具备某种使用功能的建筑形式和室内环境。分为室外装饰系统和室内装饰系统两大部分，室外装饰包括饰面系统、饰面结构系统、护栏系统、装饰部品等。其主要包括墙面系统、顶棚系统、地面系统。

3. 技术支撑

（1）"四个标准化"设计方法

建筑工业化的主要特征包括标准化设计、工厂化生产、装配化施工、一体化装修、信息化管理，其中标准化设计是核心，可以将建筑业各个分散的环节整合为一个整体。标准化设计是工厂加工生产的前提，是工业化发展的重要特征，是实现装配式建筑品质提升、效益效率提高、工期节约、成本节省的重要方法和措施。中建科技集团有限公司的工业化建筑"四个标准化"设计方法是一种以建筑系统工程理论为基础，以结构、围护、机电和内装四大系统为整体架构，以标准化设计、一体化协同设计和系统集成设计等为主要原则的工业化建筑产品设计技术，核心内容如下：

1）平面标准化（有限模块、无限生长）：通过制定大空间可变、结构可变、模数协调和组合多样等规则，解决了建筑平面标准化和适应性的对立统一问题；

2）立面标准化（标准化、多样化）：形成了立面要素标准化和组合多样化的设计方法，解决了工业化建筑立面呆板，千篇一律的问题；

3）构件标准化（少规格、多组合）：提出规模化生产的关键在于构件标准化，解决了设计不能满足工厂生产和现场装配需求的问题；

4）部品标准化（模块化、精细化）：模块化内装部品如何进行精细化设计，解决了内装部品如何让居住者有获得感，提升品质的问题（图4-12）。

中建科技集团有限公司的工业化建筑"四个标准化"设计方法解决了国内建筑工业化发

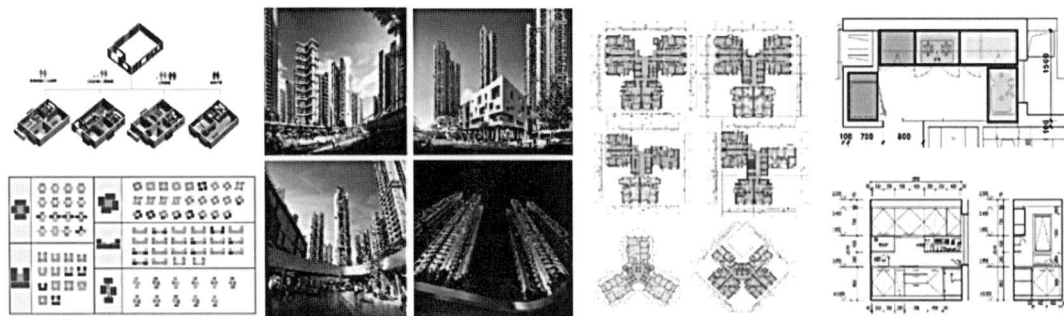

图4-12 工业化建筑"四个标准化"设计方法

展"缺少适合工业化新型建造方式的标准化设计方法"的关键问题，有利于实现建筑、结构、机电、内装等多专业，设计、商务、制造、装配等各工种之间，全员、全过程、全专业的一体化。该方法实用性强、可推广性好，已形成较多成功、典型示范案例，无需具备特殊条件，满足于各类工业化建筑技术体系、各类型建筑、各类气候区，能有效服务于建筑工业化产业链各个环节。

（2）装配式模块化钢结构建筑体系设计关键技术

考虑社会经济、劳动力、发展水平等需求，国内的低多层箱式模块化钢结构建筑逐步发展应用，但是其技术研发仅考虑结构受力、一旦考虑与其他专业系统以及与生产施工等的协同则存在不匹配、不便捷或难以实现等问题，如设计不研究建筑围护、机电、内装的协同、无法整体实现集成装配，从而影响建造效率和建筑品质。另外，国外的应急建筑如平疫建筑一般为方舱医院或者帐篷，建筑条件远不如箱式模块化钢结构抗疫医院。中建科技集团有限公司研发的"装配式模块化钢结构建筑体系设计关键技术"主要涵盖"模块化钢结构工业化建筑系统集成设计理论""模块化钢结构结构体系及关键节点设计技术"及"模块化钢结构建筑围护、机电设备和装饰装修关键技术"三方面成果，形成了一系列便于工厂高效制造，现场快速装配的酒店、防疫医院、营房及学校等模块化建筑产品，以及覆盖设计、制造、施工全过程的成套关键技术。

"装配式模块化钢结构建筑体系设计关键技术"能提前将结构、围护、机电、内装各系统在工厂整合集成到统一的模块中，到工地现场模块化整体吊装，有效加快建设速度，降低劳动强度，减少人工消耗，提高施工质量和劳动生产率，是推动绿色低碳发展、能源资源配置更加合理化的有效途径。可广泛应用于防疫、防灾、军事、学校、民生等建筑领域，适用于应急建筑或品质要求更高的半永久性建筑，解决重大需求，实现快速部署。

（3）装配式混凝土结构建筑体系设计关键技术

装配式混凝土结构建筑作为我国工业化建造方式的主要类型之一，相关设计技术随着应用经验的丰富日臻成熟，但制约发展的关键问题仍然存在：一是结构关键技术仍需优化完善，急需解决现浇和预制混搭，生产和施工效率不高，抗震性能不强，应用受限等问题；二是主要研究装配式结构，忽视围护、机电设备、装饰装修与结构间的整合，各专业自成体系，专业交叉及连接节点质量通病突出；三是建筑设计、加工制造、装配施工各自分隔，缺乏一体化的协同机制，设计先导不足，只能"头痛医头、脚痛医脚"，始终处于碎片化的发展状态。针对上述问题，中建科技集团有限公司通过对常用装配式混凝土结构体系的优化研究，形成装配式混凝土框架结构、装配式混凝土剪力墙结构、双面叠合剪力墙结构和PC+铝模少支撑工业化建筑，共4种"装配式混凝土结构建筑技术体系设计关键技术"。其中，基于双皮墙技术的"少模施工装配式结构建筑体系"，成功实施了国内首栋110m双面叠合剪力墙结构体系示范工程的设计及建造（图4-13）。

"装配式混凝土结构建筑技术体系设计关键技术"可有效实现建筑、结构、机电、装修的一体化和设计、生产、装配的一体化，并通过全专业一体化协同设计和全过程一体化协同设计，解决建筑、结构、机电和内装相互割裂，设计、生产和施工长期脱节而带来的诸多问题。

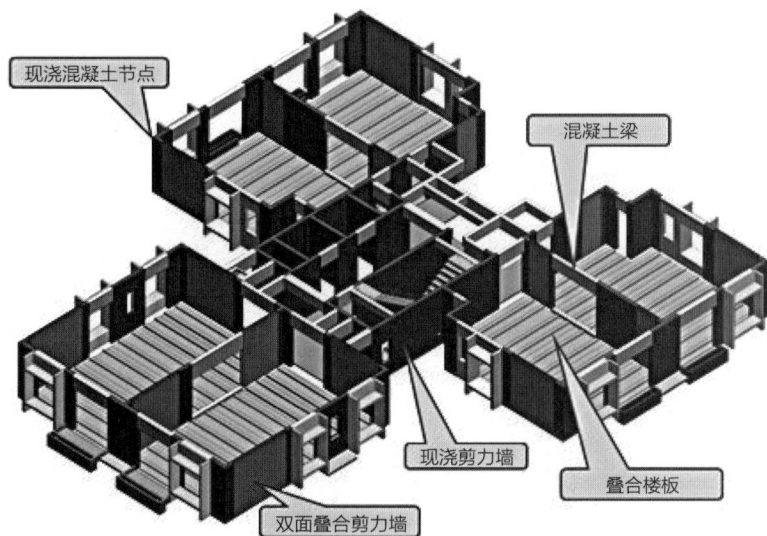

图4-13 110m双面叠合剪力墙结构体系构成示意图

第 5 章

推进绿色建造发展，
践行"双碳"战略目标

5.1 绿色建造概述

5.1.1 绿色建造的定义

绿色建造是按照绿色发展的要求，通过科学管理和技术创新，采用有利于节约资源、保护环境、减少排放、提高效率、保障品质的建造方式，最大限度实现人与自然和谐共生的工程建造活动。[①]

绿色建造是从工程策划、设计、生产、施工等阶段进行全面绿色统筹，提高资源利用水平，厉行环境保护，以"绿色化、工业化、信息化、集约化、产业化"为特征改造升级传统建造方式，切实把绿色发展理念融入生产方式的全要素、全过程和各环节，实现更高层次、更高水平的生态效益，为人民提供生态优质的建筑产品和服务的建造活动。

指导思想是贯彻绿色发展理念，按照适用、经济、安全、绿色、美观的要求，节约资源和保护环境，推进社会经济可持续发展和生态文明建设。

目标是实现建造过程的绿色化和建筑最终产品的绿色化，根本目的是推进建筑业的持续健康发展。

本质是新时代高质量的工程建设生产活动，是深化供给侧结构性改革，是"中国制造"在工程建设中的体现，是新时期实施绿色发展的必然要求，是传统建造活动的全过程、全要素升级。

主线是转型发展。通过工业化方式、信息化手段，解决现行建造方式中资源消耗大、环境污染严重等突出问题；通过工程总承包、全过程咨询等组织方式，杜绝现行建造方式中粗放式管理、碎片化管理等现象；通过推动技术创新、标准提升，积极引导和推动各种新材料、新技术、新工艺向建筑产品和服务的供给端集聚，为人民提供更为优质的产品和服务；通过绿色建造，在传统建造活动满足质量合格和安全保证等基本要求基础上，实现更高层次、更高水平的质量和安全；通过绿色建造，资源的利用效率将提高，环境污染将得到更有效控制，作业强度也会大大降低，总体建造效率得到更大提升，促进建筑业转型升级。

5.1.2 绿色建造的内涵

绿色建造是城乡建设生态文明体系中生产方式的重要组成部分，城乡建设构建生态文明体系、实现绿色发展离不开绿色建造。绿色建造是城乡建设实现绿色发展的重要基础，是支

---

① 住房城乡建设部，绿色建造技术导则 [Z]，2021.

撑国民经济增长、城乡建设和民生改善的支柱产业，也是建筑业走向现代建造文明的可持续发展之路。

绿色建造属于生产方式的范畴，是一个复杂的系统工程，具有全局性、系统性和革命性。发展绿色建造必须从发展理念、组织结构、技术创新、体制机制和企业核心能力等方面进行统筹协调、制定措施、系统推进。绿色建造的各项生产活动，必须以最大限度降低污染、减少排放、提升品质、提高效率，提供优质生态的建筑产品，满足人民日益增长的优美生态环境需要为出发点和落脚点。绿色建造的核心是工程建造的设计、生产、采购、施工、运营的整个生产过程的绿色化。因此，推动绿色建造必须从生产方式入手，构建生态文明体系，培育和推广与绿色发展相适应的新型建造方式，并将其打造成为城乡建设致力于绿色发展的系统工程。

绿色建造是建筑业整体素质的全面提升，是实现生产系统与生活系统循环连接的工程建造活动，是建筑业走向现代建造文明的主要标志。在工程建造活动中，通过工业化建造方式与信息化建造手段融合，摒弃依赖农民工手工作业为主的粗放生产方式，实现从粗放建造向绿色集约建造转换；通过集约化管理的组织方式，解决碎片化管理带来的低成本要素投入、高生态环境代价的突出问题；通过完善建造过程的产业链，解决人与自然和谐共生的问题，引导建筑业从粗放式向精益化迈进。总之，绿色建造是以建筑业整体素质的全面提升为前提，从而迈向现代建造文明的绿色发展进程。

5.2 绿色建造发展现状与存在问题

5.2.1 国外绿色建造发展现状

欧美发达国家非常注重建造过程的绿色环保，政府起到了主导的作用，形成了健全的绿色建造法律法规体系，为绿色建造的发展提供了可靠的实施依据。行业协会发挥了规范与协调作用。龙头企业在践行绿色建造方面起到了带动作用。21世纪以来，在前期探索和实践的基础上，发达国家在技术体系、产业链聚合、专业人才队伍培养上实现了全面发展。绿色建造已成为建造领域的主导发展方向。

1. 相关政策法规体系健全、运行机制良好

美国、英国、日本等发达国家对绿色建造的要求非常严格，在绿色建造相关政策、法律法规等方面形成了健全的体系和良好的运转机制。

美国2017年发布了《美国基础设施重建战略规划》，明确建筑产品和基础设施要实现安全（韧性）、绿色和耐久，并关注建造过程的经济效益和可持续发展。规划提出到2025年，

其建筑产品全寿命期的成本要比现在降低50%；到2030年，其工程建设百分之百要实现碳中和设计。

英国政府主要通过颁布法案（Act）和法规（Regulations），以及制定更为具体的规范（Code）和白皮书（White Paper）等来促进其国内绿色建造的发展。2013年推出了《英国建造2025》，在其制定的远景目标、共同目标中都强调了绿色、可持续发展的内容，提出了实施数字设计、智慧建造，低碳和可持续建筑的战略措施，上升到国家战略。

日本制定了"i-Construction（建设土地生产力革命）"战略。为应对资源不足的严重问题，日本政府重点颁布实施了一系列和建筑材料等可再生材料循环化使用有关的政策标准，如1977年的《再生骨料和再生混凝土使用规范》、2000年的《建设工程材料资源化再利用法》和《建筑材料循环法》、2001年的《建筑废弃物处理法》、2002年的《建筑废弃物再利用法》等。日本鹿岛建设集团公布2015～2017的环境责任数据：企业基本实现了在低碳排放、资源环境、自然和谐等三领域的全面环境管理目标，并开展了2018～2020年三年规划：涵盖CO_2减排、减少施工污泥、保护自然环境、有害物质预防等方面指标。明确其实施路径，进行年度评价。设定Zero2050目标：展望2030年，全公司总温室气体排放量将是2013年70%；大力推广近零/零能耗建筑；在2050年，实现全公司温室气体实现零排放；建筑垃圾最终排放量为0，包括钢材、水泥、混凝土、碎石、沥青在内的主要建材再生利用率达到60%以上。

新加坡于2009年开始推进其"绿色与优雅施工计划"，通过几年的研究和尝试，最终在2014年颁布实施了《绿色与优雅施工指南》。该指南主要对施工建造现场的"公司管理策略要求""场地布置和空气质量""场地便捷性和无障碍""公众安全""噪声与振动""沟通机制""人力资源管理"7个方面作出绿色建造的要求。新加坡还对建造过程中的化学用品应用提出了严格的控制要求，所有的油漆、涂料不能进入自然环境中，所使用的杀虫剂、清洁剂等消耗品必须为环境友好型产品。

综上，欧美等发达国家在绿色建造相关政策制定上也是一个循序渐进的过程，不同时期针对不同重点问题，早期主要集中于节能方面，后期逐步加入可再生能源、资源的再生利用、拆除和场地的管理等领域的一些政策，使得绿色建造全过程都有对应的法规指导。而且，通过对这些政策的实施，在发达国家建立起了相应的组织管理模式、技术体系、标准指南，进而形成了为绿色建造提供服务的产业链。

2. 绿色建造技术在发达国家建造活动中得到重视和普及

发达国家普遍重视绿色建造技术的集成和创新。重点对成熟、实用的技术与产品的集成，同时重视绿色建造技术创新，更注重使用后的绿色效果，实现真正意义上的绿色建造。绿色建造技术创新从对建筑技术本身的研究发展到运筹学、社会学、地理学、信息系统论等学科的融合；从关注单体建筑发展到关注区域布局优化和绿色设计技术创新；从主要考虑建筑产品的功能、质量、成本到更多地关注建筑与环境、社会和经济的平衡协调，以及提高建筑使用者的满意度。从施工技术工艺创新改进、设备更新向前期整体策划与一体化实施发展等，均实现了绿色建造的良好突破，实施效果颇为明显。

发达国家普遍注重施工过程中的节能减排技术、工业化和信息化技术的应用。清洁施工、环保施工，施工场地清静、清洁，使用高效的环保型工程机械作业已经非常普遍。位于美国西雅图的苹果公司全球总部（图5-1），充分体现了绿色建造带来的建筑业变革，形成规模化定制交付工

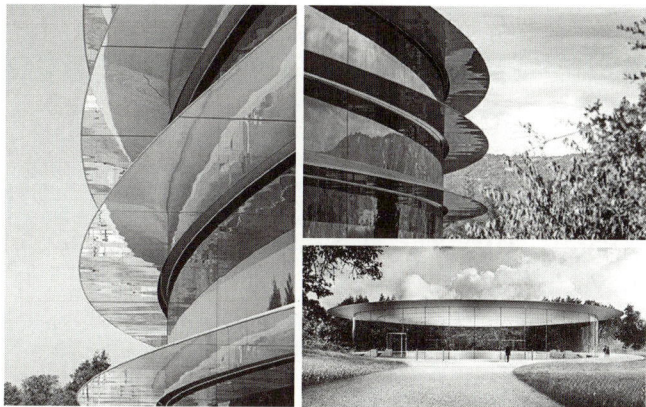

图5-1　美国苹果公司新总部大楼Apple Park外景

业级品质产品的未来建筑发展模式。与常规建筑相比Apple Park发生了四方面变革：一是装配式部品部件个性定制，满足个性化需求；二是产品精度达到毫米级，实现工业级精益建造品质；三是健康驱动，提供以人为本的健康建筑产品；四是节能技术应用，打造零能耗建筑产品。综合考虑了建造技术、生态环境、人员舒适的成功案例，它向我们展示出了一整套的策划体系、综合技术应用体系、新技术体系等。

3. 形成了成熟的集约化组织模式

工程总承包模式集约化组织模式典型代表方式，是实现绿色建造非常有效的组织方式之一，发展到20世纪七八十年代，已经逐步形成十分成熟的模式。

美国设计建造协会（DBIA）、美国土木工程师学会（ASCE）、美国建筑师学会（AIA）、美国总承包商协会（AGC）都编写有自己的DB模式合同范本，通过合同条文对绿色建造部分做出规定。美国最大的承包商柏克德公司制定的《SHE手册》，美国绿色建筑先驱企业特纳公司制定的《绿色建筑总承包商指南》，都对行业绿色建造活动进行规范和引导。日本鹿岛建设、熊谷组、大林组等都明确了企业自己的绿色发展战略，建立了完整的绿色管理体系来开展绿色建造活动，每年定期发布社会责任报告和可持续发展报告，明确目标、计划和实际执行效果统计，并详细报告公司年度资源投入与能耗、碳排放、绿色采购的具体情况。

国外普遍重视实施规划、设计、施工一体化的绿色建造，除采用工程总承包模式外，还有一个重要因素就是采用多参与方一体化协同的实施模式，协同模式非常有利于绿色建造的推进，不但广泛应用于单体建筑，甚至在城区的建设中也进行了应用。例如，著名生态城市——哈马碧滨水新城项目（图5-2），采用工作营的形式，把相关方整合在一起工作，形成了独特的绿色工作链，被称为"哈马碧模式"，其核心环境和基础设施规划由斯德哥尔摩市负责规划、道路、房地产、污水处理、废弃物处理和能源等相关部门代表组成团队进行管理，实现污水、固体废弃物和能源生态循环，最终建设成为尊重自然，节约资源，低环境影响，注重环境、生活方式、社会文化多样性的世界著名可持续生态城区。

图5-2　哈马碧滨水新城

4. 发达国家形成了先进、成熟、完善的建筑产业链

以市场化、社会化发展为主，与政府主管部门与行业协会等紧密合作，完善技术体系和标准体系，形成了大集团企业引领行业技术发展，带动专业性公司发展，大小企业共同发展的产业链体系；形成了研发—设计—生产—施工—运营维护等各环节相互协作、密切配合相对完善的产业链。

如德国形成了完善的建筑产业链：设计公司、构件公司、设备公司、模具公司、配件公司、埋件公司、软件公司、运输公司、咨询公司、总承包公司等专业分工明细、产业一体化协同发展，产业链成熟完善；混凝土设备制造厂就是一个装配组装车间，将混凝土设备分解成更小的设备，委托给其他公司生产加工，设备企业就是一个组装、设计、采购、装配的生产线；混凝土构件工厂用的各种拉结件，预埋管、预埋盒、垫筋架、门窗框全部由专业公司生产配套，经济、质量好；模具厂也是一个组装车间，自行设计、委托加工各种零配件以及模具板材切割下料，各种板材下料后到自己的车间组装（图5-3）。

5. 广泛推行建筑垃圾资源再利用

欧盟、美国、日本等发达国家，已经把城市建筑垃圾的处理和利用作为环境保护和社会发展的重要目标。建筑垃圾资源化利用已经成为建筑垃圾处理的主要方式，建筑垃圾作为重要的再生资源，回收后大部分经过有效处理后重复利用。

美国通过立法实现建筑垃圾循环利用。美国1980年制定的《超级基金法案》，从源头上限制了建筑垃圾的产生量，促使各企业自觉寻求建筑垃圾资源化利用途径。每年有1亿t废弃混凝土被加工成骨料，占美国建筑骨料使用总量的5%，其中68%的再生骨料被用于道路基础建设。近些年，美国住宅营造商协会开始推广一种"资源保护屋"，其墙壁就是用回收的

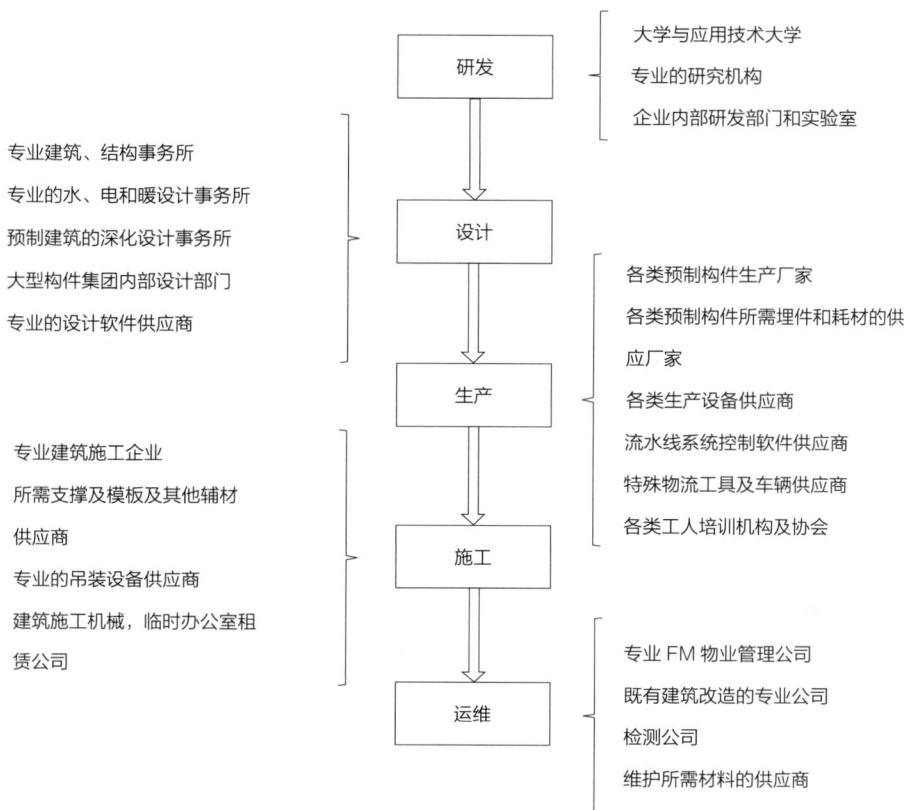

图5-3　德国建筑产业的产业链

轮胎和铝合金废料建成的，屋架所用的大部分钢料是从建筑工地上回收来的，所用的板材是锯末和碎木料加上20%的聚乙烯制成，屋面的主要原料是旧的报纸和纸板箱。这种住宅不仅积极利用了废弃的金属、木料、纸板等回收材料，而且比较好地解决了住房紧张和环境保护之间的矛盾。

日本将建筑垃圾视为"建筑副产品"。日本由于国土面积小、资源相对匮乏，遂将建筑垃圾视为"建筑副产品"，作为可再生资源重新开发利用。日本对于建筑垃圾的主导方针是：尽可能不从施工现场排出建筑垃圾；建筑垃圾要尽可能重新利用；对于重新利用有困难的则应适当予以处理。1977年开始，相继在各地建立了以处理混凝土废弃物为主的再生加工厂生产再生水泥和再生骨料。1991年，日本政府制定了《资源重新利用促进法》，规定建筑施工过程中产生的渣土、混凝土块、沥青混凝土块、木材、金属等建筑垃圾，必须送往再资源化设施进行处理。日本2000年制定《建筑再利用法》，对建设过程中减少垃圾产生以及生产和采用再生建材做了规定。目前日本建筑垃圾的再资源化达96%，其中混凝土再资源化率高达99.3%。以东京赤坂王子饭店拆除过程为例，为减少噪声和粉尘污染，采用日本大成建设开发的"TECOREP系统"从上而下逐层分解的绿色拆除施工方法，取代了以往露天定向爆破拆除的粗暴方式，据统计，这种方法产生的噪声比传统方法少20dB，粉尘减少90%，并且精细作业有利于建筑垃圾回收（图5-4）。

图5-4　东京赤坂王子饭店拆除过程

德国最早开展循环经济立法。德国在1978年推出了"蓝色天使"计划后制定了《废物处理法》等法规，1994年制定的《循环经济和废物清除法》（1998年被修订）在世界上有广泛影响。德国约有200家建筑垃圾处理企业，年营业额达20亿欧元。汉堡市易北河畔的"垃圾山"（Georgswerder Energy Hill）是一个垃圾回收的经典范例。数十年前，这里是"二战"轰炸建筑瓦砾堆场，此后又被用于堆积工业废料和城市垃圾。从20世纪80年代起，政府用塑料防水膜覆盖垃圾山，铺上最厚3m的土层，种上植被。垃圾产生的沼气收集起来转化为附近一家炼铜厂的部分用电来源。2011年，垃圾山上安装了8000m²的光伏发电系统，功率更高的风力发电机取代了老电机。两者产生的电力可满足4000户家庭的全年需求。垃圾产生的废液携带的热量也被收集起来，为办公室供暖。此外，山顶建成了一条长1000m的长廊，成为人们观赏汉堡全景的最新去处。垃圾山成为汉堡的能源之丘，市民的景观公园。

法国将建筑垃圾整体管理。法国CSTB公司是欧洲首屈一指的废物及建筑业集团，专门统筹在欧洲的废物及建筑业务。公司提出的废物管理整体方案有两大目标：一是通过对新设计建筑产品的环保特性进行研究，从源头控制工地废物的产量；二是在施工、改善及清拆工程中，对工地废物的生产及收集做出预测评估，以确定相关回收应用程序，从而提升废物管理层次。

总体来讲，上述国家大多实行的是"建筑垃圾源头削减策略"，即在建筑垃圾产生之前，就通过科学管理和有效的控制措施将其减量；对于产生的建筑垃圾则采用科学手段，使其具有再生资源的功能；对于已经过预处理期的建筑垃圾，则采取运往"再资源化处理中心"集中进行处理。

6. 普遍重视建筑产品的减能减排

发达国家普遍将建筑节能减排作为应对气候变化的主要工作，推动"低能耗与高舒适度"的完美结合。例如，2010年6月，欧盟出台了《建筑能效2010指令》（EPBD2010）规定：成员国从2020年12月31日起，所有的新建建筑都是近零能耗建筑；为了实现欧盟的能效提升目标，各成员国都积极推进近零能耗建筑（超低能耗建筑）的发展。各国对超低能耗建筑都赋予相应的名称和技术标准，如德国、瑞典、奥地利的被动房、英国的可持续发展建筑，丹麦近零能耗建筑等。这些低碳建造技术的推广成为欧盟进一步挖掘建筑节能潜力，摆脱对化石能源依赖的有力措施之一。

7. 健全的人才培训体系

美国、日本、澳大利亚等国家建筑技术实践经验、理论基础、人才培养模式都较为成熟。对于建筑人才培养以实践为主，侧重于建筑人才管理能力培养、建筑人才专业素养提升、建筑人才体系结构的优化。例如美国装配建筑人才培养模式针对具体情况和专业开展培训，装配建筑人才在建筑的设计阶段需要实现对于建筑相关问题的解决，针对不用地域和不同环境下采取不同的建筑技术进行实践，培养具有建筑设计与专业技能的人才，在很多学校大量培养如何安装太阳能光伏设备及检测的人才，有助于培养专业人才的同时推广绿色技术；澳大利亚在建筑人才培训体系上较为健全，分为在职培训、职前培训和研究生层次的培训，针对不同层次的建筑人才进行相应的培训，强化专业技能与职业素养，优化人才体系结构。

5.2.2 　国内绿色建造发展现状

与发达国家相比，我国绿色建造起步较晚，目前出台了相应的法律、法规，颁布了一系列绿色建筑、绿色施工相关政策、标准，为全面推进绿色建造打下了良好基础。政府把绿色生态工作作为重点任务来抓，绝大多数把绿色生态相应纳入城市的发展规划中，呈现出良好的态势。但目前我国绿色建造的政策标准的完善性、技术体系的先进性等方面还有很大的提升空间。

1. 绿色建造相关政策逐步出台

我国绿色建造相关政策的出台是一个循序渐进的过程。从国家层面自2016年起，出台了若干绿色建造的相关指导意见。如中共中央国务院《关于进一步加强城市规划建设管理工作的若干意见》（中发［2016］6号），提出发展新型建造方式，大力推广装配式建筑，积极稳妥推广钢结构建筑。国务院办公厅《关于促进建筑业持续健康发展的意见》（国办发［2017］19号），从完善工程建设组织模式、提高从业人员素质、推进建筑产业现代化等七个方面提出了20条措施。以提升建筑设计水平和加快建筑业"走出去"，推动品牌创新，培育有国际竞争力的建筑设计队伍和建筑业企业，提升对外承包能力，打造"中国建造"品牌。住房城乡建设部等部门《关于印发贯彻落实促进建筑业持续健康发展意见重点任务分工方案的通知》（建市［2017］137号），推广智能和装配式建筑。

国务院办公厅转发住房城乡建设部《关于完善质量保障体系提升建筑工程品质指导意见》的通知（国办函［2019］92号），从强化各方责任、完善管理体制、健全支撑体系、加强监督管理4个方面。提出了改革工程建设组织模式，推行工程总承包、全过程工程咨询和建筑师负责制；推行绿色建造方式，大力发展装配式建筑。

住房城乡建设部《关于推进建筑垃圾减量化的指导意见》（建质［2020］46号）指出，技术和管理是建筑垃圾减量化工作的有力支撑，要激发企业创新活力，引导和推动技术管理创新，并及时转化创新成果，实现精细化设计和施工，为建筑垃圾减量化工作提供保障。住房城乡建设部等部门《关于推动智能建造与建筑工业化协同发展的指导意见》（建市［2020］60号）指出，要以大力发展建筑工业化为载体，以数字化、智能化升级为动力，创新突破相关核心技术，加大智能建造在工程建设各环节应用，形成涵盖科研、设计、生产加工、施工装配、交付等全产业链融合一体的智能建造产业体系。

2020年12月31日，住房城乡建设部为推进绿色建造工作，决定在湖南省、广东省深圳市、江苏省常州市开展绿色建造试点工作，并发布《绿色建造试点工作方案》要求。

2021年3月16日，住房城乡建设部发布《绿色建造技术导则（试行）》（简称《导则》），《导则》提出：为人民提供更为优质的产品和服务，将绿色发展理念融入工程策划、设计、施工、交付的建造全过程，构建一体化的绿色建造体系，通过工业化生产、信息化管理、技术进步解决现行建造方式中资源消耗大、环境污染严重等突出问题；通过工程总承包、全过程咨询等组织方式，杜绝现行建造方式中粗放式管理、碎片化管理等现象；鼓励绿色建材生产和使用，提高资源再利用率，控制环境污染，降低作业强度，保证工程质量和作业安全，让建造活动向绿色化、工业化、信息化、集约化、产业化更高的建筑产业现代化发展。

上述这些国务院和部委颁布的有关政策都以不同形式得到了一定的实施。各地各有关部门认真贯彻落实意见精神，制定切实可行的工作方案或配套政策，明确具体目标、实施步骤和保障措施，确保各项工作落到实处。

近年来，随着城市建设步伐加快，城市中为人们提供工作和生活空间的建筑，其建造过程和维护运行过程能耗巨大，碳排放已达城市碳排放总量的40%以上。2021年9月，中共中央、国务院《关于完整准确全面贯彻新发展理念做好碳达峰碳中和工作的意见》（中发［2021］36号），要求将实施工程建设全过程绿色建造，作为推进城乡建设和管理模式低碳转型的重要方面。2021年10月，中办、国办印发《关于推动城乡建设绿色发展的意见》对推动城乡建设绿色发展作出了系统部署，将"实现工程建设全过程绿色建造"作为城乡建设绿色发展的重要方面。因此在"碳达峰、碳中和"的大背景下，低碳建造将会成为建筑业的新目标，未来政府将可能进一步出台低碳建造要求。

2. 绿色建筑技术得到规模化应用

我国绿色建筑在"十二五、十三五"期间得到了快速发展，实现从无到有，由少到多，从部分城市到全国的全面发展。部分城市或者区域已经由政府主导强制执行绿色建筑标准，或者在施工图审核中将绿色建筑纳入专项审核要求。截至2020年4月28日，全国已有18518个项目获得绿色建筑评价标识，其中设计标识17699个，运营标识819个。绿色建筑能够全面集成绿色技术，涉及从上游的建材和设备的研发、绿色设计到中游的绿色施工，再到下游的绿色建造产品的营销、运营与报废回收等，拉动了节能环保建材、新能源应用等相关产业发展；极大带动了建筑技术革新，直接推动了建筑生产方式的变革。但绿色建筑总体发展

图5-5　丝绸之路（敦煌）国际文化博览会场馆

不平衡，项目主要集中在广东、江苏、上海、北京等发达地区，此外大部分项目集中在设计标识阶段，只有不到5%的项目取得了运营标识。如何将绿色建筑从设计到施工、运营的一体化贯通，是绿色建筑发展急需解决的问题，也是绿色建造发展的契机。例如丝绸之路（敦煌）国际文化博览会场馆项目（图5-5），通过采用EPC工程总承包模式实现项目整体统筹，一体化运作。项目成功运用多项绿色建造技术，装配式钢结构建造，总装配化率达到81.9%；全面采用BIM技术，实现设计、采购、施工在同一信息平台展示，总工期从3年压缩至8个月，节省工期约2/3。建造全过程严格绿色化，减少建筑垃圾80%以上，实现材料损耗比定额降低40%，节约用水42万m^3，节约能源150万kWh，将原有绿化面积350亩提升至1115亩，绿化率由29.2%优化扩充至93%。该项目在引领建筑产业发展方向方面作用巨大，取得了良好的社会效益。

3. 绿色施工技术得到广泛推广

绿色施工作为绿色建造过程中的重要阶段，在过去十多年得到了广泛的推广。以2008年北京奥运会场馆建设为起始标志，经历了深化研究和逐步推进（2007～2012年）和快速发展（2013年后）的阶段，已取得了一定的成绩。

绿色施工相关标准已初步建立。2010年，我国颁布了《建筑工程绿色施工评价标准》GB/T 50640—2010；2014年，《建筑工程绿色施工规范》GB/T 50905—2014发布实施，为绿色施工推进和考核提供了标准化依据有效推动了我国绿色施工的实施。

绿色施工的基本理念已在行业内得到了广泛接受，尽管业界对绿色施工的理解还不尽一致，但业内工作人员已经意识到绿色施工的重要性，施工过程中关注"四节一环保"的基本理念已确立。

成立推进绿色施工的行业机构。2012年，中国建筑业协会绿色施工分会成立，具体负责绿色施工推进工作；开展培训60余次，参会人数达万人次，为各企业输送了绿色施工专业人才。2012年7月，"绿色施工科技示范工程指导委员会"成立，以加强住房城乡建设部绿色施工科技示范工程实施工作的领导和管理。

绿色施工示范工程已全面开展。2010年，中国建筑业协会开展了首批绿色施工示范工程，分四批审批了976项全国建筑业绿色施工示范工程，其覆盖面遍及各省、自治区和直辖市，且数量迅速递增，为绿色施工推进培育了样板工程，从而加快了绿色施工的推进工作。同时，绿色施工科技示范工程也在全国绿色施工推进中发挥了重要作用。2012年，全国建设（开发）单位和工程施工项目节能减排达标竞赛活动启动，可授予"五一劳动奖状"和"全国工人先锋号"，激发了建设（开发）和施工单位推进绿色施工的积极性，有效促进了我国绿色施工的开展。但是目前绿色施工仅限于落实一些技术措施的层面，缺乏绿色施工的系统组织和管理，传统施工组织模式没有根本转变。

国内许多企业也开展的大量绿色施工研究和实践，促使绿色施工理论研究得到创新发展。住房城乡建设部紧密围绕住房

图5-6　建造中的中国尊项目

城乡建设行业需求，设置了创新性强，技术水平高，具有较强的推广和应用价值，对促进产业结构调整和优化升级有积极作用的科技项目，在加强管理的基础上，突出施工过程中的技术创新，通过绿色施工技术的创新和应用，实现安全、节能、节地、节水、节材和保护环境的目标。如中建系统参与了国家的多项绿色施工课题研究，形成了60项施工科技创新技术，中建三局、中建八局等均形成了企业的《绿色施工技术目录》《绿色施工技术手册》等。图5-6为建造中的中国尊项目。

4. 先行地区开始推行集约化组织方式

我国大部分工程项目设计和施工分属于设计单位和施工单位，仅有少数工程项目采用了设计施工一体化模式，还未广泛采用集约化的工程组织管理方式。

我国工程总承包政策建设已取得显著进步，政策类型不断丰富。2016年、2017年这两年各出台工程总承包政策17项，达历史最高。2016年，住房城乡建设部印发《关于进一步推进工程总承包发展的若干意见》（建市〔2016〕93号），深化建设项目组织实施方式改革，提出20条政策推进工程总承包。2017年2月，工程总承包方式更是被提上国务院常务会议进行讨论，李克强总理也明确了加快推行工程总承包的要求。《房屋建筑和市政基础设施项目工程总承包管理办法》（建市规〔2019〕12号）更是明确了适宜采用工程总承包方式的项目类型，这也表明了有关政策趋向理性，工程总承包方式并不是适用于所有项目。2021年1月29日，浙江省住房城乡建设厅和浙江省发展改革委发布《关于进一步推进房屋建筑和市政基础设施项目工程总承包发展的实施意见》，自2021年3月1日起施行。2021年2月4日，湖北省住房城乡建设厅、湖北省发展改革委等三部门联合印发《湖北省房屋建筑和市政基础设施项目工程总承

包管理实施办法》，自印发之日起施行。2021年2月9日，黑龙江省住房城乡建设厅发布《关于在全省房屋建筑和市政基础设施领域工程项目实行工程总承包和全过程工程咨询服务的函》。

自2015年住房城乡建设部提出"建筑师负责制"的概念之后，我国一些地区开始进行试点探索。上海和深圳分别从浦东保税区、前海开发区为最先试点，逐步扩大到了整个市区。在政策推进下，建筑师负责制取得了一定的成果和经验，国家正积极向全国范围内布局，以此为抓手继续深化供给侧结构性改革，完成建筑业的转型升级。目前，住房城乡建设部正式批复同意开展建筑师负责制试点工作的地区共有五个，分别是上海浦东新区（后扩大到上海市）、广西壮族自治区、福建厦门自贸区、河北雄安新区和深圳市。在实际建设项目中已经运用建筑师负责制的地区，还有珠海横琴、深圳前海、成都高新区、大连自贸区等。与此同时，江苏、浙江等省也在提出拟推行建筑师负责制。

北京大兴国际机场南方航空基地绿色建筑设计项目设计实践了由建筑师负责的"绿色建筑协同设计方法"，建立绿色建筑协同设计软件平台，实现全过程、多主体、全专业协同的优化设计、节点深化、建材比选和设备选定的协同工作，配合模块化的设计建造，有效提升了被动式设计下的建筑性能，达到了高性能、可数字验证的节能效果（图5-7）。

图5-7　北京大兴国际机场南方航空基地绿色建筑设计项目

5. 建筑垃圾资源化处理模式正兴起

我国固体废弃物处理技术远落后于发达国家，固体废弃物资源化率也远低于发达国家平均资源化率95%，只有不到10%的固体废弃物资源化率。经过国家"十一五""十二五"计划项目研究，我国在某些单项建筑垃圾资源化利用技术上得到较大发展，目前建筑垃圾资源化利用的主要途径包括：废钢配件等金属，经分拣、集中、重新回炉后，可以再加工制造成各种规格的金属建材；废竹木材可以用于制造人造木材；砖、石、混凝土等废料经破碎形成的建筑垃圾再生骨料可以用于砌筑砂浆、抹灰砂浆、打混凝土垫层等，还可以用于制作砌块、铺道砖、花格砖等建材制品。从2018年开始住房城乡建设部进行了35个城市的建筑垃圾治理试点，大约有建筑垃圾资源化处理项目近600个，资源化处理能力达到了每年5.5亿t，但目前每年实际处理的建筑垃圾只有3.5亿t。特别是混凝土再生利用技术，已在部分工程项目中得到示范应用。但整体来讲，我国建筑固体废弃物处置依然存在管理意识不强、资源化水平不高，产业化发展缓慢等问题，需要在施工现场固体废弃物量化计量、源头减量化控制、资源化利用成套技术与标准、综合处理设备以及工程示范上下功夫研究。

2020年，住房城乡建设部发布了《关于推进建筑垃圾减量化的指导意见》明确提出：按照"谁产生、谁负责"的原则，落实建设单位建筑垃圾减量化的首要责任。建设单位应将建筑垃圾减量化目标和措施纳入招标文件和合同文本，将建筑垃圾减量化措施费纳入工程概算，并监督设计、施工、监理单位具体落实。明确建筑垃圾减量化目标和职责分工，提出源头减量、分类管理、就地处置、排放控制的具体措施。对建筑垃圾要实行分类收集、分类存放、分类处置，严禁将危险废物和生活垃圾混入建筑垃圾。引导施工现场建筑垃圾再利用，在满足质量要求的前提下，实行循环利用。施工现场不具备就地利用条件的，应按规定及时转运到建筑垃圾处置场所进行资源化处置和再利用。要求施工单位实时统计并监控建筑垃圾产生量，减少施工现场建筑垃圾排放。

中建五局工程创新研究院开发的土压平衡盾构渣土资源化处治生产线，针对处理难度最大的低砂石含量土压平衡渣土进行资源化处置，实现了盾构渣土的变废为宝和点土为金，被誉为"中建造石机"（图5-8）。实现了渣土资源化，使地铁施工真正做到了绿色化，对城市固废处置意义重大。

图5-8　中建五局开发的"中建造石机"

6. 绿色建造产业发展迎来历史性机遇

国务院2016年12月印发的《"十三五"节能减排综合工作方案》中明确要求实施绿色建筑全产业链发展计划，推行绿色施工方式，推广节能绿色建材、装配式和钢结构建筑。

2013年国务院办公厅发布《绿色建筑行动方案》，提出大力发展绿色建材，研究建立绿色建材认证制度及编制绿色建材产品目录的要求。国家高度重视发展绿色建材，住房城乡建设部、工业和信息化部先后印发了《绿色建材评价标识管理办法》《促进绿色建材生产和应用行动方案》《绿色建材评价标识管理办法实施细则》和《绿色建材评价技术导则（试行）》，并针对导则涉及的预拌混凝土、预拌砂浆、砌体材料、保温材料、陶瓷砖、卫生陶瓷、建筑节能玻璃七类产品开展了试评价工作。

2015年9月，工业和信息化部、住房城乡建设部联合印发《促进绿色建材生产和应用行动方案》，要求推动绿色建材产业发展，构建产业链，更好地服务于新型城镇化和绿色建筑发展。2016年《国务院办公厅关于建立统一的绿色产品标准、认证、标识体系的意见》（国办发〔2016〕86号）提出了"绿色产品"的概念。2016年3月，"全国绿色建材评价标识管理信息平台"正式上线运行，绿色建材标识评价工作正式启动。全国各省市也陆续按照两部委的统一部署开展绿色建材评价工作。例如北京城市副中心、雄安新区建设中要求全部使用绿色建材，各省市也根据地方特点不同程度地响应了国家的绿色建材政策。2019年9月2日，《中共中央国务院关于开展质量提升行动的指导意见》发布，再次提到了绿色建材的标准、生产和应用。建筑业发展"十三五"规划提出，到2020年绿色建材应用比例达到40%。

随着装配式建筑进入快速发展期，绿色建材也将借力装配式建筑发展赢得更多市场，绿色建材产业发展迎来了历史性机遇。在发展装配式建筑的同时推动建材革命，是对于供给侧结构性改革、行业专业发展的有效手段。可以说，装配式建筑不仅为绿色建材发展提供了广阔的市场机遇，也为绿色建材产业指明了方向。

装配式建筑行业产业链可以分为上中下游三个部分。上游是供应生产构件用的原材料以及构件生产和组装设备；中游是在工厂中生产混凝土预制构件、钢预制构件等构件的生产商以及在现场组装构件的承包商，提供软硬件的信息化企业等；下游是建筑项目的开发商，见表5-1。

装配式建筑产业链构成 表 5-1

类别	上游	中游	下游
行业	原材料及设备供应商	装配式设计 构件生产 工程承包	地产开发
业务	供应混凝土、钢材、木材等原材料 提供构件生产设备、生产线及运输 和建造装备	设计、生产各类预制构件组装构 件进行建造	开发不同种类的建筑项目，包括 住宅、工业建筑、商业建筑等
参与者	原材料生产商或贸易商，设备生产 商或贸易商	各类预制构件生产商，装配式建 筑设计商和承包商	物业开发商 工厂所有者 政府

7. 人才培养不断加强

伴随着建筑业从业人员大幅度增加的同时，建筑师、高级管理人才、工程技术人才等建筑人才大批涌现，建筑业从业人员素质也在不断提升。近年来各省市在建筑业人才队伍建设上的发展也在不断持续改进。以1999年和2018年两个时间节点为例进行对比分析，见表5-2。

中国建筑业从业人员中技术人员数量和占比统计 表 5-2

时间节点	建筑业企业工程技术人员	工程技术人员占建筑业企业从业人员比重
1999年	233.93万人	11.58%
2018年	704.7万人	12.7%
对比分析	3.01倍，年均增长11.2%	提高9.7%

2017年2月，国务院办公厅印发了《关于促进建筑业持续健康发展的意见》，文件指出应加快培养高素质建筑工人，改革建筑用工制度。2018年河南省、四川省最早出台了开展培育新时期建筑产业工人队伍试点方案。河南省支持固始县与中建七局合作建立全国建筑产业工人培育示范基地；支持建筑施工企业在试点范围以外开展项目试点，加强建筑产业工人技能培训、鉴定，发展专业作业企业，探索总承包、专业承包企业建立自有工人队伍，取消

建筑劳务资质，实行施工现场实名制管理，探索产业工人用工本地化，提升建筑产业工人各项保障，建立建筑产业工人输出示范基地，依托装配式建筑产业基地培育产业工人，以及其他体制机制创新。

2017年，湖南省人民政府提出加强人才培养的要求，加强高层次管理人员的培养和储备，相关高校结合实际增设相关课程，加快培养建筑急需的高端人才。2018年，湖南省住房和城乡建设厅提出在人才培养方面，引导校企合作的要求。并大力宣传推介在绿色建筑领域作出重大贡献的领军企业和优化科技人才。

江苏省在发展人才队伍建设方面，出台了具体的措施，且地方城市在实践过程中，培养了大批人才，取得了明显的效果。然而，人才培养的办法措施革新优化速度较慢，在绿色建造人才培养方面的举措和办法较少。2017年，江苏省在南京、常州等地建立全省建筑产业现代化研发设计人才培训基地。龙头企业在建筑产业现代化领域的不断探索和实践中还培养和储备了一批专门人才，为建筑产业现代化发展奠定了良好基础。

住房城乡建设部等部门《关于加快培育新时代建筑产业工人队伍的指导意见》（建市〔2020〕105号）提出，到2025年，符合建筑行业特点的用工方式基本建立，建筑工人实现公司化、专业化管理，建筑工人权益保障机制基本完善；建筑工人终身职业技能培训、考核评价体系基本健全，中级工以上建筑工人达1000万人以上。

5.2.3 我国绿色建造发展存在的问题

1. 政策法规不够完善

一是国家层面在建筑绿色发展方面暂未专门立法，工程建设各方关于绿色建造责任及保障制度尚未明确，绿色建造推动工作的政策支撑不足。

二是部分地区制定了《绿色建筑发展条例》，如《浙江省绿色建筑条例》《江苏省绿色建筑发展条例》《河北省促进绿色建筑发展条例》《辽宁省绿色建筑条例》《广东省绿色建筑条例》，但包括的绿色建造相关内容涉及很少。随着双碳行动的落实，各地有可能进一步修订条例，增加绿色建造相关内容。

三是目前政策制定大多从绿色设计、绿色施工以及绿色建筑、绿色建材等方面分别推进，不利于绿色建造的推进。比如涉及绿色策划的内容较少，而在设计环节，往往缺乏标准化设计、正向设计方面的引导，一定程度上阻碍了绿色建造的推进。随着住房城乡建设部绿色建造试点工作的启动，以及今年中建科技主编的住房城乡建设部《绿色建造技术导则》正式发布，为绿色建造试点工作、全国推行绿色建造提供了依据与指引，同时为落实国家碳达峰碳中和战略提供了支撑。《导则》用于指导湖南省、广东省深圳市、江苏省常州市试点地区开展试点工作，尽快打造绿色建造应用场景，形成系统解决方案，并及时总结阶段性经验。经过试点工作的验证和完善，《导则》可以对全国范围内推广绿色建造进行有效引导和规范，有利于解决建造活动资源消耗大、污染排放高、品质与效率低等问题，为我国进一步形成完善的绿色建造实施体系提供有力支撑。通过《导则》的引导，把绿色发展理念融入工程建造的全要素、全过程，全面提升建筑业绿色低碳发展水平，推动建筑业全面落实国家碳达峰碳中和重大决策，为建设美丽中国、共建美丽世界作出积极贡献。

四是一些既有相关政策的落实工作不到位，政策没有形成合力，导致推进绿色建造工作进展缓慢。比如在项目立项、规划条件、土地出让等环节提出绿色化工业化方面相关要求，但相关政府主管部门未能完全落实执行，导致进展缓慢。

2. 现有技术体系不完善

经过近些年的发展，我国绿色建造现行技术标准侧重单项技术多、简单过程多，忽略建造全过程的综合考量，与发达国家存在较大差距。同时企业绿色建造技术创新能力不足，绿色建造新技术推广应用力度不足。主要有以下几个方面：

一是技术起步晚，相关标准、技术、产品和产业链不够完善。绿色建造体系化技术在我国的起步比较晚，目前仍然有较多标准缺失，同时我国有较多技术体系、产品等借鉴国外技术，从而造成我国自身绿色建造技术缺乏专利技术与核心技术。绿色建材等产品产业链不够完善。

二是技术体系集成度不高，成套技术成果较少。绿色设计和绿色施工虽然都得到了一定程度的发展，但仍处于各自推进阶段，没有形成基于绿色建造的绿色策划、绿色设计与绿色施工协同推进模式。没有将绿色建造理念较好地融入基于建筑全生命周期的策划、设计、施工过程中。在工程立项策划阶段，存在绿色建造长期利益和短期投入兼顾不周的问题；在工程设计阶段，存在绿色建造技术简单堆积，对运行效果考虑欠佳的问题；在绿色建造技术上，存在技术集成和创新不够的问题。

三是关键性技术还有待进一步提升和突破。新一代的设计和施工技术对绿色建造的系统性研究还不够深入；建筑材料和施工机械尚存在很多不绿色的情况，能耗、噪声排放等指标仍比较落后，使得绿色建造的物质基础还不够充分。绿色建材技术的应用时间较短，主要停留在科研阶段，研究与开发工作相对落后，尚未形成全覆盖的绿色化生产技术体系和产业链；绿色建材技术在我国的应用比例仍然较低。

四是社会整体认识不足，阻碍了技术的推广。在概念和内涵理解上，对绿色建造的系统性理解还不够，也影响了进一步的推进，总被认为是高科技、大投入。事实上，绿色建造技术种类有很多，因地制宜地选择适当的技术，加以规划，然后再应用到设计、施工的过程中去，并不一定会增加成本。相反，还可能节省资源、降低能耗。

3. 产业化配套协同发展差，绿色建造生态圈尚未形成

长期以来，我国建筑产业碎片化，缺乏技术系统集成，企业间在生产活动中难以形成协同高效的产业链、价值链和创新链。建筑产业是一个跨行业、跨部门的传统产业，产业链长、关联产业的企业多，产业链上下游的生产环节复杂多变，与关联产业的差异性带来的影响因素多。

绿色建造与工业化、智能建造缺乏互动、融合发展。很多工程建设所需的产品没有形成专业化的技术配套、没有专业工人安装、没有售后服务和质量保证，甚至运营期间产品出现

质量问题无法追溯。与部品部件、信息化软件、设备等的生产过程只存在供需的买卖关系，也由此造成了产业之间难以实现良性互动，使得绿色建造活动与绿色产品之间缺少必要的技术接口和协同原则，进而造成了工程建造全过程的协同性不强，要素配置效率低下，产业链上难以协同高效。随着信息技术的快速发展，与关联产业融合互动、系统集成，形成协同高效的产业结构必将成为未来绿色发展的必然选择。

缺乏产品思维、用户思维以及产业思维。企业的管理者在很大程度上是"包工头"的思维和方式，通常缺少跨产业、跨行业的管理经验，特别是对于先进技术与产品，以及制造业的生产了解很少，没有产业链协同作战、系统集成的运营管理思维模式，也没有将"绿色建筑"作为最终产品，通常是采取简单复制来实现企业的发展，技术与管理创新的动力不足，发展理念落后，思维模式僵化，严重制约建筑产业的转型升级与创新发展。

绿色建造产业链上各技术、生产环节之间的割裂。工程建造全过程、全产业链、各环节各自为战，缺乏环环相扣对接的关联关系。比如：建筑设计对功能、规范考虑得多，对采用材料、部品的制作与施工因素考虑得少，甚至关起门来设计；施工企业以土建施工为主，照图施工，施工过程产生大量的不经济、不合理和质量安全隐患；材料部品生产企业关起门来搞产品研发，与工程设计、施工建造系统技术不匹配、不配套。全产业链的系统性、整体性和协同性问题普遍处于较低水平。

绿色建材评价标准和产品认证体系亟待进一步完善并发挥作用。各地推广的绿色建材产品目录，因为管理力度不够，很多是地方的工程物资协会等机构组织上报然后经专家评定，没有指标体系，偏主观性。这也导致市场有大量由协会或各类机构推出的环保建材、节能建材的认定或评价。绿色建材产品生产的企业不多，企业实力不强，融资能力差，难以在资本市场上筹集到企业开发生产绿色建材产品所需的必要资金，制约了绿色建材生产企业的发展壮大。

4. 建筑垃圾资源化利用率较低，再生建材产品的市场认可度不高

我国建筑垃圾的来源可划分为旧建筑物拆除时所产生的建筑垃圾、现有建筑物装修时所产生的建筑垃圾和新建建筑物在施工时产的建筑垃圾三大类。根据建筑垃圾的来源划分，2020年，我国旧建筑物拆除所产生的建筑垃圾占45.08%左右，建筑施工产生的垃圾占建筑总垃圾量的29.52%左右；建筑装修所产生的建筑垃圾占25.40%左右。由此可知，建筑物的拆除阶段仍是建筑垃圾的关键控制点。

发达国家把建筑垃圾资源化利用视为实现经济环境平衡发展的重要目标.将建筑垃圾处理的全过程分为"产生、清运、中间处理、回收再利用"四个阶段，以法律规制为保障进行建筑垃圾的综合管理。例如在日本，减少施工现场垃圾产生和尽可能再利用，是处理建筑垃圾的主要原则，并且对建筑垃圾的生产、分类、处理有严格的流程管理；在德国，法律明确规定建筑垃圾生产链条中的每一个责任者，都需要为减少垃圾和回收再利用出力，建筑材料制造商必须将产品设计得更加环保和有利于回收。

相较于我国巨大的建筑垃圾产生量，我国建筑垃圾资源化的行业空间远远还未得到发挥。当前我国建筑垃圾资源化率只有10%左右，相较于欧美日韩等发达国家的90%～95%还

有很大差距，尽管一些方面还在积极地探索，但实际上，目前每年实际处理的建筑垃圾只有3.5亿t。建筑垃圾的资源化利用率还很低，建筑垃圾的资源化处理产业尚处于起步阶段，再生建材产品的市场认可度也并不高。一个方面是本身从项目的设计到施工的过程中，没有融入再生建材元素，另一方面，虽然近年来相关部门对于建筑垃圾再生产品的生产和应用，也出台了一些政策和标准，但还不够完备和系统。国内生产企业的技术水平和规模不同、产品质量不一，这也是很多施工企业没有选择再生建材产品的主要原因。由于建筑垃圾包含建筑物维修、拆除过程中产生的废混凝土块、废砖、金属、装饰装修等多种废弃物，种类复杂，会给企业的回收处置带来一定难度。

5. 人才结构有待优化

目前中间圈层人才数量匮乏，需要进一步扩大。目前企业缺乏培养后备人才的有效方针措施，力度不够大。人才结构需要更深层次的优化和改进，只有优化人才队伍结构，才能激发内部活动，为中间圈层储备力量，从而构建起数量充足、布局科学、梯次合理、素质高能力强的人才队伍。

人才培养模式单一。缺乏"定位准确、路径清晰"的人才培养战略规划。随着市场经济的全球化发展，勘察设计企业必将面临激烈的市场竞争。

建筑施工企业在人才队伍的建设上存在着不适应行业和企业发展的要求，不适应社会对建筑施工企业的要求等问题。专业技术、技能人才流失严重。目前，绿色施工的理念逐渐深入到施工企业和工程项目管理中，但是绿色建造施工阶段发展仍处于初步阶段。全面深入建设绿色施工人才队伍，解决上述绿色施工人才队伍建设中存在的不足，从而能够提高绿色施工的发展速度。

6. 建筑企业亟须建立绿色企业手册或绿色建设标准

在国际社会、各国政府和环保组织的共同促进下，绿色浪潮正在席卷全球，经济发展的"绿色化"要求逐渐渗透到各国经济活动的各个层面。企业发展越来越依靠综合绿色化能力——绿色产品、绿色价值链、绿色商业模式、绿色支撑体系，强化绿色属性，实现绿色增长。建筑企业作为全方面践行绿色发展理念的绿色实施主体，理应顺应可持续发展的趋势，采用绿色化战略，提高自身价值和竞争力，同时满足消费者对环境和健康的需求。

通过对建筑业上市公司的可持续发展报告、社会责任报告和环境报告分析，总体来看，目前建筑业各企业的信息披露不够全面，缺乏绿色发展的意识和意愿，未制定绿色发展战略、目标和行动部署，鲜有提出绿色建造发展战略或绿色企业手册。

目前，绿色低碳发展已成为建筑业发展的主旋律，碳达峰和碳中和给建筑业提出了新的发展要求。企业需要认识到绿色发展要求的必然性和紧迫性，积极思考绿色企业建设问题，尽快做好应对准备。从企业的角度，形成绿色企业发展指南，为企业践行绿色发展理念提供可供参考的指标、方向与目标，有效促进建筑企业建立健全绿色低碳循环发展的运行体系，加快建筑行业实现绿色生产进程。促进建筑全产业链的绿色化转型升级，推动建筑业转型升级和高质量发展。

5.3 绿色建造技术体系

5.3.1 绿色建造技术路线

1. 实施绿色策划

绿色策划站在整体的角度考虑，服务于所有参与方，对绿色建造实施效果的好坏起决定性作用。应该坚持因地制宜的原则，严格贯彻国家与地方的现行标准，充分考虑来自资源节约、环境保护、施工可行和使用功能这四个方面的影响因素，选择适合的组织形式、管理方法和技术措施来实现最终的效果。

在策划的过程中，能够清晰地指明建筑产品在全生命周期中的总体技术路线和各参与方的主要工作任务，使得相应的绿色建造各项活动可以合理有序地开展（图5-9）。

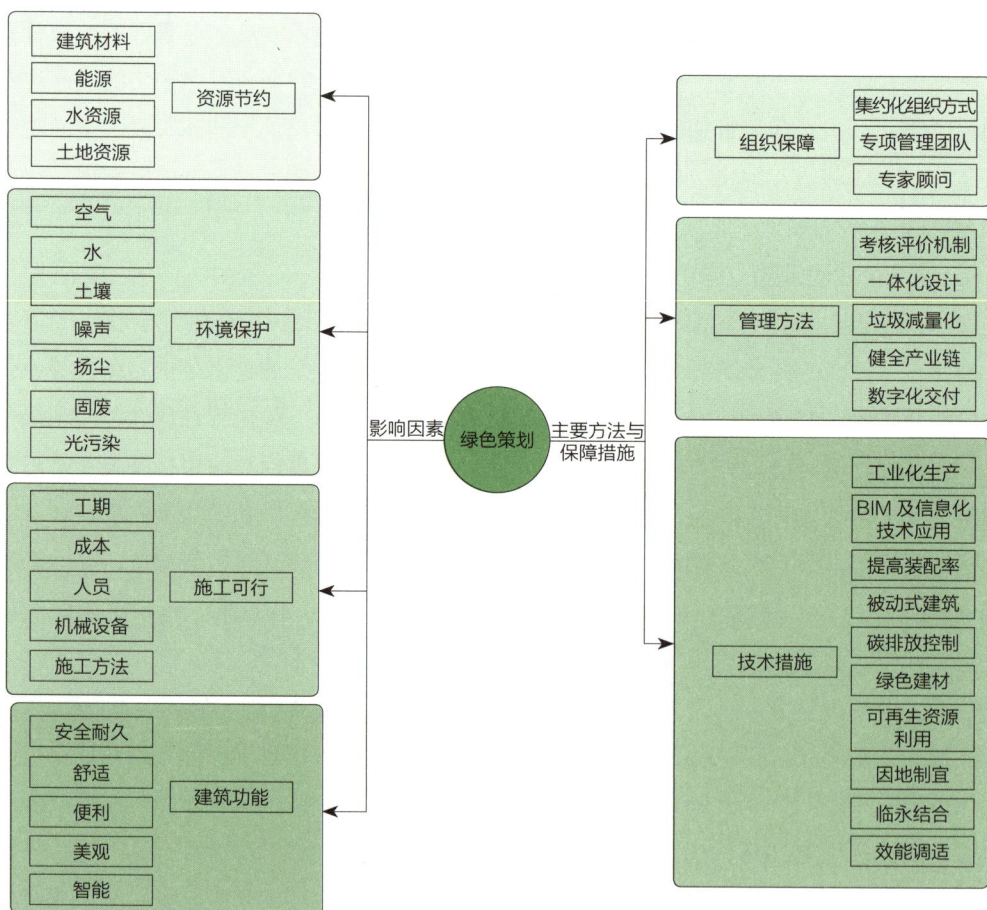

图5-9　绿色策划总体技术路线

（1）设立绿色策划组织架构

绿色策划的组织架构应由建设单位主导建立，各主要参与单位共同参与。组织架构中应明确各阶段、专业负责单位与负责人（或联系人）。试点地区可成立绿色建造专家委员会，作为顾问为各试点项目提供专业技术服务。在项目策划/立项阶段，建设单位组织设计、相关咨询单位编制项目绿色策划方案，提交绿色建造专家委员会进行审批，审批通过后方可实施。因项目各阶段绿色策划的实施主体不同，建设单位应组织各阶段主要实施单位，对绿色策划进行补充更新。

（2）确定绿色建造项目目标

进行绿色策划首先要明确工程的绿色建造管理目标，目标也是考核的依据。除整理目标之外，根据设计、生产、施工、交付阶段工作的侧重点不同，制定各分阶段详细目标。目标的设立应注意三项原则：一是全面，绿色建造相关活动影响范围广，这就要求管理团队必须全面考量，不可过分追求片面效益的最大化，破坏整体的和谐度；二是要合理，各项目标应该在项目所处时空条件的技术、管理能力可实现的范围内，避免不合理目标造成负面影响；三是量化，为便于最终的评价，目标应尽可能量化，以便未来的总结提升。

（3）明确各阶段管理重点

各阶段的管理要点均需围绕项目的绿色建造目标，注重对节能措施、节水措施、建筑能耗和碳排放的全过程管理。

设计是影响建筑产品的最主要环节，在这个阶段的决策影响力指数极高，可以对未来功能、成本、工期造成非常大的影响，所以在做策划时应着重考虑，充分采集各领域专家的意见。绿色设计应采用全过程、全专业、全要素、多主体的一体协同设计方法，坚持减少环境污染、减小能源消耗，提升可循环及再利用度的原则，并充分借助BIM及相关信息化技术，实现功能适用、服务便捷、资源节约、安全耐久、健康舒适、环境宜居等性能综合最优。

施工是建造过程中资源投入最为集中的阶段，但由于离散度高，在此阶段也最为容易形成浪费。目前整个建筑行业正处于向工业化、信息化、集约化转型升级的过程中，施工单位的粗放型建造模式正在逐渐被淘汰。在策划过程中，应从提高施工组织效率、优化设计方案、采用先进技术三个方面出发，做到减少消耗、降低影响，尽可能实现建造过程与自然环境的和谐共处，使综合效益最大化。

运维期通常是建筑全寿命期阶段中持续时间最长的阶段，该阶段的管理主体通常是物业管理公司，并由其负责实施前期绿色策划中关于运维的相关内容，或根据建筑接收时的实际情况，适当更新运营期的绿色策划。

运维期的绿色策划应包括管理体系和各类管理制度的制定，其中管理制度应包括节能、节水、节材、绿化管理制度；垃圾分类及处理、污染物排放的管理制度等与环境保护相关的制度。鉴于运营期的能耗、水耗、材耗及使用者的舒适度是反映绿色目标是否达成的重要数据，策划中应包括各类智能化系统设计及应用等相关内容。

（4）制定绿色策划方案

绿色策划方案应由建设单位组织各主要参与单位，围绕既定的绿色建造目标协作编写。方案的内容应基于项目策划中关于项目建设期的环境调查和分析、项目目标、实施的组织策划、管理策划、经济策划、技术策划、风险分析等内容，包含但不限于工程基本信息、绿色建造目标、各阶段初步方案、主要节点计划、保障措施等内容。

工程基本信息包括项目名称、建设单位、各阶段主要实施单位（如设计单位、咨询单位、施工单位、主要分包单位、监理单位等）、建设规模、建设工期、建筑主要功能或用途、总投资额等信息。

各阶段初步方案应在项目的基本条件框架内，根据既定的绿色目标选择初步方案。设计、生产、施工、交付与运维各阶段可分别规划有利于业务开展执行的策略与方法，但均应着眼于全寿命期，相互联动协作，减少重复与拆改。如设计中拟应用的绿色建材、节能设计；施工阶段拟采用的绿色施工技术、施工管理措施；运维阶段拟构建的智能运维系统等。

作为项目绿色建造的指导性文件，绿色策划方案中应以项目开发计划为依据，明确主要节点计划，包括设计绿色专项方案提交日期、施工图设计完成日期、绿色施工实施方案提交日期、绿色建造阶段性综合考评日期、交付日期等。

保障措施包括组织保障、管理方法和技术措施等，各参与方应分别落实具体控制内容，以便具备良好的可操作性。

2. 开展绿色设计

遵循一体化的技术路线，落实策划阶段的绿色目标，并为生产和施工阶段绿色化的实施提供输入。构建一体化协同设计平台，通过"全员、全专业、全过程"三全BIM应用，点对面的协同工作模式，打破地域限制，实现跨区域的工作协同，进行绿色建筑产品设计。采用BIM正向设计，实现数字设计与部品部件生产和施工阶段的数据直接交互。

建立项目前期针对建筑全寿命期的环境品质、建筑性能、建造成本、可持续运营等多主体协同的绿色策划和专项咨询分析流程和动态交互接口；建立绿色建筑设计全过程中多主体全专业协同设计的关键绿色技术管控节点、动态交互主要内容和节点以及环境数字模拟和集成技术等交互接口，制定全工程设计时段全专业协同设计的流程；结合对我国工程总承包管理机制的探索，建立绿色建造深化设计全过程、多主体、全专业协同的优化设计、节点深化、建材比选和设备选定的协同工作方法、管控节点和工作流程。

通过将涵盖整个绿色建筑设计建造全过程、全专业、全要素的工作内容提炼为绿色协同设计流程，划分不同空间的节能性能、明确节能重点空间、选择关键性被动措施、明确重点空间健康舒适性目标值、对重点节能空间进行仿真模拟。重点工作内容包含以下四方面：

（1）针对建筑创作和建筑被动式设计的关联因素提出要求，结合地域性的气候区特征、场地微气候环境，建筑适宜性规划设计、与建筑功能相适宜的自然资源利用（太阳能、微风、遮阴等）条件进行分析。

（2）针对建筑单体设计的被动式设计适宜性进行分析论证，主要包括：建筑窗墙比、自然通风、天然采光、遮阳措施、体形控制、高大空间等因素，通过数字模拟方式考量方案的优选。

（3）提出的以能耗目标值为基础的各类控制性要求，连同各协同单位所提出的性能要求一并置入协同设计平台，通过参数化数字优化分析得出性能化的分析成果，有效控制建筑性能、建筑能效、一次性能耗等指标；针对初步的评价结果和概算，对选材和设备选型的性能参数进行价格和性能比较，并论证各系统之间的耦合关系；听取相关业主使用单位、运行管理单位、专业公司和专家的征询意见，形成初步设计绿色设计专篇。

（4）根据初步设计的确定的设计目标值，围绕围护结构技术措施、设备和用材性能标准、各专项设计开展优化设计工作；同时，应针对照明节能优化设计、透明和非透明幕墙优化设计、数据机房节能优化设计、智能化控制系统专项设计以及计量和智能监测管理平台优化设计等开展专项设计工作；列出各设备系统性能参数与运营使用要求的对应反馈表，并对施工预算中的材料选材和设备选型进行复核。

（5）由施工单位列出深化设计清单，设计单位应组织施工单位、设备和材料供应企业、专业咨询单位等针对工艺深化设计进行论证和审核。在工程交付前，还要针对各设备系统运行的调适方法进行深化技术咨询和调适结果对比分析。

3. 采用绿色建材

建筑是由建筑材料构成的，绿色建材要避免在原料采取、生产过程中消耗大量能源资源，产生大量污染，同时在使用中无毒害、无污染、无放射性，而且注重对废物进行回收利用，总体有利于人体健康和环境保护。这与绿色建造的核心理念是一致的，绿色建材是实现绿色建造的物质基础。

绿色建材是指在全寿命期内可减少对天然资源消耗和减轻对生态环境影响，具有"节能、减排、安全、便利和可循环"特征的建材产品。

绿色建材不是单纯的建材品种，而是对建材"节能、环保、健康、安全"品质的评价，它需要对其全寿命期包括原材料采取、生产过程、施工过程、使用过程及废弃物处理等方面综合评价。绿色建材的特征包括以下几点：生产所用原料尽可能少用天然资源，大量使用尾矿、废渣、垃圾、废液等废弃物；采用低能耗制造工艺和不污染环境的生产技术；在产品配置或生产过程中，不得使用甲醛、卤化物、溶剂或芳香族碳氢化合物；产品不得含有汞及其化合物；不得用铅、镉、铬及其化合物及添加剂；产品的设计以改善生活环境、提高生活质量为宗旨，即产品不仅不损害人体健康，而且应有益于人体健康。产品应实现多功能化，如抗菌、防霉、隔热、阻燃、防火、调温、消声、消磁、防射线、抗静电及调节人体机能、适应人体过程；产品可循环或回收再利用，无污染环境的废弃物。

根据绿色建材的基本概念与特征，国际上给予绿色建材如下分类。

基本型：满足使用性能要求和对人体无害的材料，这是绿色建材的最基本要求。在建材的生产及配置过程中，不得超标使用对人体有害的化学物质，产品中也不能含有过量的有害物质，如甲醛、氨气、挥发性有机化合物（VOC）等。

节能型：采用低能耗的制造工艺，如采用免烧、低温合成以及降低热损失、提高热效率、充分利用原料等新工艺、新技术和新设备，产品能够大幅度节约能源。

循环型：制造和使用过程中，利用新工艺、新技术，大量使用尾矿、废渣、污泥、垃圾等废弃物以达到循环利用的目的，产品可循环或回收利用，无污染环境的废弃物。

健康型：产品的设计是以改善生活环境，提高生活质量为宗旨，产品为对健康有利的非接触性物质，具有抗菌、灭菌、防霉、除臭、隔热、阻燃、防火、调温、调湿、消磁、放射线、抗静电、产生负离子等功能。

4. 推广绿色施工

绿色施工是秉持着节能环保的原则，科学合理地对建筑工程所需各项能源资源进行分配以减少能源消耗，同时尽可能地采取适宜的施工方式开展建筑工程施工有关工作，从而减少对周围环境的破坏和损害。总之，绿色施工的重要原则即对资源的有效利用。虽然随着我国建筑业施工技术水平的不断提升，绿色施工取得了一定的成就，但在其进一步推进过程中仍然存在着较大的问题。

通常情况下，工程项目在建造过程中往往会产生大量的废水、废材、废渣等建筑垃圾，而我国大部分建筑企业对其的二次利用率不足15%，造成能源资源的极大浪费，也对工程项目周围环境产生了一定的影响。现实中，各方经常将文明施工误认为绿色施工，给绿色建筑的进一步推广带来了一定的难题。同时，投资人、承包商、政府等单位并没有形成责任明晰、权责对等的绿色施工体系，很难切实保证绿色施工的具体细则落实到工程实处，甚至会出现建筑企业想推行绿色建筑施工而迫于成本压力不得不放弃的情况。

（1）注重前期策划管理，编制绿色施工专项方案

项目开工前，应结合施工现场及周边环境、工程实际情况等进行影响因素分析和环境风险评估，并依据分析和评估结果进行绿色施工策划，编制包括施工组织设计、施工方案及环境、能源体系规定的应急响应计划等绿色施工策划文件。在各类工程施工方案里面，绿色施工的方案应该进行单独的设置，绿色施工方案不能违背总的施工方案，对绿色施工的细节进行精细地划分，为了达到绿色施工的目标，应通过数据论证的方式检验施工效果，例如材料的消耗量、资源的节约量、材料的节约率及施工现场的环境保护控制水平等。

（2）建立有效的绿色施工制度，确保落实相关措施

应根据企业和工程的实际情况来推行绿色环保，要严格按照施工组织要求和质量标准体系的要求组织施工，从建材、施工工序、施工工艺等各环节都秉承绿色环保的理念，在整个施工的过程当中综合考量环境的安全、成本以及质量之间的相互影响，建立推进相关的绿色施工考核激励制度，从而更好地推进绿色施工的落实和发展。

（3）加强培训和交流机制，提升从业人员的绿色施工意识

在具体的操作过程当中首先要针对技术人员以及相关的管理加强对于他们的培训，帮助从业人员树立正确的绿色施工理念，让他们更好地了解绿色施工的重要性，并且通过不断的实践操作来加强对于绿色施工的操作原则以及操作方法，不断地加强他们对于绿色施工的责

任感以及使命感，从而更好地提高他们对实行绿色施工的效率。

（4）坚守底线原则，全面提升施工现场污染防治精细化管理

试点地区各省市已逐步发布扬尘防控管理规范，可参照扬尘治理方式制定针对其他污染源的防控措施，通过推行智慧工地的管理模式，加强各类污染物的实时监测，动态联动启用防控机制，例如：扬尘噪声实时监测、污水排放实时监测与土壤安全监测等，从而全面提升施工现场污染防治精细化管理。

（5）坚持"双优化"贯穿始终，助推高质量发展

应结合工程所处环境、实际情况及施工企业的自身能力对设计进行节约资源、环境保护的优化，例如优化基坑开挖及支护方案；通过采用高强、高性能、可循环材料优化结构构件；通过综合支吊架体系、优先预留预埋和模块化机电设备优化机电安装；优先采用装配式装修和结构保温装修一体化部品、部件。

（6）推动永临结合多维度应用，逐步实现建筑垃圾近"零"排放

在绿色施工多年实践的基础上，"永临结合"的理念已深入人心，但应用方式较为简单，应通过设计施工"双优化"在策划阶段对各分部工程全面推行"永临结合"，减少源头产生建筑垃圾。通过加强施工现场建筑垃圾的分类管理，推进应用小型化建筑垃圾破碎、筛分和再生设备，遵循因地制宜、分类利用的原则，提高建筑垃圾处置利用水平。

（7）加大绿色科技的创新力度，提升信息化管理水平

BIM技术的出现，让施工企业管理更加精细化。应通过鼓励使用BIM技术，对建筑模型的数据进行实时修改，实现设计、施工、建材、交付等各方面的协同管理。BIM模型储存由"决策阶段"至"竣工验收"所有信息，及各阶段的各项构件信息，通过及时发现碰撞信息，大大降低传统设计带来的缺项、漏项、重复等造成的风险问题，且能有效降低施工成本，同时为绿色交付提供支撑依据。

5. 提倡绿色交付

绿色交付包括设计绿色交付、施工过程工序绿色交付、竣工验收阶段绿色交付等环节。只有确保过程绿色才能保证工程竣工阶段绿色交付的有效性。绿色建造的实施，涉及企业多，需要改变企业及项目实施团队的管理理念。为确保综合投入最小，保证工程品质，取得绿色建造评价、咨询和管理专家的合作至关重要。所以，项目实施过程中，应寻求管理咨询公司、企业内部绿色建造及交付运维管理专家组成总体规划指导组，对绿色建造各供应链进行培训，并提供适合项目实施所需要的管理模型，这对提高工程绿色交付及运维品质至关重要。

（1）建立绿色建造供应链各环节沟通机制

在绿色建造各环节，要通过前期绿色策划明确绿色建造及交付标准，使供应链充分了解项目绿色目标，确保绿色设计、绿色建材供应、绿色施工、绿色交付过程供应的绿色化。加强物资采购、施工过程、竣工验收交付的绿色管理与技术应用。行政监督部门应该强化绿色建造全生命期的监督机制，尤其加强绿色交付及运维的行政监督。

（2）推行建筑企业的绿色交付

大力推广利废、节能、环保建材，强化建设工程施工扬尘管控，严控建筑施工五节一环保，强化绿色交付验收及行政监督，5G+绿色运维反推设计施工绿色化实效，推进建筑业可持续发展，推广应用绿色交付运维。

5.3.2 绿色建造关键技术

1. 节地关键技术

（1）地下空间利用

地下空间的开发利用应与地上建筑及其他相关城市空间紧密结合、统一规划，但从雨水渗透及地下水补给、减少径流外排等生态环保要求出发，地下空间也应利用有度、科学合理。

地下空间宜充分利用，可以作为车库、机房、公共设施、商业、储藏等空间；人防空间应尽量做好平战结合设计，人员经常使用的地下空间如超市、餐馆等应有完善的无障碍措施。为地下空间引入天然采光和自然通风，会使地下空间更加舒适、健康，并节约通风和照明能耗，有利于地下空间的充分利用。

中国尊项目综合利用市政管廊进行设计规划，包括交通组织，电力、通信、燃气、供排水的等设施与综合管廊的接驳（图5-10）。有效利用了道路下的空间，节约了城市用地；减少了道路的杆柱及各种管线的检查井、室等。

Z15地下室北侧外墙采取的是和公共区地下工程一体化设计、一体化建设的概念。二者之间仅保留了Z15地下工程自身一道外墙，结构楼板为一体化施工。节省防水施工、节约材料，同时增加使用面积，并避免了回槽混凝土的使用（图5-11）。

（2）集约型地下综合管廊建造技术

集约型地下综合管廊建造技术，有效减少了空间浪费，减少了后期维护费用，提高了建

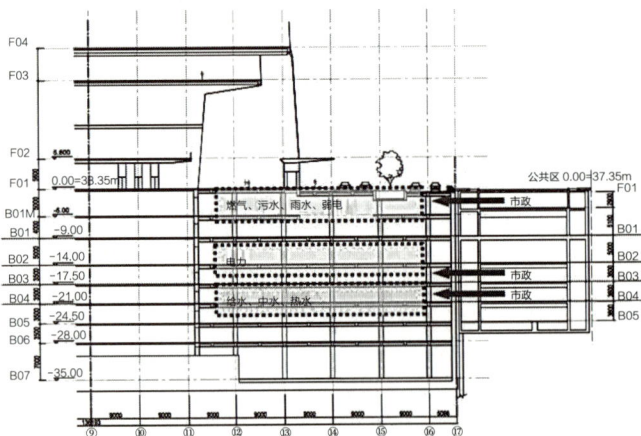

图5-10 中国尊项目外线驳接位置竖向位置分布

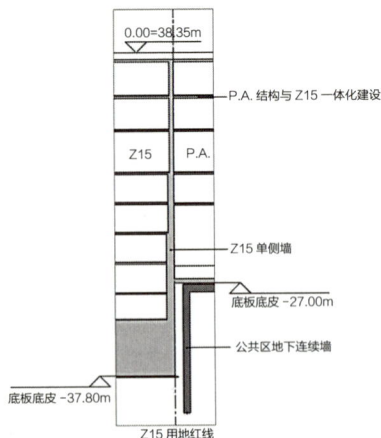

图5-11 中国尊项目连廊南侧墙体与Z15北侧外墙"两墙合一"

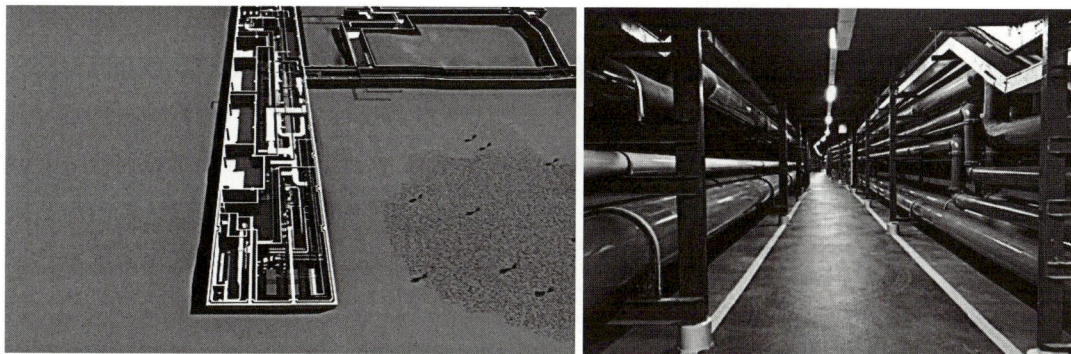

图5-12　世界妈祖文化论坛永久性会址旅游项目地下综合管廊效果

筑运维时的设备故障的应急响应速度。

如中建七局世界妈祖文化论坛永久性会址旅游项目（图5-12），为减少主会场的管线布置作业重合面，并且将设备间、空调机房等施工时间较长的功能性房间布置在配套楼栋，优化设计一条集电力、热力、通信、消防、给水、空调六大功能于一体的集约型地下城市综合管廊，连通三栋单体建筑，有效减少空间浪费，在施工阶段实现各功能区平行施工，为项目的快速建造以及智慧建造创造条件，在运营期有效减少了维护费用。

（3）施工现场临时设施布置节地技术

合理布置场地，尽量减少施工用地。运用BIM技术进行施工总平面图动态管理，优化现场布置；根据施工场地情况合理布置道路，场内施工道路布置宜与原有及永久道路相结合，尽量使用原有道路，在满足消防要求的前提下，合理设计道路宽度。

材料集中堆放。现场仅储备一天或三天的材料需用量。其可以有效减少材料堆场使用面积。

施工现场需要在塔式起重机可吊装作业范围内存放外框筒钢管柱、核心筒型钢柱等，尽量避免构件的二次周转（图5-13）。

图5-13　钢结构材料堆场

2. 节能关键技术

（1）结构装饰保温一体化外墙板应用技术

该技术采用最优质的保温、装饰、防护材料，结合先进的一体化制作工艺和灌浆套筒连接技术，开发出满足装饰、保温、节能、抗震等要求的新型复合墙体板。该技术的应用，加快了项目施工速度，降低成本，提升保温效果，优化使用功能，同时极大地减小了外墙装饰脱落风险。

结构装饰保温一体化外墙板：通常由内叶墙、外叶墙和保温层组成，通过专用的拉结件固定在结构受力层上，3层结构在工厂内一次性预制完成。

多种装饰效果：采用反打工艺制作，通过材料、色调、质感的创意设计，图案与颜色的有机组合，创造出多种铺设效果。

新型表面防护剂：开发的新型清水混凝土防护剂，可大幅度减少饰面混凝土开裂，提高饰面耐久性，防止表面色彩失真等。

防渗漏技术体系：通过"结构自防水+构造防水+材料防水"三道防线，构成了装配式建筑墙体良好的防渗漏体系。

装配式构件信息化管理技术：通过信息集成和管理的创新，运用现代网络技术、远程通信技术以及云存储技术，实现"预制构件工程信息、质量控制信息、储运和安装信息"等全过程精细化、网络化、数字化管理。

（2）太阳能热水系统与建筑一体化技术

建筑上利用太阳能热水系统时，将太阳能技术与建筑技术结合，做到与建筑协调统一，保持建筑统一和谐的外观，称为太阳能热水系统与建筑一体化技术（图5-14）。

太阳能热水系统与建筑一体化技术应用应从规划阶段开始，建筑设计、结构设计、给排水设计和电气设计各专业均应统筹考虑，在利用过程中应注意以下几点：

1）太阳能集热器安装在建筑屋面、阳台、墙面或建筑其他部位，不得影响该部位的建筑功能并应与建筑协调一致，保持建筑统一和谐的外观。太阳能热水系统的管线不得穿越其他用户的室内空间。

2）太阳能热水系统的建筑设计应合理确定太阳能热水系统各组成部分在建筑中的位置，并应满足所在部位的防水、排水和系统检修的要求。

3）建筑的体形和空间组合应避免安装太阳能集热器部位受建筑自身及周围设施和绿化树木的遮挡，并应满足太阳能集热器有不少于4h日照时数的要求。

4）在安装太阳能集热器的建筑部位，应设置防止太阳能集热器损坏后部件坠落伤人的安全防护设施。

5）直接以太阳能集热器构成围护结构时，太阳能集热器除与建筑整体有机结合，并与周围建筑环境协调，还应满足所在部位结构安全和建筑防护功能要求。

6）太阳能集热器不应跨越建筑变形缝设置。

此外，尚应满足现行国家标准《民用建筑太阳能热水系统应用技术规范》GB

图5-14 北京市北安河定向安置房太阳能热水建筑一体化

50364的其他要求。

（3）光伏系统与建筑一体化技术

太阳能光伏发电系统是利用太阳能电池的光生伏特效应，将太阳辐射能直接转换成电能的发电系统，简称光伏系统。通过设计，将光伏系统与建筑良好结合，满足建筑安全、功能与美观等要求的技术，称为光伏系统与建筑一体化技术。

在利用过程中，应注意下列技术要点：

1）外观规划设计：光伏与建筑一体化应用，应在建筑规划期就充分考虑，争取在最大程度上做到与建筑的一体化融合，使其具备建筑材料功能，实现建筑的主动节能和光伏发电的功能，是较好的光伏利用形式。建筑一体化型光伏构件的布置，首先要满足建筑材料功能，做好建筑外观的规划设计，同时应充分考虑光伏系统的发电效率优化。

2）总容量确定：根据建筑设计、周围建筑和其他构件的遮挡情况、建筑采光要求、线缆桥架布置要求、检修通道等因素具体划分实际可安装的区域，按光伏组件的尺寸规格和安装角度要求，计算出光伏组件总容量。

3）光伏与建筑一体化系统，要求建筑结构质量良好，结构寿命超过25年，有足够的承载力，周边环境无遮挡等。

4）安全性要求：与建筑物结合的光伏发电系统的方案须请建筑的原设计单位审核，审核通过后须送具有工程设计综合甲级资质的单位审核，结构和电气方案审核通过后方可实施。

除上述技术要点外，尚应满足现行国家标准《光伏建筑一体化系统运行与维护规范》JGJ/T 264、《光伏与建筑一体化发电系统验收规范》GB/T 37655的其他要求。

例如，雄安高铁站屋顶采用"光伏板+阳光板"的设计形式。将光伏组件与建筑融合，色彩和谐，光伏组件不再是单纯的铺设发电工具，它也能与屋顶相辅相成，体现建筑设计之美（图5-15）。

图5-15　雄安高铁站屋顶光伏建筑一体化

（4）"光储直柔"技术

"光储直柔"是指包括光伏发电、高效储能、直流输电、柔性控制四个阶段的一种新型能源技术，是平抑电网波动，实现建筑"碳中和"的有效手段。实施了"光储直柔"的建筑物和基础设施可以成为电力—建筑—交通跨领域碳减排的核心环节。

在电力系统方面，该技术一是可将建筑电力需求柔性化，做好供给侧对需求侧的用电负荷匹配，减少突发的用电高峰，从而节省发电厂为了应对高峰值采用的低效燃料消耗（可为整个火电行业减碳15%）；二是可以解决光能、风能等可再生能源供给不稳定问题，大幅提升可再生能源利用率，对现有电网进行有效补充；在建筑内部，该技术可以大幅减少建筑配电中的交直流转换环节，提升用电效率，减少能耗（可减少10%左右的建筑用电需求）。

例如，中建绿色产业园"光储直柔"示范工程（图5-16），采用大比例分布式光伏，实现电力清洁，同时利用直流柔性配电技术，实现绿电消纳，使用了更为丰富的电压等级，750V、220V、48V和24V直流电压组合，其中220VDC作为线路传输电压降低线路损失和压降。其柔性用电技术，降低因电网峰谷和能源损耗造成的无效碳排放，同时配备自主研发的自律式柔性直流充电桩，有效消纳光伏能量，对电动车进行群控有序充放电，消纳新能源电力。项目提高建筑电气化率，打破建筑电器向电网单向无序索取电能的现状，使建筑变为有序取电和可再生能源消纳方，实现需求侧响应、建筑内电器可根据电网需求柔性可控的目的。实现了光伏发电系统、储能系统、直流配电系统设计及末端电器直流化、可视化能源管理平台，每年节约电量10.27万kWh/年，减少二氧化碳排放82.59t/年。

图5-16　中建绿色产业园

3. 节水关键技术

（1）集中式污水处理及回用技术

一般来说，施工工地远离城市，在施工之初，很难有相应的排污管网以及有效的污水处理设备，污水随意排放的现象普遍存在，既影响施工工地环境，又与文明施工的要求不协调，迫切需要进行污水的有效治理。

对于污水处理设施，有偏重土建工程的各单体组合式和偏重设备工程的集中式污水处理设备。由于施工工地非永久性建筑，不适合于偏土建工程的建筑，因此，集中式污水处理及回用设备应运而生；该设备能满足生活污水的有效治理，同时，经处理后的出水达到《城市污水再生利用城市杂用水水质》GB/T 18920—2002水质标准要求，回用于冲厕、道路喷洒以及绿化，节约用水，达到"治污减排、节约水资源"的双重目标。

集中式污水处理及回用设备主体所有设备集成于一个或者一系列集装箱中（图5-17），

成套设备运抵施工现场，接通进出水管道以及电源线，即可投入使用，最大限度避免该项目的施工对建筑工地的影响；另外，由于是集成化可移动设备，一个施工工地使用完毕，可拆除外管网及总电源线，运抵另一个施工工地快速投入运行。该设备将生物反应池、MBR反应池、设备间、电控系统、回用系统等全部集成于一体，便于运输及管理，并采用PLC自动控制与手机App远程监控的控制模式，达到

图5-17　集中式污水处理及回用设备

生活污水及时处理，出水循环使用的目的，营造一个文明、绿色的施工环境。

以中建八局承建的北京新机场停车楼及综合服务楼工程为例（图5-18、图5-19），本项目集中式污水处理站投入运行后日处理污水600t（两个工人生活区，每个区300t/d处理规模），出水达到城市杂用水和生活杂用水水质标准，回用于工地冲厕、喷洒道路、绿化等用水，中水使用量按80%计，即480t/d。年节省的自来水费用为108.8万元（按总水量的80%计算）；采用本装置的年运营总成本为66.3万元/年（主要是电费、设备折旧费），两项比较，收益为42.5万元/年。

（2）节水器具及设备

目前节水器具及设备主要技术包括：卫生节水器具技术、节水绿化灌溉技术、无蒸发耗水量的冷却技术、土壤湿度测量技术等。

图5-18　办公区集中污水处理设备

图5-19　运行中的集中污水处理设备

节水器具主要包括水嘴、坐便器、小便器、淋浴器等。水嘴、淋浴器额定用水效率等级分为1~3级，坐便器、便器冲洗阀额定用水效率等级分为1~5级，节水器具用水效率等级需达到2级及以上。

节水喷灌技术主要包括喷灌、微灌、渗灌、低压灌溉等灌溉方式。

无蒸发耗水量的冷却技术包括采用分体空调、风冷式冷水机组、风冷式多联机、地源热泵、干式运行的闭式冷却塔等。风冷空调系统的冷凝排热以显热方式排到大气，不直接耗费水资源，采用风冷方式替代水冷方式可以节省水资源消耗。

由于风冷方式制冷机组的COP通常较水冷方式的制冷机组低，所以需要综合评价工程所在地的水资源和电力资源情况，有条件时宜优先考虑风冷方式排出空调冷凝热。

土壤湿度测量技术，包括湿度感应器和信息传输管理系统，可使绿化灌溉系统能根据植物的需要启动或关闭，防止过旱或过涝的情况出现，达到节约用水的目的。土壤湿度感应器体积小巧，采用不锈钢探针；与浇洒系统配套自动控制使用。根据土壤的湿度自动控制浇洒系统的启停。

4. 节材关键技术

（1）建筑适变性提升技术

建筑适变性包括建筑的适应性和可变性。适应性是指使用功能和空间的变化潜力，可变性是指结构和空间上的形态变化。通过利用建筑空间和结构潜力，使建筑空间和功能适应使用者需求的变化，在适应当前需求的同时，使建筑具有更大的弹性以应对变化，以此获得更长的使用寿命。

建筑适变性提升技术措施主要有以下三个方面：

1）采取通用开放、灵活可变的使用空间设计，或采取建筑使用功能可变措施：如采用大开间和进深结构方案、灵活布置内隔墙等措施提升建筑适变性，减少室内空间重新布置时对建筑构件的破坏，延长建筑使用寿命。

2）建筑结构与建筑设备管线分离：如装配式建筑采用的SI体系，即支撑体S（Skeleton）和填充体I（Infill）相分离的建筑体系，可认为实现了建筑主体结构与建筑设备管线分离。

3）采用与建筑功能和空间变化相适应的设备设施布置方式或控制方式：指与上述第1）条中建筑功能或空间变化相适应的设备设施布置方式或控制方式，既能够提升室内空间的弹性利用，也能够提高建筑使用时的灵活度。比如家具、电器与隔墙相结合，满足不同分隔空间的使用需求；或采用智能控制手段，实现设备设施的升降、移动、隐藏等功能，满足某一空间的多样化使用需求；还可以采用可拆分构件或模块化布置方式，实现同一构件在不同需求下的功能互换，或同一构件在不同空间的功能复制。

（2）清水混凝土实施技术

清水混凝土饰面。清水饰面混凝土可提高抗冻性和耐久性，表面不做抹灰、喷涂、干挂等装饰，是一种节省资源、环保节能的绿色施工工艺方法。中国建筑技术中心综合实验楼工程通过项目反力墙板、劲性柱采用清水饰面混凝土（图5-20）。

图5-20　中国建筑技术中心综合实验楼工程效果图

例如，中国建筑第八工程局有限公司实施完成的张家港金港文化中心项目，是在空间复杂异形清水混凝土实施技术上新的里程碑，为我国异形清水混凝土的应用提供了技术基础。采用绿色建造方式减少巨量垃圾外运。项目采用大面积双曲异形清水混凝土结构、大悬挑大跨度（最大跨度38.9m）结构，设计主体大面积的空间异型清水混凝土构件需要一次浇筑成型，减少了巨量建筑垃圾外运，大大降低了资源消耗（图5-21）。

图5-21　张家港金港文化中心项目内部实景图

（3）铝合金模板技术

铝模具有重量轻、强度高，应用范围广、承载能力强，设计可以一次成型、施工很严密、精度非常高，回收率高，残值大，不会产生建筑垃圾等优点。铝模板不生锈、无火灾隐患，可以实现施工现场无铁钉、电锯残剩木片木屑及其他施工杂物，安全、整洁，完全达到绿色建筑施工标准（图5-22）。

图5-22　深圳中海天钻项目钢（铝）框胶合板模板

中建二局南京丁家庄二期（含柳塘）地块保障性住房项目采用铝合金模板施工混凝土结构免抹灰施工工艺技术（图5-23）。现浇结构采用铝合金模板施工，小型构件与主体结构一次成型，成型质量好，免抹灰可从根本上解决混凝土结构抹灰易开裂现象（图5-24）。

（4）格栅组合模架系统

格栅组合模架系统以铝代木、以塑代木，可替代建筑木材的使用；格栅组合模架系统中独立支撑间距为0.9m×1.8m，相比传统钢管支撑架立杆间距大大增加，节省30%的钢材用量；塑料模板使用后再次回收利用率高达90%，绿色环保。同时该工法体系与传统钢管木方体系相比构配件定型化、工具化，操作人员作业时只需挂设、顶升格栅即可完成主次楞的施工，简化了施工流程，避免了钢管方木主次楞安装的随意性，提高了施工工效，保证了操作中的质量要求（图5-25）。

（5）永临结合施工技术

永临结合是将工程施工中的临时设施与永久设施相结合进行一次施工，让部分永久设施在施工中能够直接使用，以达到节约成本的目的。对项目的一部分永久设施与施工中需要涉

图5-23 铝合金模板施工

图5-24 混凝土结构一次成型

图5-25 新型格栅组合模架系统应用

及的临时设施进行一次性施工，在项目建设完成后，经过部分改造或者不改造就能直接投入使用，达到使用功能的目的。

中建科技集团有限公司深圳市长圳、公共住房及其附属工程项目采用永临结合办公区设置（图5-26）。为深入响应国家绿色发展号召，同时解决场地狭小问题，项目规划先行施工的18号幼儿园作为临时办公指挥部，避免了办公区搭拆造成的不必要浪费，又有效利用了现有空间资源。同时于永临结合幼儿园设置中建科技长圳项目建筑科技展示馆，作为项目对外沟通交流的窗口，集中展示中建科技装配式建造能力与创新成果。

中国尊大厦项目于2015年12月22日正式启用了全球首个超500m的"临时永久结合消防系统"（图5-27）。该系统由正式水箱、正式管道及附件、临时水泵和消火栓头结合部分临时管道组成，在机电装饰阶段随着其余消防设施的安装，逐渐替换或者拆除临时设施。有效提升施工现场安全保障系数，大量减少临时管道安装和拆改任务，减少临时设备及材料投入，经济节约，践行了绿色施工的要求。直接经济效益约300万元。

图5-26　中建科技长圳项目新型工人生活区——"中建科技·科寓"

图5-27　中国尊大厦项目临时永久结合消防系统

5. 环境保护关键技术

（1）水帘机技术

室内密闭空间由于拆除和烧焊作业会产生空气质量问题，项目分别从根源和空气流通两方面着手降尘，改善空气质量。水帘机是利用水与含尘气体的作用去除粉尘的设备。当水帘机上有一层均匀分布的水膜自上而下流动，尘粒与膜相遇，发生润湿扩散沉降等过程，因而从气体中分离出来，干净的气体经轴流风机排出，达到了净化气体的目的。在排风机引力的作用下，含尘空气向水帘机的内壁水帘板方向流动，一部分直接接触到水帘板上的水膜而被吸附，一部分在经过水帘板上淌下的水帘时被水帘冲刷掉，其余未被水膜和水帘捕捉到的残余含尘空气在通过水洗区和清洗区时被清洗掉。

（2）雾化喷淋系统

现场自动喷淋采用雾化喷淋系统，降尘效果更好、更节水，降尘喷雾系统开关控制采用自动控制器节约降尘用水（图5-28）。

（3）现场垃圾减量与资源化技术

钢筋采用优化下料技术，提高钢筋利用率；钢筋余料采用再利用技术，如将钢筋余料用于加工马凳筋、预埋件与安全围栏等。

使用模板应进行优化拼接，减少裁剪量；木模板应通过合理的设计和加工制作提高重复使用率；短木方采用直接接长技术，提高木方利用率。

对混凝土浇筑施工中的混凝土余料做好回收利用，用于制作小过梁、混凝土砖等。例如，天津周大福金融中心项目自主设计混凝土泵送余料分离回收系统，通过清洗超高层混凝土泵送系统内剩余的混凝土及砂浆形成的灰渣灰浆。所有剩余的混凝土或砂浆，通过收集装置，进入分离系统，利用砂石分离机分离成砂、石和泥浆水。砂石可二次利用，泥浆水经过三级沉淀后可循环重复使用，绿色环保，节水节材。此技术尤其适用于超高层超长泵管工况，每次浇筑，顶灰需要浪费大量的混凝土或砂浆，真正做到彻底解决泵送余料回收的难题。

图5-28　高压喷雾自动控制器及现场自动喷雾降尘

对二次结构的加气混凝土砌块隔墙施工中，做好加气块的排块设计，在加工车间进行机械切割，减少工地加气混凝土砌块的废料。废塑料、废木材、钢筋头与废混凝土的机械分拣技术；利用废旧砖瓦、废旧混凝土为原料的再生骨料就地加工与分级技术。中建科技深圳地铁13号线项目研发的泥浆泥水分离循环利用技术，集成大面积基坑现场排水、基坑降水用于现场喷淋、基坑支护降水二次利用、混凝土自动养护、砌体雨淋式智能养护装置、新型围挡清洗设备应用等技术。泥浆多级分离智能处理系统及技术对盾构施工产生的泥浆、渣土进行泥沙分离、脱水干化等处理，并进行资源化利用，不造成环境二次污染，保护了环境，节约施工成本，满足了深圳泥浆外运要求（图5-29）。

随着我国城镇化、工业化建设持续快速推进，垃圾围城现象日趋严峻，其中建筑垃圾已占城市垃圾40%左右。通过该项技术应用，实现新建建筑施工现场建筑垃圾（不包括工程渣土、工程泥浆）排放量每万平方米不高于300t，装配式建筑施工现场建筑垃圾（不包括工程渣土、工程泥浆）排放量每万平方米不高于200t。不仅减轻了城市垃圾压力，改善了尘世环境，也使垃圾"变废为宝"，促进循环经济发展。

6. 绿色建材关键技术

绿色建材是实现绿色建造的物质基础，据统计仅房屋工程所需的建筑材料就有76大类，2500多个规格，1800多个品种，建筑产品成本的2/3属于材料费。每年房屋建筑的材料消耗量占全国消耗量的比例为：钢材占25%、木材占40%、水泥占70%、玻璃占70%、运输量占70%。建筑的不可持续发展在很大程度上是因为建筑材料在生产和使用过程中的高能耗、严重的资源消耗和环境污染。因此，材料的选用很大程度上决定了建筑的"绿色"程度。住房城乡建设部发布的《建筑业发展"十三五"规划》提出，到2020年，绿色建材应

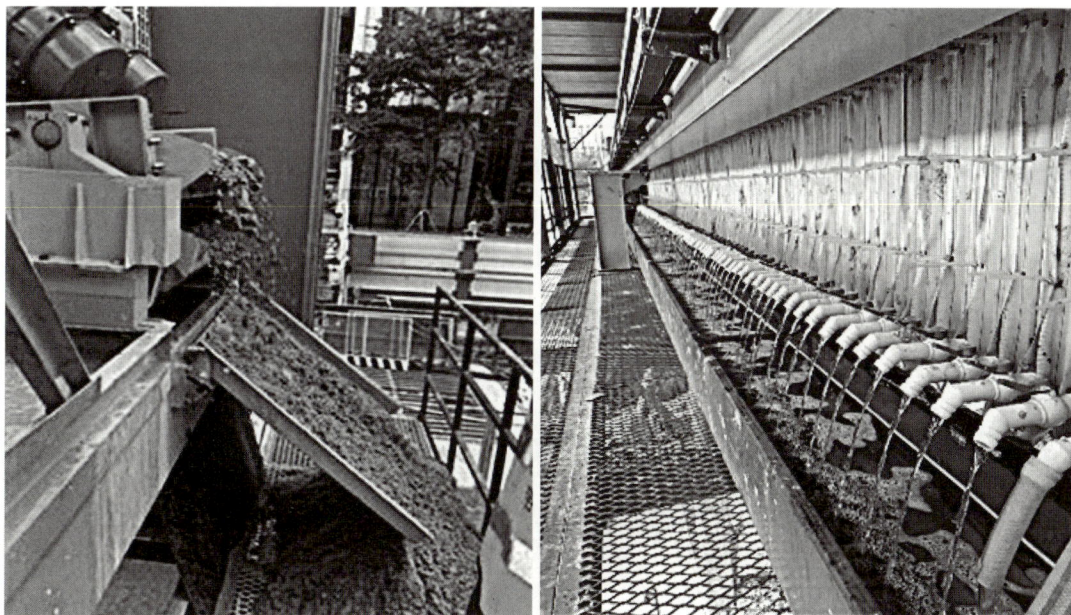

图5-29 泥浆泥水分离循环利用再生利用技术

用比例达到40%。为落实国家要求及推动建筑业的绿色发展，选择绿色建材将成为绿色建筑建设的重要一环。目前广泛应用的绿色建材有绿色预拌混凝土、砂浆、保温材料（岩棉、玻璃丝绵）、砌体材料，还有大量新型绿色建材，如预拌喷射混凝土干料、AMCI迁移型防腐阻锈剂、蒸压加气混凝土砌块、高强钢筋、高强钢材、直螺纹套筒等。

（1）选用节能节水型建筑材料

节能类建筑材料包括三类：第一类为生产能耗低的建筑材料，在满足设计和施工要求的情况下，应尽量选用非烧结类的墙体材料，尽量避免选用能耗高的烧结类的墙体材料；第二类为寿命期内具备高能

图5-30 导光筒应用效果

效、低能耗、小污染特点的建筑材料和设备，例如高性能LED照明产品、空气源热泵、导光筒等（图5-30）；第三类为本地建材，节省长距离运输材料而消耗的能源以及造成的污染排放，建筑全生命周期内减少能源消耗，也避免交通拥堵，为节能和环保做贡献。

高效制冷涂料是中建工程研究院有限公司荣誉推出的顶级节能减排专利产品。"绿力士"高效制冷涂料可广泛应用于多种气候分区的新建和既有建筑。"绿力士"制冷涂料以水作为溶剂，由高分子乳液、无机功能填料、颜料等构成，是一种新型的环保节能涂料。该产品利用太阳光作为可持续能源，利用寒冷的外太空作为可持续冷源，实现了无氟利昂、零能耗的昼夜低于气温的制冷效果，可有效解决建筑物制冷能耗高、传统主动制冷技术耗电不环保（氟利昂）等问题。涂料表面温度恒低于气温，有效降低室内温度，降低空调能耗。接触角大于100°，具有明显的"荷叶效应"，表面灰尘可随雨水滚落，节省清洁费用。具有良好的耐酸碱、耐盐雾、耐老化性能，广泛适用于多种气候条件的建筑。以水为溶剂，健康环保，无二次污染。施工方便，适用于多种涂料施工工艺，可辊、可喷、可刷。

节水类绿色建材包括：高品质的水系统产品，例如管材、管件、阀门及相关设备、保证管道不发生渗漏和破裂；节水器具，例如节水水龙头、节水坐便器、绿地微灌系统等；易清洁或有自洁功能的用水器具，减少器具表面的结污现象和节约清洁用水量；透水铺装，以充分将雨水留在区内土壤中，减少绿化用水。例如，杭州市通过推广节水型建材及对非节水型建材改造等方式，实施节水型城市建设，2011年至2015年，杭州市区常住人口从389.76万人增加到721.3万，增加了85%，而市区年供水量从37507.64万t增加到40031.78万t，仅增加了6.7%。投入节水资金5110.21万元，通过实施技术改造，节水量近3.5亿t，节约水费约10.5亿元，取得了良好的经济效益和社会效益。

（2）选择循环型建筑材料

选用利废型建材产品，实现废弃物"资源化"利用。建材工业是工业部门中利用固体废弃物最多的产业，选择工农业、城市和自然废弃物作为建材生产的替代原料和燃料的绿色建材，减少天然资源的消耗。例如，利用高炉矿渣作为水泥的混合材；利用工业固体废弃物生产墙体材料，发展预拌混凝土，扩大粉煤灰的利用量。利废型建材对解决污染、生态恢复等均有一定推动作用。例如，焦作市中马矿全市煤矸石年排放量约为 $26.69 \times 10^4 t$，矸石山体积约 200 万 m^3，占地面积约 $64480 m^2$，占压了大片的耕地良田。山上黑灰色矸石裸露在大气中，大风时有时造成沙尘暴一样的天气状况，造成矿区大气污染严重。为解决这一困境，焦作市大力发展煤矸石再利用技术，利用废弃的煤矸石生产水泥、烧制砖、路基路面材料等，通过合理的开发利用，煤矸石废弃地成为一个新的生态综合体、生态景观场所、特色旅游地和科教场地，从而产生了良好的经济、环境效益（图5-31）。

对拆除旧建筑物的废弃物与施工中产生的建筑垃圾再生利用，实现废弃物"减量化"和"再利用"，有效解决建筑垃圾围城的环境问题。例如将结构施工的垃圾经分拣粉碎后作为再生骨料用于生产非承重的墙体材料和小型市政或庭院材料；用废热塑性塑料和木屑为原料生产塑木制品，具有木材的观感，用于制作家具、楼梯扶手、装饰线条和栅栏板等。例如，上海市宝山区在2017年"五违整治"行动中共拆除违章建筑1500万 m^2，产生大量建筑垃圾。宝山区政府提出建筑垃圾资源化处置方案，项目配置一条建筑垃圾综合处置线和一条建筑垃圾简易处置线，年处置能力达到60万t，运营期3～5年。实现建筑垃圾资源化率95%以上的目标，所生产的再生产品全部应用于宝山区的市政建设中。

（3）选择健康型建筑材料

近期"毒房子"事件频繁出现，选择健康型绿色建材是破解这一问题的关键。建筑材料的有害物释放是造成室内空气污染而损害人体健康的最主要原因，需严格控制材料的有害物

图5-31　煤矸石再利用

含量低于国家标准的限定值。例如，上海绿色建筑示范楼应用无毒无味的装饰材料，包括玉米胶、再生木材、纳米墙体涂料、塑胶地板等，使室内空气无毒无味无污染，室内综合环境经检测均达到健康、舒适的指标。

选用有净化功能的建筑材料，例如，利用纳米光催化材料（如纳米TiO_2）制造的抗菌除臭材料；负离子释放涂料；具有活性吸附功能、可分解有机物的涂料。将这些材料涂刷在空气被挥发性有害气体严重污染的空间内，可清除被污染的气体，起到净化空气的作用。

（4）选择高强度和耐久性建筑材料

选用高品质建材不仅涉及工程质量，而且是"节材"的主要措施。使用高性能的结构材料可以节约建筑物的材料用量，同时材料的品质和耐久性优良，可保证其使用功能维持时间长，使用期限延长，减少在房屋全生命周期内的维修次数，从而减少社会对材料的需求量，减少废旧拆除物的数量，减轻对环境的污染。例如选用高性能钢材、高性能混凝土、高品质的墙体材料和防水材料等。

高强混凝土技术。高强混凝土作为一种新的建筑材料，以其抗压强度高、抗变形能力强、密度大、孔隙率低的优越性，在高层建筑结构、大跨度桥梁结构以及某些特种结构中得到广泛的应用。高强混凝土最大的特点是抗压强度高，可减小构件的截面。而且柱截面尺寸减小，减轻自重，避免短柱，对结构抗震也有利，而且提高了经济效益。

中建西部建设通过开展高性能混凝土胶凝材料体系关键技术研究，优选微珠作为特种超细矿物掺合料用于低热低收缩混凝土胶凝体系，并自主研发具有缓释效应的高保坍型聚羧酸减水剂，成功研制出低水化热、低收缩、低黏度、高强、高层泵送C70大体积自密实混凝土；并对研制成功的C70大体积自密实混凝土开展足尺模拟试验，采用压电主动波动法及平膜式压力变送器应力实时监测系统多手段，立体化分析评估内部混凝土浇筑质量以及钢管壁与核心混凝土的界面粘结性能，掌握了C70大体积自密实混凝土温控综合技术；设立施工组织管理机构，从材料及生产保供、生产组织标准化、质量保证及管控、混凝土浇筑及养护、应急处置预案各方面保证C70大体积自密实混凝土成功应用于实体结构，实现其总浇筑方量3.5万m^3，单次最大浇筑方量3400m^3，单次平均浇筑方量超过2000m^3，最高泵送高度达到183m。

如天津117大厦工程中核心筒钢板剪力墙、矩形柱等重点结构部位采用了C60、C70高强混凝土，大体积底板采用了C50大体积混凝土，外框组合板采用了C30、C40混凝土，巨型柱采用了C50、C60、C70自密实混凝土等，节约了大量水泥，减少了碳排放。

玄武岩纤维复合筋材技术。玄武岩纤维复合筋材是一种新型绿色建筑材料，在岩土工程中可用于替代传统钢筋材料，与普通钢筋相比，玄武岩纤维复合筋材具有强度高、质量轻、耐腐蚀性且绿色环保的优点。中建西勘院通过开发适用于玄武岩纤维复合筋材的连接杆、锚具、加压装置，并在掌握玄武岩纤维筋材物理力学及岩土锚固特性的基础上，将玄武岩纤维筋材引入岩土工程中，替代传统的钢筋材料，取得了较好的应用效果（图5-32）。

绿地中心项目4、5号地块抗浮采用长度≥11.0m、锚固长度8m的抗浮锚杆，锚固体

直径150mm，锚固体注浆材料为M30水
泥砂浆，单根锚杆抗拔承载力设计值为
320kN。采用4根14mm玄武岩筋材代替原
方案中3根28mm钢筋。另外考虑砂浆粘结
强度等问题对玄武岩纤维复合筋材与砂浆
粘结强度进行了复合，玄武岩筋材锚杆与
砂浆的粘结强度标准值可达2.0MPa，根据

图5-32　玄武岩纤维复合筋材照片

钢筋锚杆相关规范验算合格。锚杆施工完成后，通过现场拉拔的方式检测单根锚杆的抗拔极
限承载力，确保锚杆满足设计要求。

5.4　绿色建造发展路径与实施策略

5.4.1　我国绿色建造发展路径

建造活动绿色化，就是要通过策划、设计、材料使用、施工、工程交付等建造过程的绿
色化，促进建筑及基础设施全寿命期资源节约、环境保护、健康舒适。

1. 绿色策划、绿色设计发展途径

在绿色策划及绿色设计达到了现有要求的情况下，未来的发展方向应由点向面转变、由
分散向集约转变、由小范围规划向城市集成规划转变。

在绿色策划与设计的技术层面上，需要由现有阶段下各专业分别设计，分别出图，再综
合拍图的设计模式向协同化设计转变。从原先各专业分散作业向集中作业转变，各专业设计
师在同一个中心文件上绘图。在设计阶段减少大量由传统模式下"拍图"带来的大量人力作
业浪费，并且提高图纸质量，减少大量可能在施工阶段才能发现的专业间碰撞，减少了在工
程建设阶段的进度、成本、质量风险因素。同时，在项目决策阶段的设计策划中，就应由原
先的设备之间节能减排绿色设计理念向建筑整体式能耗降低理念转变，逐步降低设计的建筑
能耗，让建筑学会"自我充能"。

在建造活动各阶段的发展路径上，绿色设计与绿色策划不能单独为建筑设计方面服务。
在规划及决策阶段，绿色策划应该贯穿整个项目全寿命期，包含方案规划设计，施工图设
计，施工建造过程，绿色运维过程等。在项目初期就要以绿色化为目标，统筹整个建造过程
的绿色化实施方案，并使绿色建造过程向集约化转变。

在综合宏观层面上，发展方向应由点及面，由区域规划向城市绿色规划转变。在新建建
筑都满足绿色设计标准的前提下，开展绿色城市理念，设立绿色城市标准，将绿色城市纳入

新的绿色建造研究课题。从市/省层面上衡量区域的能耗标准以及排放污染标准，从而达到宏观层面上的绿色化。让规划与城市设计和自然相辅相成，让绿水青山长存于华夏大地。

2. 绿色建材发展路径

绿色建材是指采用清洁生产技术，不用或少用天然资源和能源，大量使用工农业或城市固态废弃物生产的无毒害、无污染、无放射性，达到使用周期后可回收利用，有利于环境保护和人体健康的建筑材料。

发展绿色建材要遵循以下发展路径：

一要推动建材及相关行业的科研院所、生产企业开发、生产绿色建材的新技术新产品。我国的绿色建筑材料要在部品化、产业化、智能化、装配化、个性化、互联网和可追溯化等方向继续发展。

二要加快推进绿色建材评价认证，建立绿色建材采信机制，发布绿色建材产品目录。对绿色建材分级评价标识管理，在对预拌混凝土、预拌砂浆、砌体材料、保温材料、陶瓷砖、卫生陶瓷、建筑节能玻璃7类产品评价工作基础上，扩大评价范围。建立和升级全国绿色建材评价标识管理信息平台。

三要制定、完善绿色建材推广应用政策措施，推动政府投资工程率先采用绿色建材，逐步提高城镇新建建筑中绿色建材应用比例。

四打造一批绿色建材应用示范工程，大力发展新型绿色建材。

3. 绿色施工发展路径

绿色施工发展要依靠科技进步，完善标准体系，通过示范工程引导，构建、完善绿色施工生产体系和市场配套产业，切实解决绿色施工技术推广应用的障碍。

第一，构建、强化企业为主导的绿色施工技术创新平台，持续研究开发绿色施工新技术，形成成套的绿色施工技术和完备的绿色施工工艺技术和专项技术体系。

第二，完善绿色施工标准规范体系，绿色施工标准规范体系划分为绿色施工相关导则与政策、绿色施工标准、基础性管理标准、支撑性标准和相关标准。

第三，构建、完善绿色施工生产体系和生产要素市场体系。绿色施工的开展，施工企业是市场的主体，同时要强化为绿色施工提供专业化产品和服务的材料、设备、检测、劳务分包企业，一些再生材料加工企业、预拌砂浆生产企业、建筑工业化配套加工企业等绿色施工相关产业逐步形成市场规模，可为施工企业推行绿色施工提供了生产要素市场和条件。

第四，促进绿色施工创新技术的应用，解决创新技术推广应用的企业微观与市场及政府宏观管理的问题。

4. 绿色交付发展途径

绿色建造涵盖建筑工程建造的策划、设计、施工、交付、运维等全过程，其中竣工交付后运维期占建造全寿命期的95%及以上，应统筹规划，一体化实施，实现全寿命期的绿色化。绿色建筑运行维护包括综合效能调试、交付、运行维护和运行维护管理等环节。系统推进绿色化交付包括以下内容：

第一，加速构建技术创新与技术标准快速转化机制，鼓励和支持社会组织、企业编制团体标准、企业标准，建立全产业链工程建设标准体系，强化绿色建造检测、监测、验收、（后）评价标准，确保绿色化贯穿全寿命期并有效落实。制定新建建筑全装修交付的鼓励政策，提高新建住宅全装修成品交付比例，持续推进既有居住建筑绿色改造，不断强化公共建筑节能减排管理，深入推进可再生能源建筑应用。

第二，围绕提升建筑物全寿命周期内的运行效能综合目标，加强对工程建设全过程绿色建造的监管和稽查。推广"5G+能效监管系统"，对建筑能耗进行采集、计量、监测、分析、调控。推广"5G+绿色运营智慧管理系统"，有效建立运行和维护阶段完整的过程文档，完善运营阶段物业管理人员岗位职业技能培训，提升工作质量，降低运营成本，提高建筑的运营品质。

第三，完善二次装修管理规范标准的制定，对资质、流程、采购、现场管理等进行约束，确保实现绿色装修，减少对周边界面的影响。推行民用建筑能效标识。强化绿色施工示范及绿色建筑专项验收及行政监督管理。

第四，加快推进建筑信息模型（BIM）技术在规划、勘察设计、施工和运营维护全过程的集成应用，推行建造各阶段的数字交付。

5.4.2　绿色建造的重点工作

1. 强化顶层设计引领

制定绿色建造发展规划纲要，建立绿色建造体系框架，编制总体实施方案，明确绿色建造发展目标和主要任务，细化阶段性工作安排，明确时间表、路线图及实施路径。

2. 建立完善的绿色建造技术体系

加强绿色建造技术集成和系统创新，积极引导和推动各种新技术、新材料、新工艺向绿色建造方向转型。深入推进绿色化、工业化、信息化技术融合创新。研究围护结构一体化、机电系统一体化、内装系统一体化等绿色化与工业化融合的技术体系。加强大幅降低消耗、低污染、低排放技术系统化应用，大幅提高绿色建材应用比例，全面推进建筑垃圾减量化和资源化应用，整体提升绿色建造的标准化、低成本化；推动形成以产品品质和施工效率为核心的工业化建造技术体系，推进系统化集成设计、精益化生产施工、一体化装修，实现建筑工业化全产业链高度集成和纵向贯通；加强BIM技术在设计、生产、施工、交付等全过程的集成应用；推动物联网、大数据、人工智能、云计算及虚拟现实等信息技术和机器人等相关设备在生产和施工过程中的深度应用，提高工程建造的生产力和效率。

3. 完善形成与绿色建造相适应的流程组织体系

全面强化建筑工程的策划、设计、生产、施工、交付全过程一体化实施。做深做实立项阶段的绿色策划，实现前置统筹安排。推进建筑、结构、机电、装饰全专业协同设计，实现设计、工厂加工、现场施工纵向拉通。优化绿色施工工艺、工法，推广精益化施工。推行综合效能调适和数字化交付，做好运营前技术交底和绿色建造后评估。

4. 形成与绿色建造相匹配的工程组织方式

大力推进工程总承包和全过程工程咨询等集约建设方式，健全形成配套的建设管理制度，先行先试装配式建筑工程总承包、全过程咨询等模式在规划审批、土地供应、项目立项、施工图审查、施工许可、工程验收、竣工备案等环节的建设程序；先行探索与绿色建造相适应的发包承包、施工许可、分包管理、工程造价、质量安全监管、竣工验收等相关管理制度。实现工程设计、部品部件生产、采购及施工的统一管理和深度融合。

5. 加强绿色建造产业支撑

加快形成研发、材料和部品部件生产、设计、施工、运营、资源回收再利用等一体化协同的绿色建造产业链，绿色建材供应链，充分体现专业化分工和社会化协作；推动有利于绿色建造产业人才培养的机制，促使专业技术人员设计能力与施工能力的协同发展，培养技术与管理、设计与施工"都在行"的复合型人才，探索增设绿色建造职业资格与职称。

6. 打造一批绿色建造试点场景，形成一批系统解决方案

以应用带动集成，推动科技成果转化、重大产品集成创新和示范应用。重点在政府投资重点项目以及大型项目中应用，拓宽绿色建造各类技术的应用范围，形成集研发设计、生产、施工、交付于一体的综合应用的模式。发挥龙头企业示范引领作用，建立绿色建造基地。

5.4.3 绿色建造的实施策略

1. 健全工作机制

（1）组织方式

建立组织领导机制。为推进绿色建造工作的顺利进行，充分发挥绿色建造在拉动经济增长、优化经济发展结构、促进经济社会发展的作用，建议成立推进绿色建造开展工作领导小组，负责协调推进绿色建造产业化发展，做好统筹规划、政策保障、监督评估和业务指导，协调解决跨部门重要事项。

建立指导推动机制。在推进绿色建造工作的过程中，在住房城乡建设部科技委绿色建造专委会指导下，应成立地方绿色建造专家委员会及相关协会。成立绿色建造专家委员会的意义在于能够对绿色建造过程中遇到的决策、安全、技术等难题，提出专业性的指导意见，引导绿色建造健康发展。而行业协会认真贯彻执行党和国家的方针、政策，开展行业经济技术交流和协作，反映行业要求，开展行业自律，维护成员单位合法权益，促进行业健康发展。

编制中长期发展规划。开展绿色建造工作需要制定详细的发展规划。发展规划的制定应充分发挥政府统筹规划、协调推进作用，坚持以市场需求为导向，加大政策扶持力度，为绿色建造产业化创造良好的发展环境。

建立激励督促机制。建议把绿色建造工作纳入各级领导班子、领导干部政绩考核的重要内容，作为纳入涉及相关部门业绩评定的重要依据。另外，对在绿色建造工作开展中作出突

出贡献的企业和个人，进行适当奖励，不断激发企业积极性和创造力，加强企业主体能力建设，形成市场竞争有序，政府、企业良性互动的发展机制。

建立总结推广机制。 通过举办高峰论坛、博览会、推广会、现场工作会、交流研讨会等活动，向社会推介优质、诚信、放心的绿色建造技术、产品和企业，强化业内交流与合作。充分利用电视、电台、互联网媒体、手机媒体等，广泛宣传绿色建造项目、优秀企业及技术产品，让公众更全面了解绿色建造对提升建筑品质、宜居水平、环境质量的作用，提高公众认知度。

（2）监管方式

充分利用互联网对绿色施工的监管。 应充分利用互联网技术对施工现场的环境监测、排放监测、安全施工监测、施工质量监测进行有效监管。强化安全管理科学信息化动态管理，及时把握企业和工程项目安全运行状况，实现施工现场安全监管的有效监督，引入信息技术改变传统建筑工程安全监管模式，进一步提高建设工程现场质量监管安全水平，有效防范各类安全事故的发生。也可立足于"互联网+建筑大数据"的服务模式，采用云计算、大数据和物联网等技术，整合相关核心资源，以可控化、数据化以及可视化的智能系统对项目管理进行全方位立体化的实时监管，并根据实际做出智能响应。有效利用环境监测仪器与互联网数据传输协议，可针对工地噪声、粉尘、温湿度数据进行详细监测和分析，自动匹配国家标准，一旦有超标情况即进行预警，促进环境保护与可持续发展。

充分实现区块链技术对绿色建材的监管。 基于区块链技术的特点，针对建设中的隐蔽工程、材料管理、物料检测等问题，可利用区块链技术进行科学管理，促进工程建设透明化诚信化发展。同时，用区块链技术实现整个地区的信息共享，通过融合与应用，有效提升绿色建材产业质量安全动态监管、质量风险预警、突发事件应对、质量管理等综合效能，为政府、行业协会、绿色建材企业以及咨询、设计、施工等企业提供数据服务，最终实现对绿色建材的有效监管。

大力推动建筑产业互联网。 顺应建筑产业现代化和大数据时代发展趋势，走科技含量高、经济效益好、资源消耗低、环境污染少的新型建筑产业发展道路，积极探索建筑工业化与建筑信息化的融合发展，实现设计数字化、生产自动化、管理网络化、运营智能化，打破建筑产业链上下游的数据传输壁垒，实现全产业链信息共享。重点推进建筑信息模型（BIM技术）在工业化项目中的应用，建筑构件生产管理信息化，探索全产业链的信息集成，深度挖掘信息技术的大数据价值，打造建筑产业互联网或工程云。

2. 加大政策支持

（1）强化政府引导功能

根据不同地域特点，各级政府要出台积极推进绿色建造行动计划。积极构建部、省、市三级推进模式，以及部省、地方联动的组织保障模式。各级政府应将绿色建造纳入生态文明目标体系，研究制定可操作、可视化的推动绿色建造发展的指标体系。将绿色建造发展融入城市发展总体战略，把绿色建造作为环境保护和生态建设、循环经济发展、节能降耗与应对气候变化等发展规划的重点工作之一，推动绿色建造从局部、单体向系统性、区域化发展，建设绿水青山的绿色城市。环境保护的外部性特征决定了绿色建造的发展需要政府的政策引领，并通过"有形的手"发挥作用，需要强化政府引领、市场主导，做好绿色建造顶层设计，将有限的资金聚焦到绿色发展最重要、最关键、最紧迫的产业。要在推进绿色建造工作中有效发挥引导作用，制定相应方针政策和法规制度，明确绿色建造发展长期和短期目标，通过法规明确绿色建造责任，提高社会公众绿色建造意识，同时应鼓励企业自愿推进和实施，推动绿色建造快速发展。

（2）采取立法保驾护航

绿色建造打破了传统的体制、利益格局和运行机制，为此需要在绿色发展的理念下，实施新的制度安排，使追求绿色建造日益成为工程建设领域各类市场运行主体的自觉行为和目标，构建绿色建造产品的需求与供给、绿色建造过程的投入与产出之间新的均衡关系。可通过立法的形式来保障绿色建造要求得到落实。绿色建造要求可纳入建设条件、规划审批、设计审查、施工验收等工程建设全过程管理，通过努力完善社会推进机制、强化政府引导和扶持等举措，推动绿色建造各项工作有效开展。

（3）利用双驱动促发展

可以利用"强制性政策"与"激励性措施"相结合的双驱动方式推进绿色建造开展，为其提供强有力的保障。制定严格的考核制度，建立有效的激励机制，既要形成支持绿色建造发展的导向机制，又要对各类市场主体进行有效约束，逐步实现市场化、法治化、制度化。加强绿色建造数据统计和公示工作，大力提升绿色建造运行水平，以此倒逼绿色建造开展。建立和完善绿色建造监督管理机制，进行绿色建造效果后评估，实现绿色建造向实效化发展。

制定建筑产业技术政策，编制建筑业绿色建造技术导则、技术推广目录和指导手册，对于效果好、成本低、适用性强的绿色建造技术，采取强制应用和推广措施。

（4）发挥市场关键作用

构建政府效率资源配置，重要的一环就是要形成有效的激励与约束机制，使市场能够自动地在市场的决策、执行的过程中，按投入产出最大化目标来供应公共商品，最大限度地满足消费者的公共需求，实现对资源的有效配置。

首先，要做到完善建筑市场监管机制。要推动工程建设组织方式变革。加快推行工程总承包，出台工程总承包管理办法，加快完善工程总承包相关的招标投标、施工许可、竣工验收等制度规定，落实工程总承包单位在节约资源、保护环境方面的责任。政府投资工程应带头采用工程总承包模式。装配式建筑应采用工程总承包模式，符合条件的可采用邀请招标的方式。发展全过程工程咨询，政府投资工程应带头推行全过程工程咨询。进一步在民用建筑工程项目中推进建筑师负责制。加快政府投资工程组织实施方式的改革，积极推进相对集中的专业化管理，加快构建政府投资工程集中建设的强制性机制，保障政府投资工程项目绿色建造的开展。

其次，在国家政策激励及国家规范标准约束下，建立绿色建造有效的管理机制。把开展绿色建造列入各级政府的工作职能范围内。利用行政、经济、法律等多种手段加强对绿色建造的引导和监管。围绕"落实主体责任"和"强化政府监管"两个重点。全面落实各方主体的节约环保责任，特别要强化建设单位的首要责任和工程总承包单位的主体责任。对于政府投资工程，政府作为建设单位要承担首要责任，工程总承包方要对节约环保承担主体责任。强化工程监理作用，推进建造全过程监理，推动监理企业从思想观念、组织机构、管理体系、人员素质等方面进行绿色化转型升级，创新绿色建造监管技术和监管模式、提高绿色建造监管能力和水平。推动建立绿色建造全过程信息追溯机制，把生产、施工、装修、运行维护等全过程纳入信息化平台，实现数据即时上传、汇总、监测及电子归档管理等，增强行业监管能力。

最后，推进政府公益服务与专业市场化服务有效结合的服务模式。充分调动各方资源，动员政府、协会、业主、设计、施工等相关方协同推进绿色建造的开展。鼓励建设项目业主单位采用绿色建造，鼓励把环境保护和资源节约等内容纳入建设合同条款。探讨改革工程量清单计价规范，将绿色施工额外增加的费用列入工程量清单计价规范取费范围。建立统一的绿色建筑、绿色建材、能效标识、绿色施工等绿色产品认证、标识评价体系，采用第三方评价制度和评价机构信用管理体系。

（5）支持工程总承包模式

工程总承包管理模式符合装配式建筑设计、施工一体化的特点，有经验的工程总承包商牵头进行总体协调，从方案阶段开始按装配式建筑进行设计，并充分考虑施工、构件生产的需要，保证了设计的可行性。装配式建筑发展初期，可以有效控制质量风险。招标时，要求相关单位有一定的装配式建筑经验。可以明确装配式建筑的技术要求，并设定造价上限，从而实现造价可控。这里所说的造价可控，并不是像有些传统施工企业那样，降低了质量和安全的"节约"，而是充分发挥设计的龙头作用，在确保质量安全的前提下，利用"性能化设计"的手段，优化总体设计，对设计、生产、施工各环节进行"精细化"管理，大幅度减少各环节的浪费和冲突，节省人工、减少返工，真正地向管理要效益。

工程总承包的推行需要全过程工程咨询服务的支持。工程建设组织模式理想模式之一为建设单位、工程总承包、全过程工程咨询三足鼎立，目前这种模式是适应绿色建造理念，在绿色建造城市中可供选择的一种模式。

制定绿色建造相关定额，使绿色建造的工程结算有据可依。同时，制定合理的工期和造价，在工程造价中增设"绿色施工措施费"。增加成本是建筑企业开展绿色施工积极性不高的主要原因，毋庸置疑，绿色施工技术的运用需要增加一定的投入设施和人员配置，有时也需要调整施工工期。业主在招标投标过程中基本不考虑绿色施工所增加的费用和工期，而政府层面正常的定额中也没有这一块内容。为全面推行绿色施工，鼓励施工企业增加绿色施工费用投入，制定合理的工期和造价显得尤为必要，对推行绿色施工有着重要的作用。管理部门一方面可以制定相关政策，从财政、税收和价格等不同方面采取有效的扶持措施，也可在工程造价中增设"绿色施工措施费",调动施工企业创建绿色施工的积极性。另一方面在招标投标过程中,要求业主将"绿色施工措施费"在清单中单独列出,并制定对应的使用、检查办法、确保绿色施工费用及时足额到位,专款专用,不被非法挤占和挪用。第三方面要求绿色施工责任主体的承包商应制定完备的资金投入和成本控制措施,鼓励施工项目部积极主动开展绿色施工。

3. 完善提升标准体系

工程建设标准水平的高低直接影响绿色建造的品质,绿色建造的创新也需要标准的及时配套,高水平的标准是实现工程与产品节约资源、保护环境的保障。标准提升要贯彻生态优先、绿色发展理念,建立健全绿色建造标准体系,加快制修订生态环境、生态经济、生态文化等方面急需的关键技术标准,着力推动绿色建造标准应用实施,推动建设人与自然和谐共生,不断满足人民日益增长的美好生活需要。

（1）加大标准提升力度

1）推动标准绿色化。目前建筑业绿色发展模式朝着系统性、综合性方向发展,需要建立相应的综合性标准体系支撑绿色建造,从推动绿色建造的要求出发,修订标准、规范,并适时制定直接针对绿色建造的标准规范,推动绿色策划、绿色设计、绿色施工、绿色交付的标准、规范的整合与提升。

2）引导标准创新。提高绿色建造标准,要转变政府职能,强化强制性标准,优化推荐性标准,为绿色建造发展"兜底线、保基本"。培育发展团体标准,搞活企业标准,构建"企业实施、政府监管、社会监督"机制,增加标准供给,引导创新发展,进一步增强标准的有效性、先进性、适用性,提高标准国际影响力和贡献力。

引导标准创新,需紧密围绕国家生态文明建设目标,统筹空间布局、经济发展、环境保护、生态文化等多个维度,协调绿色建造全产业链,充分发挥市场和政府作用,推动绿色建造标准的系统规划和协同开展。

3）确保标准合理化。建立和完善地方绿色建造标准体系,确保标准合理化,需不断提升环境质量要求,满足人民群众对天蓝、水清、空气清新的美好环境需求。加强建造过程中大气、水、土壤污染物监测、排放限值、安全评价、质量分级等方面标准的制定。

（2）明确绿色建造标准提升方向

提升环境质量要求,加强建造过程大气、水、土壤污染物监测、排放限值、安全评价、质量分级等方面标准的制定。加快修订地表水、地下水、土壤、振动等环境质量标准,以及建筑物污水综合、大气综合等污染物排放标准。加强生态保护修复管理与技术、自然资源利用与生物多样性保护等标准的制定。

明确绿色建造相关定额要求,促进绿色建造市场化发展。坚持市场为核心,完善绿色建造相关定额,积极引导绿色新技术、新工艺、新材料、新设备的应用,科学、及时地开展绿色建造计价依据体系、清单和定额编制,避免因没有纳入工程定额,新增绿色措施没人买单的现象,将绿色措施纳入建设成本,使绿色增量成本有据可依,促进绿色建造健康发展。

4. 加强科技创新

（1）提升改进传统建造技术

科技创新为绿色建造的发展提供源源不断的动力，绿色建造技术的发展，必然要带动工业化、信息化以及管理科学化的发展，资源的利用效率将提高，环境污染将得到更有效控制，作业强度也会大降低，总体建造效率得到更大提升，它们将促进建筑业生产方式转型升级，提高建筑产业现代化水平。

要在保障安全、质量的前提下，以环境保护、资源高效利用、减轻劳动强度、改善作业条件为核心目标，对传统建造技术进行绿色化识别与改进，逐步淘汰资源能耗高、生产效率低、工程质量和安全生产不稳定的施工工艺和生产方式，引进国外先进的绿色建造管理经验、技术和建造方式，并进行绿色建造专项技术的创新研究，构建全面、系统的绿色建造技术体系。

绿色建造技术的研发重点抓好以下四个关键环节：一是要通过自主创新、引进消化和再创新，瞄准绿色化、工业化、信息化的发展方向，进行绿色建造技术创新研究，提高绿色建造水平。二是要加强绿色建造技术集成，形成基于各类工程项目的成套技术成果，提高效率。三是要对传统建造技术进行绿色识别和改进，应至少覆盖但不限于环境保护技术、节能与能源利用技术、节材与材料资源利用技术、节水与水资源利用技术、节地与施工用地保护技术及其他"四新"技术五个方面。四是在继续发展建筑"四节一环保"技术的基础上，引导装配式建造技术、信息化建造技术、地下资源保护及地下空间开发利用技术、楼宇设备及系统智能化控制技术、建筑材料及施工绿色性能评价及选用技术、高强钢与预应力结构等新型结构开发应用技术、多功能高性能混凝土技术、新型模架开发应用技术、现场废弃物减量化及回收再利用技术、人力资源保护及高效使用技术的发展。

（2）融合创新绿色建造技术

加强绿色建造技术与新型建筑工业化和信息化技术的融合创新，积极推动智能建造。在"互联网+"时代，绿色建造需要强有力的信息技术支撑。信息技术能够大幅度提高工程建设的全生命期优化、专业化协同、集成化效益、虚拟化施工、动态化目标控制精度，从而提高绿色建造过程的高效管理程度。以BIM为代表的各种新兴信息技术不断涌现，对工程建设过程协同和集成的影响日益显著，借助于智能建造技术，绿色建造的实施将取得更好的实际效果。

加强绿色建造技术与精益建造的融合创新。精益思想包括精益设计、精益生产、精益供应、精益管理等一系列内容。精益建造是以生产理论为基础，以精产理论精益思想为指导，改造传统的工程项目管理方式，对工程建造的管理过程进行重新组合和优化设计管理流程，在保证工程质量、安全生产的前提下，以最快的进度、最低的成本和最少的环境污染，以向用户移交满足使用功能要求的建筑产品为目标的绿色建造模式。精益思想和方法的应用，能够极大地推动绿色建造所提出的节能、节材、节水、节地、环境保护目标的实现。

加强绿色建造施工技术与建筑业发展循环经济的融合创新。根据建筑产品生产过程的技术经济特点和循环经济的基本原理，绿色建造技术的应用与建筑业发展循环经济的融合具有广阔的技术经济空间。把循环经济的"3R原则"即减量化、再使用、再循环（Reduce、Reuse、Recycle）应用至建设单位、工程总承包单位、设计单位、施工单位、材料设备供应商等建造活动主体的内部运营过程，能够极大地促进绿色建造目标的实现。例如，设计单位可在确保建筑物质量安全和使用功能的前提下，进行设计方案的优化比选，尽量减少建筑材料的使用，尽量减少使用过程的能源耗费，从而满足绿色设计的要求；施工承包商开展节能、节材、节水等活动并对建筑垃圾回收使用，从而在更高的层次上达到绿色施工技术应用的目标要求。

（3）整合强化促进产业升级

建立联动的科技创新协同机制，推动资源整合建设，重点抓好科技服务、搭建平台、营造环境方面的工作，在创新主体培育、创新基地打造、人才培养、科技成果转化和国际合作等方面加强能力建设，促进科技创新与绿色建造行业发展有机融合。

培育充满活力的创新主体。增强企业的绿色建造创新主体地位和主导作用，引导各类创新要素向企业集聚，不断增强企业创新动力、创新活力、创新实力，使创新转化为实实在在的产业活动，形成创新型骨干领军企业、科技型中小企业全面发展的格局。促进企业与行业协会、高等学校、科研机构深度合作，改善产业技术创新战略联盟运行机制，系统提升绿色建造创新主体能力。

打造高水平绿色建造创新基地。瞄准绿色建造科技前沿，聚焦绿色建造发展需求，统筹规划、系统布局绿色建造科技创新基地建设。建设行业重点实验室与面向工程技术研发、应用的行业工程技术研究中心，引导高端创新要素聚集，深化产学研、上中下游企业的紧密合作，促进产业链和创新链深度高效融合，提升绿色建造全产业链的科技创新能力。

加大绿色建造人才培养力度。建设高水平科技创新团队，加快形成一支适应绿色建造新技术、新工艺要求，掌握高水平操作技能的人才队伍，形成衔接有序、梯次配备、合理分布的人才格局。培养一批能研发、懂管理、善经营的绿色建造科技人才。

推进绿色建造科技创新成果转化应用。建立符合地方相关政策和绿色建造行业特点的科技成果推广转化管理制度和办法，建立健全与绿色建造发展紧密结合的科技评估制度，加强科技计划项目立项、验收和成果推广全过程管理，推动科技成果与产业、企业技术创新需求有效对接。健全绿色建造技术公告和技术目录发布制度，推广绿色低碳、节能高效的先进适用技术，建设科技示范工程，推动新技术规模化应用，促进传统建造升级。

（4）强化政产学研合作机制

以强化政产学研合作为机制，凝聚合力，需要政府在基础创新层面给予政策引导和支持，在战略目标、技术路线、推进步骤等方面强化顶层设计，加大推广应用的激励力度；各方紧密协作，形成合力。进一步强化项目建设管理质量保证体系，要突出"新技术在工程项目中的应用"特点，积极在工程中推广运用新材料、新工艺、新技术，不断提升工程建设质量；坚持与时俱进的工程建设理念，把现代社会的文化追求与工程的基本功能有机结合，积极鼓励工程设计创新和施工技术创新；适应未来工程信息化、智能化发展趋势，不断创新信息化管理和智能化条件下工程项目的结构形式和管理模式；不断学习和运用先进的工程建设管理经验，着力降低工程建设管理成本，提升建设管理效率。

1）以重点领域集成创新为主导，打造优势。推动智能设计、智能工地和智能企业发展。探索新型设计组织方式、流程和管理模式，构建智能设计基础平台和集成系统；加强"互联网+"环境下的新型施工组织方式、流程和管理模式探索，构建智能工地基础平台和集成系统，进一步普及智能移动终端的应用，推动施工机器人的发展；以服务用户（业主）需求为导向，开发"互联网+"的工程总承包项目多参与方协同工作平台，拉通建造全寿命期和全产业链，开拓"平台+服务"的工程建造新模式。

2）以关键软件的突破为支撑，补齐短板。从政府、科研院所、企业等各层面，加大基础平台的研发投入，重点解决三维图形引擎等关键技术，建立标准，加快突破智能建造自主发展的技术瓶颈。

3）以服务智能建造为方向，拓宽领域。通过现代科技的集成创新，将建筑各基本要素优化重组，实现更高效率、更优性能、更加智能、更加绿色，开辟智能建筑、智能社区等新产业。

（5）数字驱动打造核心引擎

数字化建筑新设计阶段，将会是全数字化样品的阶段，即在实体建造生产之前，数字化模拟全过程，包括协同设计、虚拟生产、虚拟施工、虚拟交付都呈现在全数字化样品中。新设计阶段最终交付的是设计模型、施工和商务方案的数字化样品，涵盖所有信息，可实现管理前置控制、方案合理可行、商务经济最优和产品个性需求满足。

数字化新建造阶段，通过数字建筑实现现场工业化和工厂工业化，使图纸细化到作业指导书，任务排程最小到工序，工序工法标准化。将工程建造提升到工业制造的精细化水平。新建造将消费者、开发商、生产、物流、施工等单位整合在一起，通过软件和数据形成建筑全产业链的"数字化生产线"，这条"生产线"将工厂生产与施工现场进行实时在线连接与智能交互协作。工厂工业化基于标准化、流程化，实现构件及部品的大规模、柔性化生产。通过数字工地与实体工地的数字孪生，实现对人员、机械、材料、环境等各要素的实时感知、分析、决策和智能执行，形成"智慧工地"。通过工厂与现场的一体化，将实现全产业链的协同，将建造过程提升到工业级精细化水平，达到浪费最小化、价值最大化，精益求精的目标。

5. 强化人才队伍建设

（1）优化人才队伍结构

为了强化绿色建造工作中产业化队伍的建设，同时积极响应党组织强调的人才强国战略，确立人才引领发展的战略地位，对绿色建造工作中指挥实践的队伍进行加速建设是十分必要的。就建造行业而言，因为其自身具有极强的社会责任，与人们的生命安全与财产安全息息相关。为此，需要不断优化建造企业自身的人力资源管理模式，通过克服当前人力资源培养过程中的问题来打破瓶颈，更好、更有效提升企业自身发展质量，形成良好的发展循环。

绿色建造工作开展过程中，职工培训教育需要被纳入企业综合发展的战略中。其中，需要形成良好的后备人才队伍建设机制，通过选拔与培养年轻干部来拓展领导班子建设水平，夯实建筑施工企业管理基础。

工作进行时的人才培养既要注重从实际需要出发，按工作要求选配，又要注重结合人才自身特点，发挥人才专业特长，尽力做到能力素质与岗位要求相匹配。对于专业型人才，重在专业化培养，即提供机会在专业领域行业历练、专业相近岗位交流、上级专业部门挂职，让人才在实践中进行岗位练兵，在实干中提升专业素养，在实操一线上积累丰富的工作经验；对于普通型人才，就既要看学历上学的什么专业，又要看岗位上应接受怎样的培训，注重培养专业能力、专业精神，做到先天不足后天补，切实增强适应新时代中国特色社会主义发展要求的能力，同时更充分理解绿色建造工作开展的总目标与发展过程。

（2）提升人才队伍素质

在绿色建造工作开展的过程中需要提升人才队伍的素质，除了要选取有经验的干部成立绿色建造工作领导小组之外，还要坚持以自主培训和好中选优为主、以适时引进成熟人才为辅的原则，在原有行之有效的人才培训形式基础上，不断改进培养方法、途径和形式，把着重点放在培训人员的综合素质提升上。

（3）完善人才保障机制

在绿色建造工作开展过程中要积极探索有利于调动各类人才积极性的奖惩制度，对有贡献的技术人员及工作者实行重奖重用；要建立科学的用人机制，以能力和业绩为导向，建立科学的评价和激励机制，想干事的给机会，能干事的给平台，干成事的给地位。对于政治素质好、工作能力强、有发展潜质的青年干部，要主动给位置，压担子，使他们在实际工作中得到锻炼，尽快成长，担当重任。

（4）加强人才队伍建设

高度重视建筑产业现代化相关人才的培养，建立"政府引导、行业牵头、企业参与、学校主体、开放共享"的人才培育机制，加强各层次人才队伍的建设。

持续培养技术和管理人才。鼓励大专院校设立建筑产业现代化相关专业和学科，以项目实践、校企合作等多种形式，持续培养市场急需的建筑产业现代化相关技术和管理人才，尤其是该专业领域的设计、预制构件生产和现场施工安装技术管理人才。借助相关执业注册人员资格考试、继续教育和职称评定考核内容的调整，鼓励现有专业技术人才转型升级，快速成长为建筑产业现代化专项技术和管理人才。

加快形成建筑产业工人队伍。与区域内工程技术学院、省城乡建设职业学院联动，结合建筑产业现代化产业工人需求，与总包龙头企业共同研究制定产业工人培养计划、新型用工管理制度，建立产业技术工种分类，形成规模化、专业化的产业工人队伍。

提升行业监管人员素质。针对全区在岗的行业监管人员，制定专项建筑产业现代化继续教育培训计划，分层次开展建筑产业现代化各项知识技术培训，并通过评定考核的办法，切实提升行业从业人员、监管人员的专业技术水平。

（5）健全用人管理制度

绿色建造工作开展过程中要健全建筑工人培训用人管理制度，鼓励工作单位培养和吸收一定数量自有技术工人。改革建筑用工制度，推动建筑业劳务企业转型。鼓励工作单位进一步做专做精，增强竞争力，推动形成一批为绿色建造配套的技能型专业企业。建设全国建筑工人管理服务信息平台，积极落实建筑劳务用工实名制管理。健全建筑业职业技能标准体系，全面实施建筑业技术工人职业技能鉴定制度。加强人才梯队建设，建立建筑工人职业教育培训体系，打通建筑工人职业发展通道，培养高素质建筑工人，培育众多"中国工匠"。

6. 做好宣传引导

（1）大力倡导应用绿色建造

绿色建造作为一种新型高效的建造理念，需要大力提高业界对其重要性和必要性的认识，目前应强化推进绿色建造的培训，提高认识，以便充分调动全行业和相关方实施绿色建造的积极性。绿色建造是建筑产品的"制造"过程，包含工程立项绿色策划、绿色设计和绿色施工，是实现绿色建筑的必然途径。绿色建筑则是一种客观状态，是绿色建造的最终产品，只有通过绿色建造，才能实现绿色建筑。推进绿色建造是大势所趋，只有高度重视绿色建造发展，才能全面推进我国建筑业转型升级。

未来的新建工程要突出"绿色建造"特点，在保证质量、安全等基本要求的前提下，通过科学管理和技术进步，最大限度地节约资源与减少对环境负面影响的施工活动，实现"四节一环保"。要突出薄弱环节质量攻关特点，围绕施工企业管理和现场存在的问题，体现"小、实、活、新"，以改进质量、降低消耗、提高管理水平等为目的，调动和发挥职工群众在建设工程中的积极性和创造性。要突出特有施工工艺特点，以工程为对象，结合自身特点，把先进技术和科学管理结合起来，引进先进的工程技术和施工工艺，通过工程实践形成特有的综合配套施工方法。

（2）建立绿色建造协同信息平台

绿色建造着意于工程实施的全过程和建筑的全寿命期角度进行工程立项、设计、施工和交付的系统性的绿色策划和实施，相对于现行的体制机制，无疑是一种先进的建造思路，应制定相应方针政策，改革现有的建设体制机制，为更好地开展宣传引导工作，需要建立一个绿色建造协同信息平台，参考绿色建筑的信息平台一样，可以不断优化绿色建造评价标识项目评审流程。

建立绿色建造协同信息平台能大大降低行业的成本，实打实地提高企业的利润，相关参与方通过相互协作，信息共享，关键技术诸如物体标识及标识追踪、无线定位等新型信息技术应用，能够有效实现智能调度管理、整合核心业务流程，加强绿色建造管理的合理化，降低绿色建造消耗，从而降低绿色建造成本，减少流通费用、增加利润。随着RFID技术与传感器网络的普及，物与物的互联互通，将给企业的绿色建造系统、生产系统、采购系统与销售系统的有机融合打下基础。

（3）加强绿色建造示范

充分发挥绿色建造示范工程的引领和示范作用，形成各具特色的绿色建造发展模式，推动绿色建造走向规模化，以点带面推动转型发展。一是加强单体绿色建造的建造方式示范。二是加强绿色建造在生态城区建设中的示范，以示范工程为平台，充分发挥行业协会、产业绿色联盟等的桥梁纽带作用，梳理总结成功经验和做法，尽快引导促进更多更好的绿色建造技术和管理经验应用于工程建设，强化激励作用，激发各责任主体和参建各方参与的积极性，提高绿色建造实践水平。制定绿色建造推进规划，明确规定每年绿色建造示范项目的达标比例，明确各企业每年绿色建造应用示范项目的达标比例，作为年度考核目标，并制定实施相应的奖惩措施。

（4）提高企业绿色建造能力

众所周知，绿色建造有利于保证工程质量，工业产品的研制一般要经历创意、研究、设计和生产等阶段，建筑作为一种供人居住和使用的特殊产品，也应该遵循一般产品或商品生产和研制的规律，进行基于"全过程"的系统化建造。绿色建造要求工程承包商立足于建筑产品运行的全寿命期，着眼于工程建造的全过程进行系统性策划、资源统筹和质量保证谋划，有利于工程质量责任的追究，有利于资源、能源的高效利用，是创建绿色建筑的有效方法。

因此，鼓励企业增强绿色建造能力，不断进行科技创新，立足工程项目全寿命期，高度统筹与集成，系统协调工程策划、设计、施工等各项活动，全面实现建筑产品和建造过程的绿色化，探索绿色建造实施的一体化模式，提高企业的绿色建造能力和绿色竞争能力，实现由传统生产力转向现代绿色生产力。

第 6 章

推进智慧建造发展，
助力行业转型升级

进入21世纪以来，在突飞猛进的科学技术影响之下，人类社会的结构以及精神面貌正在不断发生剧烈变化。移动通信、互联网、大数据、云计算、区块链、人工智能、虚拟现实等新一代信息技术的快速发展和广泛应用，正在引起生产方式、生活方式、思维方式以及治理方式的深刻革命。当前，信息技术发展的总趋势是以互联网技术的发展和应用为中心，从典型的技术驱动发展模式向技术驱动与应用驱动相结合的模式转变。

新一代信息技术与传统的建筑行业融合，正在催生建筑新业态的产生和发展。从20世纪末开始的CAD技术普及应用，已经实现了全行业"甩图板"变革，而当前大力推进的BIM技术，正在改变传统的建造方式，成为实现数字建造和智慧建造，乃至智慧城市的基础。目前，建筑业正处于从数字化向智能化和智慧化发展的过渡期，也可以说是"智慧建造"发展的初期。

从现实来看，我国建筑业数字化转型仍然面临不少的挑战，任重道远。一方面，是来自技术层面的挑战，数字化转型对基础性的信息技术和建筑工业化的水平具有依赖性，例如伴随着5G技术的应用，智慧工地技术水平才能进一步把施工现场和管理后台快速连接。另一方面，是来自工程建造复杂性的挑战，建筑业的绝对技术难度尽管不如航天、精密制造等高科技行业，但其生产体系高度复杂，给全面实现数字化转型带来了很大挑战。再有就是来自成本层面的挑战，工程建造涉及大量的固定资产投资，客观决定了建筑业是一个对成本高度敏感的产业，数字化转型意味着投入的增加。如果某些领域的数字化不能带来直接的价值增值，没有相应的利益合理分配机制，就难以形成市场内在动力。

近几十年来，信息技术在工程建造中应用越来越多，并且已经积累了一些实践经验，特别是以BIM技术为代表的信息技术的广泛应用，推动了工程建造技术的整体升级和变革，为智慧建造发展奠定了坚实基础。

6.1 智慧建造的概念和内涵

6.1.1 智慧建造概念

智慧建造是一个新概念，到目前为止，还没有一个广泛接受、行业公认的定义。结合国家"十三五"科技支撑计划重点项目"绿色施工与智慧建造关键技术"（2016YFC0702100）项目研究，在《建筑工程新型建造方式》一书中给出了初步定义"智慧建造是指在建造过程中，充分应用BIM、物联网、大数据、人工智能、移动通信、云计算及虚拟现实等新一代信息技术与机器人等相关设备，通过人机交互、感知、决策、执行和反馈，尽可能解放人力，从体力替代逐步发展到脑力增强，提高工程建造的生产力和效率，提升人的创造力和科学决策能力。"智慧建造是大数据、人工智能等新一代信息技术和智能设备与工程建造技术的深度融合与集成。

在 2020 年北京服贸会上，钱七虎院士对智慧建造概念给出了解读，认为：智慧建造是以可持续发展和以人为本理念，综合运用信息技术、自动化技术、物联网技术、材料工程技术、大数据技术、人工智能技术，对建造过程的技术和管理多个环节进行集成改造和创新，实现精细化、数字化、自动化、可视化和智能化，最大限度地节约资源、保护环境，降低劳动强度和改善作业条件，最大程度地提高工程质量、降低工程安全风险的工程建造活动。

与智慧建造概念相近的还有智能建造。本书作者认为智慧（Smart/Wisdom）是人所具有的高级综合能力，包含有感知、知识、记忆、理解、联想、计算、分析、判断、决定等多种能力，是对事物迅速、灵活、正确地做出理解和处理的能力。人是有智慧的，智慧让人拥有理解、思考、分析、探求真理的能力。智慧使我们能够做出正确的决策。

而智能（Intelligence）是由现代信息、计算机网络、机器人、传感与行业技术汇集而成的行动能力。美国著名发展心理学家、哈佛大学教授霍华德·加德纳博士指出，人类的智能是多元化而非单一的，主要是由语言智能、数学逻辑智能、空间智能、身体运动智能、音乐智能、人际智能、自我认知智能、自然认知智能八项组成，每个人都拥有不同的智能优势组合。

一般来讲，动物有本能，机器有智能，而人类有智慧。在信息时代，认识信息，就发现了力量；整合信息，就增强了能力；挖掘信息，就产生了智慧；占有信息，就拥有了资源；传播信息，就施展了力量；形成信息流，就形成了支配力。

在 2020 年北京服贸会上，钱七虎院士的报告阐释了智慧与智能的关系。钱七虎院士认为：智慧是对大系统和巨系统而言，例如城市是一个巨系统，包括人、自然和社会等的综合体，所以有智慧城市。建设工程也是一个大系统，包括工程本体、工程环境、工程建设者和运营者的综合体，所以有智慧工程。而智能是对某项技术、某个功能和某种设备单元而言，不是复杂系统，如智能手机、智能传感器等。具体来说，智慧工程的目的就是让作为建造工程系统主体的工程建设者和运营者更聪明。首先，它通过互联网把无处不在的被植入工程本体和周围环境中的智能传感器、固定目标的条形码与二维码，以及实时跟踪移动目标的 GPS 定位单元和无线射频识别单元以及地质超前预报系统连接起来形成物联网，实现对物理工程（工程本体和环境）、工程建设者和设备的全面感知，通过互联网快速传输感知的信息。其次，它利用云计算对海量感知信息进行存储、数据融合、信息安全与统一处理分析，实现网上"数字工程"与物联网的融合。最后，在智慧化平台上运用大数据、人工智能等技术经过一些模型、算法的智能认知、判别等智能分析处理后，对包括超前地质预报、设计方案的修改、施工方案的实施（如盾构推进的操作参数确定等）、预警信息的发布、应急防治方案的实施等做出智能化响应和决策支持的指令，实现智慧服务。

概括来说，智慧工程是对工程建设（掘进、支护等）和运营的机械、设备、围岩环境、人员和技术、材料、后勤保障等进行主动感知和认识、数据传输和融合、自动分析、智能化处理和智能化服务。其本质是安全工程、高效工程、高质工程，也就是绿色工程。工程的数字化、自动化、智能化是智慧工程的基础。

6.1.2 智慧建造的内涵

智慧建造主要体现在以下三个方面：一是"感知"，借助物联网和虚拟现实等技术，起到扩大人的视野、扩展感知能力以及增强人的某部分技能；二是"替代"，借助人工智能技术和机器人等设备，来部分替代人，帮助完成以前无法完成或风险很大的工作；三是"科学决策"，随着大数据和人工智能等技术的不断发展，借助其"类人"的思考能力，最大可能地替代人在建筑生产过程和管理过程的参与，由一部"建造大脑"来指挥和管理智能化或自动化的机具、设备，完成相关的建造工作。

智慧建造强调的是"以人为核心"。这是建筑业的特点所决定的。虽然建筑业和制造业都生产产品，但两个行业的生产环境和产品的特点有所不同。制造业的生产线是固定的，产品是流动的、批量化的，生产环境是在工厂内，重点是生产的机械设备从机械化到自动化再到智能化，目前的重点是机器人等智能设备的应用，正在向无人化发展。而建筑业的生产场所是流动的，产品是固定的、个性化的，生产环境是临时的，由于工程现场的复杂性，建筑业的重点是人的作用：组织、协调、应急处理等。

智能建造是智慧建造的重要组成部分，智慧建造主要任务之一是提高建造过程智能化水平，更多地使用机械化、自动化和智能化设备，逐步实现对人的体力替代，减少对人的依赖，实现少人、经济、安全及优质的建造过程。智慧建造是以人为中心，以智能技术及其相关技术的综合应用为基础。其中，涉及感知，包括物联网、定位、移动终端等技术；涉及传输，包括移动通信、互联网等技术；涉及数据，包括BIM、GIS、大数据等技术；涉及分析，包括仿真、边缘计算、云计算、人工智能等技术；此外，还包括三维激光扫描、三维打印、机器人等技术和设备。通过应用这些技术，智慧建造将具有以下特征：灵敏感知、高速传输、精准识别、快速分析、优化决策、自动控制、替代作业等。

智慧建造是在设计和施工建造过程中，采用现代先进技术手段，通过人机交互、感知、决策、执行和反馈提高品质和效率的工程活动。因此，智慧建造是一项较为复杂的系统工程，其系统性主要体现在以下几点：

1. 智慧建造的具体实践将贯穿于设计、生产和施工的全过程

其中，关于生产环节（主要指部品部件在工厂的生产）的智能化（智慧生产）策略研究将主要包括在工业化建造章节中，本部分不再详述。如果上述某个环节存在缺失，严格意义上应该称作某一个过程的智慧建造。

2. 智慧建造涉及的技术广而全面

技术体系不再局限于传统工地的施工技术和工艺及装备，而是将一些"跨界"技术如信息技术、先进制造技术等成果集成应用到传统的建筑业，并借此来推动"新基建"和"新城建"的创新发展，实现建筑业的转型升级。

3. 智慧建造的实施和推广将带动产业链的协同发展

智慧建造为建设领域带来的变动不仅发生在施工阶段，对于产业链的其他环节，如设计

阶段建立的BIM数据，将延续到后续的施工和运维两个阶段；再如生产阶段的建筑部品和构件的编码，将确保施工中的射频扫码以及维修中的替换等。智慧建造还将有效带动建筑机器人等新型设备的研发使用，包括智慧建造相匹配的产品制造业的提升，以及新型人才培养及产业工人队伍的培育等。

6.1.3　国外智慧建造发展进程

为了抓住新一轮科技革命的历史机遇、实现工程建造的创新发展，抢占数字化先机，发达国家政府及行业企业正在审视工程建造的现实、发现工程建造面临的问题、探索行业发展的数字化未来。美国、英国、德国、日本等发达国家建筑业信息化起步较早，在数据标准、行业规范、基础设施建设等方面已经积累了丰富经验。

自2008年以来，美国不断加强在新型基础设施建设领域的战略部署。先后实施了《美国复苏与再投资法案》《美国国家空间数据基础设施战略规划草案（2014～2016年）》《修复美国地面交通法基建法案》《联邦大数据研发战略计划》《增强联邦政府网络与关键型基础设施网络安全》《美国重建基础设施立法纲要》等战略计划，出台了《网络与信息技术研发计划》《大数据研究计划》《能源制造业系统伙伴关系计划》等具体的实施细则，旨在通过加大新型基础设施建设来摆脱经济危机，提升产业竞争力，实现经济复苏。其中，科技领域新型基础设施建设主要包括下一代能源基础设施、高速互联网、科研基础设施、人工智能、大数据等方面。在行业和企业层面，早在2003年美国总务管理局就发布了国家3D-4D-BIM计划，2006年美国总承包协会发布了《承包商BIM应用指南》，2008年美国建筑师学会颁布了BIM合同条款E202-2008，2016年美国国家建筑科学学会与BuildingSMART联盟合作发布了第三版BIM实施标准。

2011年，英国政府发布了《Government Construction Strategy 2011》（政府工程建设战略2011），开始在政府工程中推进BIM技术应用。这份文件非常重视装配式建筑构件生产标准化、工程合同形式标准化、资格预审流程标准化以及建筑信息模型（BIM）使用标准化等。2013年7月，英国政府公布了《Construction 2025》（《建造2025》）报告，这份国家战略文件致力于联合行业和政府制定长远目标和具体措施，从而使英国建造业处于全球领先地位，提出"通过BIM等技术应用，实现降低建造和运营全生命期成本33%、缩短从概念开始的工程建设的总体交付时间50%、减少碳排放50%、降低建筑材料和产品进出口逆差50%的目标"。2016年，英国内阁办公室和财政部基础设施管理局（Infrastructure & Project Authority，IPA）联合发布了政府工程建设战略的第二个版本《Government Construction Strategy 2016—2020》（《政府工程建设战略》），制订了下一步推进BIM等技术应用的策略，设置了新的战略目标，包括：更智能的采购、更公平的支付、提升数字技术、减少碳排放和提升企业能力。2015年推出《Digital Built Britain》（《数字建造英伦》）计划，并于2017年成立了数字建造不列颠中心（CDBB-Centre for Digital Built Britain），领导英国下一阶段的建筑业数字化发展工作。英国计划在接下来的十年中，将BIM与物联网、大数据等相结合，降低建设成本和提升运营效率，并且鲜明提出要实现英国BIM level2向BIM level3的转变。

在日本，随着建设领域信息化的进程，制定了CAD数据交换标准（SXF）、电子数据提交标准、施工资料电子提交标准、设计咨询资料电子提交标准等一系列标准，形成了比较完善的标准体系。2015年，日本内阁会议通过了新的《日本再兴战略》，明确提出要以物联网、大数据和人工智能为支撑，推进以人为本的"生产力革命"。日本内阁在《第五个科学技术基本计划（2016~2020）》中，提出高度融合网络空间（虚拟空间）和物理空间（真实空间）的系统，均衡经济发展和社会问题，实现以人为本的未来社会Society 5.0。日本国土交通省在建设工地实施的"ICT土木工程"（I-Construction），目标是到2025年生产率提升20%，内因安全事故降为0，到2030年实现建筑生产与三维数据全面融合。

2015年，德国联邦交通与数字基础设施部发布了《数字化设计与建造发展路线图》，核心措施逐步采用BIM，持续提高工程设计精确度和成本确定性，不断优化工程全寿命期成本绩效，并保证各项决议得到有效落实。德国的联邦铁路公司也发布了与《工业4.0战略》相对应的《铁路4.0战略》，明确了铁路数字化发展举措，建立智能化铁路运营系统，形成以客户为中心的服务系统，营造创新驱动型文化氛围。

国外主要技术发展政策如表6-1所示。

国外主要的政策与战略部署　　　　　　表6-1

政策名称	实施时间	发布部门	主要内容
《美国国家空间数据基础设施战略规划草案（2014~2016年）》	2013年7月	美国联邦地理数据委员会（FGDC）	国家地理空间数据库，云计算，新移动地理空间传感器平台等
《修复美国地面交通法基建法案》	2015年12月	美国国会参众两院	基础设施修复技术
《联邦大数据研发战略计划》	2016年5月	美国联邦政府	加强科研网络基础设施建设，包括芯片、高性能算、云计算等，数据集本身、通用计算工具、标准制定等
《增强联邦政府网络与关键型基础设施网络安全》	2017年5月	美国联邦政府	电力传输线，铁路桥，网络，关键技术专利，能源技术，关键材料技术等
《美国重建基础设施立法纲要》	2018年2月	美国联邦政府	生物能、氢能、太阳能基础设施、SG通信站，自动驾驶基础设施，无人机设备运输系统，模块化基础设施等
《建造2025》	2013年7月	英国政府	联合行业和政府制定长远目标和具体措施，将英国建造业建设成为全球领先地位
《数字建造英伦》	2015年	英国政府	计划在接下来的十年中将BIM与物联网、大数据等相结合，降低建设成本和提升运营效率；提出要实现英国BIM level2向BIM level3的转变
I-Construction（ICT土木工程）	2015年	日本国土交通省	在施工现场采用无人机进行多次测量，用ICT控制机械进行施工，实现高速且高品质的建筑作业；采用更加先进的计划管理系统，使得施工周期可控，同时分散周期排序，减少繁忙期和闲散期
Society 5.0《第五个科学技术基本计划（2016~2020）》	2015年	日本内阁府	通过高度融合网络空间（虚拟空间）和物理空间（真实空间）的系统，平衡经济发展、解决社会问题

续表

政策名称	实施时间	发布部门	主要内容
《数字化设计与建造发展路线图》	2015年	德国联邦交通与数字基础设施部	对工程建造领域的数字化设计、施工和运营的变革路径进行了描述，核心措施逐步采用BIM，持续提高工程设计精确度和成本确定性，不断优化工程全寿命期成本绩效，并保证各项决议得到有效落实
《铁路4.0战略》	2017年	德国的联邦铁路公司	与德国《工业4.0战略》相对应的，明确了铁路数字化发展举措，建立智能化铁路运营系统，形成以客户为中心的服务系统，营造创新驱动型文化氛围

6.1.4　国内智慧建造发展进程和主要问题

在建筑工程领域，我国也有相应的推动信息化发展的分阶段、分层次的技术政策，促进我国建筑工程技术的更新换代和管理水平的提升。

作为行业主管部门的住房城乡建设部，于2003年发布了第一份推进行业信息技术应用的技术政策文件《2003—2008年全国建筑业信息化发展规划纲要》（建质〔2003〕217号），之后又陆续发布了《2011—2015年建筑业信息化发展纲要》（建质〔2011〕67号）、《关于推进建筑信息模型应用的指导意见》（建质函〔2015〕159号）、《2016—2020年建筑业信息化发展纲要》（建质函〔2016〕183号）。《2016—2020年建筑业信息化发展纲要》明确了我国建筑业信息化"十三五"发展目标，提出"十三五"期间要：全面提高建筑业信息化水平，着力增强BIM、大数据、智能化、移动通信、云计算、物联网等信息技术集成应用能力，建筑业数字化、网络化、智能化取得突破性进展；初步建成一体化行业监管和服务平台，数据资源利用水平和信息服务能力明显提升；形成一批具有较强信息技术创新能力和信息化达到国际先进水平的建筑企业及具有关键自主知识产权的建筑信息技术企业。

在国家层面，党中央、国务院颁布了一系列推动信息技术发展的政策文件，主要有《国家信息化发展战略纲要》（2016年7月中共中央办公厅、国务院办公厅印发）、《关于积极推进"互联网+"行动的指导意见》（国发〔2015〕40号）、《关于推进物联网有序健康发展的指导意见》（国发〔2013〕7号）、《关于促进云计算创新发展培育信息产业新业态的意见》（国发〔2015〕5号）、《关于印发促进大数据发展行动纲要的通知》（国发〔2015〕50号）、《政府信息资源共享管理暂行办法》（国发〔2016〕51号）、《关于印发新一代人工智能发展规划的通知》（国发〔2017〕35号）等。2017年，国务院办公厅发布《国务院办公厅关于促进建筑业持续健康发展的意见》（国办发〔2017〕19号），提出要求加快推进建筑信息模型（BIM）技术在规划、勘察、设计、施工和运营维护全过程的集成应用，实现工程建设项目全寿命期数据共享和信息化管理，为项目方案优化和科学决策提供依据，促进建筑业提质增效。

行业技术政策的不断推进，有效推动了我国建筑行业信息化发展。可以说"十三五"是我国智慧建造发展的起步阶段，智慧建造技术及其产业化发展迅速。然而，相比之下，我国的智慧建造技术依旧存在制约快速发展的突出矛盾和问题，主要表现在以下几个方面：

1. 尚未建立起智慧建造领域标准体系

因为智慧建造尚属于较新的概念，目前冠名以"智慧建造"的相关标准还没有，相应我国智慧建造标准体系也没有建立起来。已经颁布实施的和"智慧建造"有关的标准一般集中于具体的技术领域，例如各类BIM开发和应用标准、智慧工地建设技术标准等相对成熟的国标和地标，也包括《建筑物移动通信（5G）基础设施建设标准》（DBJ04/T 406—2020，山西省）、《建筑墙体施工机器人》（Q/STC 0010—2015，深圳市特辰科技股份有限公司）等具体技术领域颁布的地方标准和企业标准。标准体系，对于技术体系的开发和应用体系的实施，起到了承上启下的作用。一方面，技术标准将对技术的实践给予各种规定和要求；另一方面，评价标准又可针对应用体系的实施情况做出评估判断。

2. 基础研究能力相对不足，对引进技术的消化吸收力度不够，原始创新匮乏

我国智慧建造的发展侧重技术追踪和技术引进，而基础研究能力相对不足，对引进技术的消化吸收力度不够，原始创新匮乏，先进技术重点前沿领域发展滞后，基础软件和关键技术环节薄弱，技术体系不够完整，基础软件等卡脖子的问题没有得到根本解决。

以BIM技术研究与应用为例，作为BIM的发源地，美国的BIM研究与应用一直处于国际引领地位。目前，国际认可的主要理论体系均来自美国，国际上核心的BIM基础软件平台也是以美国软件为主，从调查结果来看，由于起步较早，美国企业的BIM软件的基础图形系统已经形成了比较成熟的上下游应用生态圈和丰富的工具链体系。如：Autodesk AutoCAD是传统PC端的二维图形平台，占据目前建筑行业信息技术应用的主要市场；Autodesk Revit是PC端的三维应用平台，占据目前工业与民用建筑工程BIM应用的主要市场；Autodesk Forge是基于互联网三维应用的PaaS平台，是其BIM 360、Fusion 360等云产品的基础平台；Bentley MicroStation是PC端的三维应用平台，是Bentley公司20多款软件的基础图形平台，在基础设施领域具有较大影响力；Dassault 3D EXPERIENCE是基于互联网的三维应用平台，是其三维设计CATIA、项目管理平台ENOVIA、模拟仿真软件DELMIA的基础平台，Dassault正在凭借这个软件进入建筑高端应用市场。

在BIM基础软件平台方面，Autodesk公司、Bentley公司、Dassault公司产品基本垄断了中国建筑业的BIM平台和核心应用市场，国内软件厂商由于受制于巨头厂商形成的生态锁定也限于自身技术能力，主要提供二次开发应用、边缘小型应用或者本地化特色强烈的应用软件。

3. 推广"两化"融合程度相对较低，缺乏实证数据支持理论深化

智慧建造技术是以信息技术、自动化技术与先进建造技术全面结合为基础的。而我国建造业的"两化"融合程度相对较低，低端CAD软件和企业管理软件得到很好的普及，但是应用于各类复杂产品设计和企业管理的智能化高端软件产品缺失，在计算机辅助设计、资源计划软件、电子商务等关键技术领域与发达国家差距依然较大。

智慧建造研究领域涉及经济学、管理学、制造科学、信息科学等多个学科。建筑业数字化、智慧化是一个复杂、系统的转型过程，同时也是多学科相互交叉、深度融合的过程，但目前国内学者对智慧建造交叉领域的相关问题，如智能化管理、智能化服务、智能化过程中

人的因素等研究较少或仍是空白。

当前，国内智慧建造的研究大多数是对国外经验的借鉴性研究和一般性的归纳总结研究，且大多集中于理论探讨，缺乏实证数据的支持。另外，对相关现象的分析目前还基本停留在问题描述和对策建议层次上，由于缺少实证数据、实践经验的支持，使得所提的对策建议较为宏观，现实针对性不强。因此，在今后的研究中，国内学者应根据建筑业的产业特性，通过企业调研、实地访谈、问卷调查等方式深入了解智慧建造的发展现状，并运用数理统计学和经济计量学方法对智慧建造的模式、路径、影响因素等进行实证研究，为进一步剖析和解决智慧建造领域相关问题提供更加科学的依据。

4. 相关政策引导还需加强

新技术的普及应用，需要技术政策的引导和支持。金融危机以来，工业化发达国家纷纷将包括智能化建造技术在内的先进建造业发展上升为国家战略。尽管我国也一直重视智能化技术的发展，及时发布了《智能建造装备产业"十二五"发展规划》和《智能制造科技发展"十二五"专项规划》，但智慧建造的总体发展战略依然尚待明确，技术路线图还不清晰，国家层面对智慧建造发展的协调和管理尚待完善。

2020年7月3日，住房城乡建设部等十三个部委联合发文《关于推动智能建造与建筑工业化协同发展的指导意见》（建市〔2020〕60号）是目前针对智慧建造最清晰的中长期发展战略。文件提出，到2025年，我国智能建造与建筑工业化协同发展的政策体系和产业体系基本建立，建筑工业化、数字化、智能化水平显著提高，建筑产业互联网平台初步建立，产业基础、技术装备、科技创新能力以及建筑安全质量水平全面提升，劳动生产率明显提高，能源资源消耗及污染排放大幅下降，环境保护效应显著。推动形成一批智能建造龙头企业，引领并带动广大中小企业向智能建造转型升级，打造"中国建造"升级版。到2035年，我国智能建造与建筑工业化协同发展取得显著进展，企业创新能力大幅提升，产业整体优势明显增强，"中国建造"核心竞争力世界领先，建筑工业化全面实现，迈入智能建造世界强国行列。

6.2 智慧建造支撑技术

从前文对智慧建造概念的阐述可知，智慧建造技术是一种以BIM技术为核心的集成技术，需要BIM技术与物联网、云计算、大数据、5G通信等新一代信息技术的集成应用，才可支撑和引导绿色建造和工业化建造的实施。图6-1是目前以BIM为基础的部分智慧建造技术集成的简化示意，BIM代表的工程数字化技术处于核心地位，其有效实施是实现数据积累、沉淀与高效应用的基础，而物联网、云计算、大数据、5G通信等新一代信息技术引

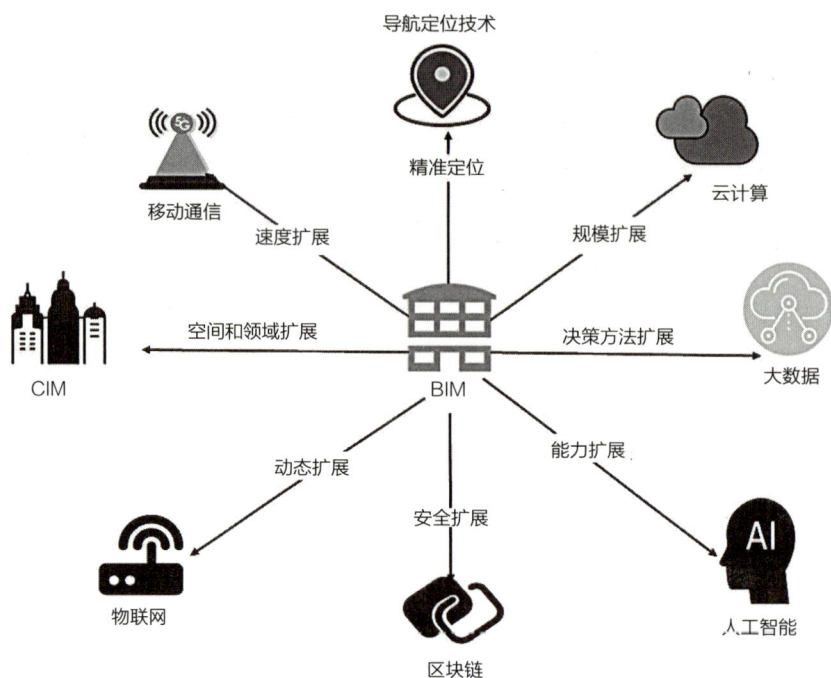

图6-1 智慧建造技术集成

入、融合,根本目的是为BIM数据的积累、管理与应用提供了更加高效快捷的手段,充分体现行业信息化的价值。

6.2.1 BIM技术

建筑信息模型(BIM)概念是在2002年产生于美国。在2007年美国发布的第一版BIM标准中给出了BIM的定义,其英文表达是"Building Information Model",是工程项目物理和功能特性的数字化表达,是工程项目信息可以分享的知识资源,为其全生命期的各种决策构成可靠的基础。随着研究与应用的深入,美国在2015年发布了第三版BIM标准,重新给出了BIM的定义,其英文表达包括三个方面"Building Information Model,Building Information Modeling,Building Information Management",简称仍为BIM。在我国2017年发布的《建筑信息模型应用统一标准》GB/T 51212中,综合了美国第三版BIM标准的三方面含义,给出了如下定义:在建设工程及设施全生命期内,对其物理和功能特性进行数字化表达,并依此进行设计、施工、运营的过程和结果的总称。其英文表达为"Building Information Model and/or Building Information Modeling"。

BIM是工程项目信息的载体。一方面,BIM以三维几何模型为基础,便于应用计算机直接进行分析计算和表达,是建筑业大数据的重要组成部分;另一方面,城市房屋建筑与道路、桥梁、地下管网等基础设施的BIM模型是城市建设数据的全面表达,BIM也是CIM

（City Information Model）和智慧城市的数据基础。

BIM是一种应用于工程设计、建造、管理的数据化工具，通过对建筑的数据化、信息化模型整合，在项目策划、运行和维护的全生命周期过程中进行共享和传递，使工程技术人员对各种建筑信息做出正确理解和高效应对，为设计团队以及包括建筑、运营单位在内的各方建设主体提供协同工作的基础，在提高生产效率、节约成本和缩短工期方面发挥重要作用。

BIM技术已成为推动建筑行业转型升级的关键技术，是从数字建造、智能建造到智慧建造和智慧城市的重要基础技术，是提升建筑企业核心竞争力的重要技术手段，其普及应用对推进建筑业转型升级意义重大。BIM作为建筑业前沿信息化技术手段，是建筑行业和信息技术融合的主要方式之一。一方面，它可以极大地改善和升级建筑业行为模式和管理方式，加速工程建设逐步向工业化、标准化和集约化方向发展；另一方面，它可以在提高生产效率、节约成本和缩短工期方面发挥重要作用，推动工程建造向更加精益、可持续的方向发展，成为"信息技术改造与提升传统建筑业"不可或缺的组成部分，并将长期深入促进建筑业全产业链各环节的技术模式和管理模式变革。

BIM技术的普及应用会带来巨大的经济效益和社会效益。2018年3月，普华永道发布名为《BIM Level 2 Benefits Measurement》（《BIM Level 2效益计量》）的研究报告，这也是全球第一份系统计量BIM应用效益的文档资料。报告显示，在公共基础设施和公共建筑领域，BIM Level 2全生命期效益为1.5%～3%。其中，建设阶段效益为0.6%～1.2%，运维阶段为0.9%～1.8%。我国没有具体的效益统计数据，但BIM应用已经为企业带来巨大经济效益，例如北京某超高层项目总承包BIM应用，为业主获得超过10亿元的额外收益。

当前，BIM在各国建筑领域所发挥的作用正日益显现，虽然BIM应用还未到全面普及阶段，但是认识并发展BIM、实现行业的信息化升级转型，已成必然趋势。BIM的价值主要体现在以下几个方面：

1. 实现建筑全寿命期的信息共享

BIM技术有力地支持建设项目信息在规划、设计、建造和运行维护全过程充分共享、高效传递，从而使建筑全生命期信息得到更有效的管理。应用BIM技术可以使建设项目的所有参与方（包括政府主管部门、业主、设计团队、施工单位、建筑运营部门等）在项目从概念产生到完全拆除的整个生命期内都能够在模型中操作信息和在信息中操作模型，进而协同工作。改变了过去依靠符号文字形式表达的蓝图进行项目建设和运营管理的模式，提升信息共享效率，促进了精细化管理。

2. 成为可持续建造的有效工具

BIM技术有力地支持建设项目安全、美观、舒适、经济，以及节能、节水、节地、节材、环境保护等多方面的分析和模拟，促进建设项目全生命期内全方位的可预测、可控制。例如，利用BIM可以将设计结果自动导入建筑节能分析软件中进行能耗分析，或导入虚拟施工软件进行虚拟施工，避免重复建模。又如，利用BIM可以直观地展示设计结果或施工细节，对施工过程进行仿真，反映实际过程中的偶然性，增加施工过程的可控性。

3. 促进建筑业生产方式转变

BIM技术有力地支持了设计与施工一体化过程，大量减少了工程中"错、缺、漏、碰"现象的发生，进而减少建筑全生命期的浪费，带来巨大的经济和社会效益。例如：英国机场管理局利用BIM技术削减希思罗5号航站楼百分之十的建造费用。又如，美国斯坦福大学CIFE中心总结的BIM优势：消除40%预算外更改；造价估算控制在3%精确度范围内；造价估算耗费的时间缩短80%；通过发现和解决冲突，将合同价格降低10%；项目工期缩短7%，及早实现投资回报。所有这些都意味着BIM促进建筑业生产方式转变的可能性。

4. 促进建筑行业工业化发展

从横向比较，制造业的生产效率和质量在近半个世纪得到突飞猛进的发展，生产成本大大降低，其中一个非常重要的因素就是以三维设计为核心的PDM/PLM（Product Data Management产品数据管理，Product Lifecycle Management产品生命周期管理）技术的普及应用。建设项目本质上都是工业化制造和现场施工安装结合的产物，提高工业化制造在建设项目中的比重，是建筑行业工业化的发展方向和目标。工业化建造至少要经过设计制图、工厂制造、运输储存、现场装配等主要环节，其中任何一个环节出现问题都会导致工期延误和成本上升，例如：图纸不准确导致现场无法装配。BIM技术不仅为建筑行业工业化解决了信息创建、管理、传递的问题，而且BIM三维模型、装配模拟、采购制造运输存放安装的全程跟踪等手段为工业化建造的普及提供了技术保障。建筑工业化还为自动化生产加工奠定了基础，能够提高产品质量和效率，例如：对于复杂钢结构，可以利用BIM模型数据和数控机床的自动集成，完成传统"二维图纸-深化图纸-加工制造"流程中费时费工、容易出错的下料工作。BIM技术的产业化应用将大大有利于推动和加快建筑行业工业化进程。

5. 促进建筑产业链整合，提高行业竞争力

工程项目产业链包括建设方、勘察设计、总承包、专业分包、设备材料供应商等，一般项目都有数十个参与方，大型项目的参与方可以达到上百个甚至更多。二维图纸作为产业链成员之间传递沟通信息的载体已经使用了几百年，其弊端也随着项目复杂性和市场竞争的日益加大变得越来越明显。近几年来，在各国政府推动、市场需求、企业参与、行业助力和社会关注下，BIM成为打通产业链和提升行业竞争力的一项关键技术和手段。

目前，我国BIM技术应用和推广还存在若干问题。2020年的调研表明（见图6-2），缺乏BIM人才已经连续四年成为大多企业共同面临的最核心问题，在今年的统计中其占比达到了57.02%；排在第二位的阻碍因素是企业缺乏BIM实施的经验和方法（占39.21%）、项目人员对BIM应用实施不够积极（占29.75%）超过BIM标准不够健全（占23.74%）上升为第三阻碍因素。

6.2.2　CIM技术

城市信息模型（CIM，City Information Modeling）的概念最早由瑞典查尔姆斯理工大学的吉尔于2011年提出，CIM以BIM、地理信息系统（GIS）、物联网（IoT）等技术为基础，

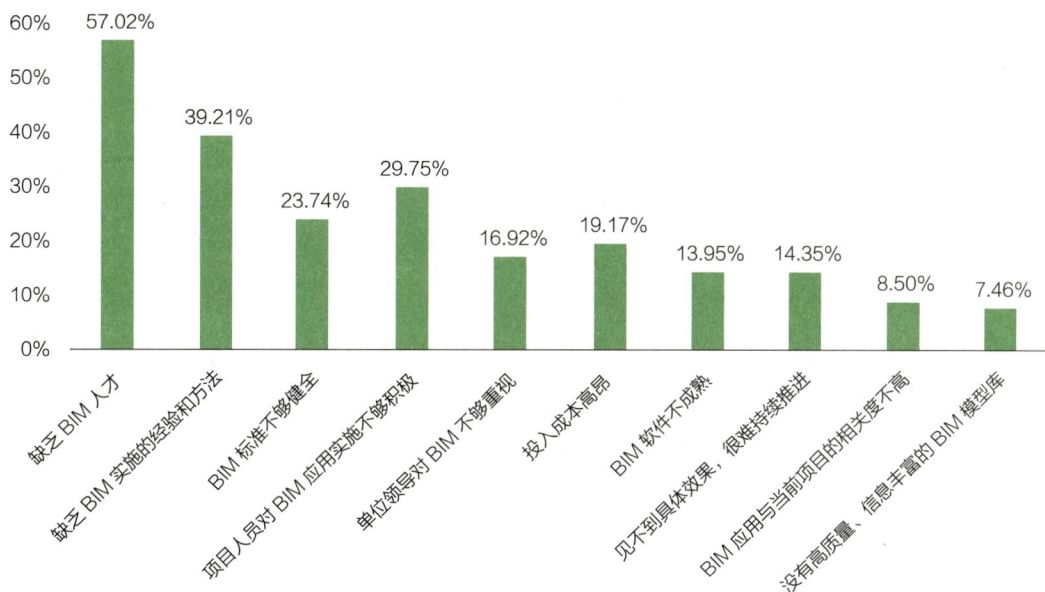

图6-2　实施BIM中遇到的阻碍因素

整合城市地上地下、室内室外、历史现状未来多维多尺度信息模型数据和城市感知数据，构建起三维数字空间的城市信息有机综合体。CIM是由BIM向城市级转变，并结合GIS技术的综合平台，可以用于存储、定位、处理两者（BIM & GIS）的数据信息。CIM将BIM的作用对象从建筑物（Building）扩大到了城市（City）。

CIM平台是CIM技术应用的集中体现，它基于云计算、计算机图形学、人工智能等技术搭建，在城市基础地理信息的基础上，建立建筑物、基础设施等三维数字模型，成为表达和管理城市三维空间的基础平台，是城市规划、建设、管理、运行工作的基础性操作平台，是智慧城市的基础性、关键性和实体性信息基础设施。

CIM平台具有多源、融通、快速、逼真四大特点。首先，解决了多源异构数据的接入与融合问题，支持数据种类多，包括矢量、影像、高程、点云、倾斜摄影等地信数据，支持Revit、Tekla、MicroStation等多种类型BIM数据，以及其他常用商业三维数据格式，能够实现地上/地下、室内/室外全景浏览，实现现实世界的数字孪生；其次，可以智能多维分析处理城市运营数据，通过搭建城市数据基座，构建城市CIM数据底板，支撑城市智慧运营，打通数据链路，实现多源数据的应用和分析；三是可以实现城市三维场景的分级分类，适配不同应用模型精度，解决海量、全空间大体量城市空间数据加载速度受限的难题，实现城市级三维模型加载浏览秒级响应；四是基于高效渲染引擎，打造影视级城市三维场景，集宏观微观、地上地下、室内室外一体化的全景城市空间，实现全要素高保真渲染、多模式可视化交互。

因此，打造具有自主知识产权、适合我国国情的CIM基础平台，将是传统建筑业向智慧化转型的核心支撑，也将是一个巨大的产业和创投方向。

CIM平台数据应用能够揭示传统技术方式难以展现的关联关系，近年来"用数据说话、用数据决策、用数据管理、用数据创新"的共识逐步达成。在推进"互联网+政务服务"工作过程中，各级政府正加快推进政务大数据的应用，提高社会治理的精准性和有效性，提升政府宏观调控、风险防范能力、政府数据资产的管理能力和城市科学化管理水平。CIM平台将在建设与社会主义市场经济体制和中国特色社会主义事业发展相适应的法治政府、创新政府、廉洁政府和服务型政府的过程中发挥重要作用。

1. 提升政府数据资产治理能力

随着信息技术的高速发展，逐步实现数据与产业、经济、社会、文化的深度融合，城市数据已经作为一种新兴的战略性资源登上了历史舞台。一个城市拥有数据的规模、开发运用能力将成为城市综合竞争力的重要组成部分。因此，对于城市数据资产的全面掌握与监管成为一项非常重要的工程。

要实现城市数据资产的全面掌握与监管就必须先对辖区的信息资源进行梳理，"摸清家底"，做到"心中有数"。应该用元数据描述城市信息资源的主要特征，并以信息资源目录的方式呈现，通过信息资源目录的编辑，让城市数据拥有者直观清晰地掌握所拥有的城市信息资源。城市数据使用者也可以通过目录发现自己所需要的数据现状，并发出需求申请。CIM平台数据建设，信息资源目录是资产管理的关键数据，是管理核心，是CIM平台数据使用者和拥有者之间沟通的主要桥梁。

2. 推进政务数据共享开放体系的建设

CIM平台数据资产的全面管理可以有效推进政务数据共享开放体系的建设速度。国家发展改革委印发的《"十三五"国家政务信息化工程建设规划》(以下简称《规划》)中明确提出了构建形成大平台共享、大数据慧治、大系统共治的顶层设计，建成全国一体化的国家大数据中心，有力促进网络强国建设的一体化设想，这是我国政务信息化发展的必然要求。《规划》突出了基于政务信息资源目录、共享开放和服务平台，有效推进政务数据共享开放和服务的客观需求。

按照"谁主管，谁提供，谁负责""谁经手，谁使用，谁管理，谁负责"的原则，应明确CIM平台数据共享开放和服务的主管机制、提供机制、使用机制和管理机制等。按照制定CIM平台数据共享开放和服务的目录清单、推动CIM平台数据共享开放和开展相关数据大普查的要求，明确CIM平台数据共享开放和服务的牵头部门、提供部门和使用部门的职责，形成国家统筹、部际协调、部门统一的工作局面；按照CIM平台数据共享开放的财政、审计、纪检监督等部门的考核机制，对于CIM平台数据共享开放和服务好的部门予以奖励，对于工作拖沓、作风疲软甚至拒不执行共享开放和服务的部门予以问责。

3. 提升城市智能运营管理能力

越来越多的城市面临环境污染、交通拥堵、房价虚高、管理粗放、应急迟缓等问题，这些"城市病"给市民工作和生活带来了许多不便，降低了人们的幸福感。但随着物联网、大数据和云计算技术的发展和成熟，为治疗"城市病"带来了机遇，从社交媒体到交通流量，从产业大数据到工业经济运行质态监测与分析，从人的移动性到外来人口管理，从工业排放到环境治理等，依托大数据分析，实现城市的人、地、产业、资源等的优化配置。科学开展城市规划、建设、运行、管理、治理、管控和服务等已经成为构建城市智能运营管理体系的一种必然趋势。

CIM平台数据的建设和发展促进了城市智能化管理体系的建设速度，通过构建一个城市智能运营中心（IOC），依托一套城市综合的数据融合体系、一套城市数据标准规范和统一的城市大数据支撑平台的建立，实现跨部门、异构数据的采集、管理、共享、分析、建模和展示，提供数据跨域共享、数据挖掘和城市运行体征的综合服务，提高城市"综合性"问题的解决能力。通过一个开放的体系架构、一套天地一体的城市服务网格和一个高效的城市运行中心的建立，实现"网格大巡查、数据大智慧、政府大服务、政府大治理、公众大参与"的新型城市服务应用生态，解决跨部门城市事件和城市业务协同"联动"的问题。

通过CIM平台大数据的分析与建模，实现城市运行体征监测、城市空间布局与资源承载优化、工业经济运行质态监控与宏观分析、城市资产全生命周期管理、人口分析与民生服务、环境监测与应急处置等"综合性"功能，为城市管理者提供辅助决策和科学治理的依据。通过政务数据开放和数据服务，实现政务办理、社会事务、市场监管、社会综治等服务，打造"互联网+"政务、信息惠民等城市服务新业态。

4. 提高政务服务和管理能级

随着国家大数据战略的推进和大数据应用的深化，政府为民服务的大数据时代已经来临。对政府公共服务而言，大数据之"大"，不仅仅在于其容量之大、类型之多，更为重要的意义在于用数据创造更大的公共价值，提升政府网上服务能力，形成政民融合、互动的"互联网+政务服务"新格局。2016年4月发布的《国务院办公厅关于转发国家发展改革委等部门推进"互联网+政务服务"开展信息惠民试点实施方案的通知》（国办发〔2016〕23号）针对困扰基层群众的"办证多、办事难"等问题，提出了以实现"一号一窗一网"为目标的"互联网+政务服务"新模式。而"一号一窗一网"的关键就在于利用大数据技术和方法创新政府网络服务模式，有效整合、开放共享和深化利用政务服务大数据，为公众提供个性化、精准化便捷服务。

优化政务服务大数据应用，基于CIM平台数据创新网络服务模式，从"供给端"和"需求端"两个方面做好政务服务大数据应用工作。积极运用CIM平台数据手段推动政府监管模式转型，强化事中事后监管，进一步优化政务服务供给机制；利用CIM平台数据的精准性和服务体验，对基础数据、既有建筑模型数据、建设工程模式数据、公共服务和基础设施模型数据、市政设施数据等数据资源进行整合，充分利用大数据技术对跨领域、跨渠道的多元数据展开分析挖掘，全面掌握城市建设和运行的行为特征和规律，深入了解城市的服务需求，从而根据用户需求和体验来优化城市服务资源配置，丰富服务内容，改进服务方式，为用户提供个性化、精准化的服务，变"被动服务"为"主动服务"，不断提升政务服务水平和群众满意度。

5. 提高政府资金使用效率

由于我国的城市综合建设和治理制度建立时间不长，制度本身又是采取分人群设计、分部门管理、分地区实施，同时各部门大多实行封闭监管模式，彼此之间管理信息不能有效共享，数据传递不及时，信息相互有出入，造成城市建设和治理管理协调难度加大，信息共享不足导致资金使用效率不高。面对这些问题，CIM平台数据的深入应用在信息采集、信息资源利用、跨地域统一管理等方面有效地提高了资金使用效率。

（1）CIM平台提高数据采集效率

通过CIM平台数据共享平台的建设，原本存在于不同部门的信息比对将成为可能，对数据的加密脱敏技术，将解决出于信息保密原因造成的信息共享困难，国家和各省市各级政务大数据中心将有序归集CIM平台数据资源，解决由于信息系统建设权属和数据存储方式造成的共享难题，从根本上解决CIM平台数据的有效采集。

（2）CIM平台解决数据资源利用难题

利用多源异构数据处理技术，不同部门采集的数据不一致，数据源存储格式不一的政务信息资源都可以得到共享。同时，来自各部门、各专业系统的城市数据可以得到良好的比对和识别，基础地理信息、地名地址信息、调查和登记信息等不同来源的数据信息可以分别储存、统合使用。数据的比对和分析，可以彻底解决因为信息分散而导致的问题，切实提高资金的使用效率。

（3）CIM平台解决跨地域水平差异问题

目前，我国的城市综合建设和治理制度的区域性差异性大，导致各地建设和管理水平差异大，重复性投入大，浪费大量财政经费等问题。CIM平台的应用将有助于利用信息化手段消除跨地区的建设和管理水平差异，完善社会整体城市建设和管理能力；同时，CIM平台数据将有助于建立城市建设的数字画像，突出显示城市建设和管理的短板，解决跨地域重复建设和效果不佳的问题。

6.2.3 4G/5G移动通信技术

移动通信技术经过第一代、第二代、第三代、第四代技术的发展，目前已迈入了第五代发展的时代（5G移动通信技术），这也是目前改变世界的核心技术之一。从1G到2G，实现了模拟通信到数字通信的过渡，降低了应用成本，使移动通信走进千家万户。从2G到3G、4G，实现了语音业务到数据业务的转变、窄带通信到宽带通信的跃升，促进了移动互联网的全面普及和繁荣发展。5G具备超高带宽、超低时延、超大规模连接数密度的移动接入能力，其性能远远优于4G，服务对象从人与人通信拓展到人与物、物与物通信，不仅是量的提升，更是质的飞跃。4G已经改变了人们的生活，5G将改变产业和社会。

4G/5G通信技术是重要的基础设施，为智慧建造技术的融合、数据传输搭建了高速通行的桥梁，加速建筑工程的数据流转、文件传输与协同工作。相较于以往的移动通信技术而言，5G具有高速率、大带宽、低功耗、低时延、广连接、高可靠等特性。据IMT-2020（5G）推进组研究，5G将具备比4G更高的性能，支持0.1～1Gbps的用户体验速率，每平方公里一百万的连接数密度，毫秒级的端到端时延，每平方公里数十Tbsps的流量密度，每小时500km以上的移动性和数十Gbps的峰值速率。其中，用户体验速率、连接数密度和时延为5G最基本的三个性能指标。同时，5G还大幅提高网络部署和运营的效率，相比4G，频谱效率提升5～15倍，能效和成本效率提升百倍以上。5G未来将渗透到社会的各个领域，拉近万物的距离，使信息突破时空限制，提供极佳的交互体验，最终实现"信息随心至，万物触手及"。更重要的是，5G技术将伴随AI、人工智能、云计算、大数据等高精新技术协同发展，实现万物感知、万物互联、万物智能，推动智慧建造产业发展，推动全产业链创新融合发展，引领一场新的网络革命，不仅是建筑业，给各行各业都将带来全新的发展机遇。

随着5G全面商用化的到来为建筑业数字化转型升级提供了技术基础，工地现场万物互联，使得海量的工程项目数据能够实时传递，支撑实现数字化作业、系统化管理和智能化决策。基于5G技术在建筑业的应用场景，我们做了一些分析与构想。

1. 5G网络下的智慧监控技术应用

智慧监控技术基于智能硬件设施，可以对工地各区的关键要害部位、重点区域等现场情况进行24h实时监控。对每个进入监视区域的进入时间、离开时间以及在监视区的活动情况都会有清晰的显示。因此，智慧监控技术可广泛应用于施工现场安全管理。

5G网络下的智慧监控可应用于项目现场周界入侵识别分析及预警，通过识别靠近危险区域的人员是否有靠近行为，通过声光传感实时发出预警警报，避免施工人员进入危险区域造成人身伤害，特别是深基坑周边、临边洞口等特定区域。

另外，现场明火预防也是现场管理中非常重要的环节，特别是很多施工作业区域无法安装烟感报警。借助智慧监控技术，可对监控区域内画面的火焰以及工人违规吸烟进行识别与报警，同时将报警信息快照和报警视频存档。通过此项技术能及时发现现场灾情隐患，一经发现，异常情况通知到相关人员后可立即采取相应措施，做到未雨绸缪，防患于未然。

从项目管理角度来看，应用基于5G的智慧监控技术，可通过多个终端第一时间了解建筑工地现场的实时情况，发现隐患及时消除，发现问题即刻整改，做到事前预防、事中管控、事后追溯。出现异常状况和突发事件时，可以及时报警，提醒管理人员及时处理，保障工程实施质量和人员安全。

从企业管理角度来看，应用智慧监控可以远程对全国各个地区下属建筑工地进行统一管理，消耗人力频繁去现场监管、检查的现状得以改善。同时，传输速率的大幅增加便于企业建设统一的可视化工地系统，实现集约化管理，降低管理成本。

从监管角度来看，借助于智慧监控技术，可实时检查建筑工地的安全防范措施是否到位。对于发现的施工过程中安全防范措施不到位的地方，可以第一时间通知施工单位现场整改，并及时检查整改效果，真正做到过程管理。

2. 5G网络下的高频扫描技术应用

在工程项目中有大量的工程机械设备，比如挖掘机、吊机、塔式起重机等，同时施工现场属于劳动密集型区域，人员情况相对复杂。工地的工人与各类型设备在同一个环境下共同作业，一旦某一个环节和要素发生了异常，很可能导致一场损失惨重的事故。在项目管理的过程中，既需要每时每刻掌握和了解现场生产要素的状态，还要拥有发生事故后快速对现场人员施救和财产挽回的能力。

例如，在高大模板支护工程中，将位移传感器、压力传感器等传感设备布置到关键应力节点上，通过无线信号传输给系统平台和其他警报设备。高频的扫描技术，能够更加细致地找出其中的蛛丝马迹。原来每一秒输出的信息，被更多细节连接在一起，这些信息在经过处理器分析后，就可以更早发现存在的安全隐患，更快做出事故前的预警。

作为施工现场重要的起重机械，塔式起重机在自然使用过程中，各个参数是在不断变化的，如何在这些变化中发现异常，就需要高频地扫描各个传感器的数据，形成近乎无损的数据。海量的数据利用云端的强大算力，加之人工智能的分析，可以实现在危险将要显现之前给出警示，同时暂停机械设备的一切动作，报告相关人员前来检查确认（图6-3）。

可以肯定，今后在建筑行业，会有非常多的业务场景需要用到高频扫描的技术以达到最优的监测和警报效果。高频扫描因扫描频率的提升，必然会产生海量的数据流，这些数据流是提供给人工智能进行判断分析的必要资料。但是因为以往在3G、4G网络条件下，网络稳定性和带宽都无法实现高频扫描，导致整个传递过程耗时5s左右，无法实现有效预警。

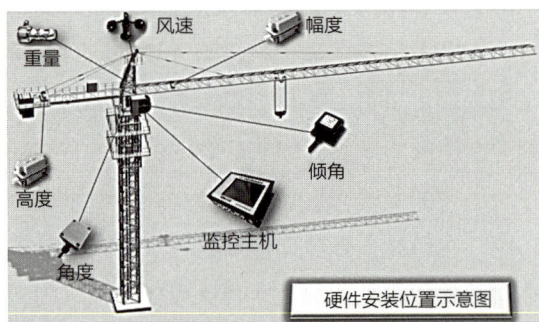

图6-3 通过高频扫描技术对塔式起重机运行状况实时监控

5G作为一种新的信息传输技术，相较于3G、4G来说，并不仅仅是数据传输速度或者带宽的提升，它还带来了非常稳定的数据传输能力、可连接大量终端设备的能力。建筑施工现场实现数字化转型，海量的机器类终端通信必然要被更广泛地应用，并且需要部署在现场的各个角落，对实时数据进行有效的收集与传输，加上高精度的高频扫描应用，会抓取体量庞大的施工生产数据。而这些数据会通过5G技术，稳定、及时地传输给云端处理器，处理器再将处理后的结果指令发送给项目的管理平台以及设备机械控制系统，管理者就可以通过网络，对施工现场各个关键角落进行有效监管。仅是结合5G技术的高频扫描应用这一点，就可以把建筑业安全生产的事故率降低80%。

3. 5G网络下的数据实时传输技术应用

视频监控是施工作业中视察施工进度、检查生产质量、防范安全隐患以及全面了解工地状况的实用手段。工地上视频监控现有使用的传输技术一般是有线以太网和Wi-Fi两种。有线以太网支持1000Mb/s的带宽，可以有效满足工地高清视频流的传输，但需要施工布线，且传输距离超过100m后信号大幅衰减（使用光纤可有效加长距离），施工场所在作业期间偶尔也有挖断电缆的现象发生。

基于深度学习的视频AI分析是近年来施工企业非常关注的新兴技术，通过此类技术，可以有效发现或预警工地上发生或可能发生的危险情况或违规作业。为了能够实现低延时的流媒体处理和快速分析计算，常用的做法是在工地部署边缘计算的硬件设备。当AI计算能力落到边缘侧时，5G的D2D技术可以使得终端硬件设备（如摄像头）与定制化的边缘计算网关便捷快速地互联。将来也有可能提供小微基站在工地中心位置，以进一步增强设备到边缘计算网关间的数据传输能力。

塔式起重机及塔式起重机群组是施工生产中非常重要的大型设备工具。群塔作业施工时，群塔之间存在起重臂与起重臂、起重臂与钢丝绳、起重臂与平衡臂、起重臂与塔身等多种碰撞安全隐患。当塔式起重机运行过程中可能出现碰撞危险时，系统将根据设定的角度、距离，向司机发出断续的声光预警；当塔机达到碰撞设置极限值时，向司机发出持续的声光报警；塔式起重机黑匣子使用5G网络可以实时将数据传送至云端，解决云端数据同步慢、项目看板显示滞后的问题，也有利于远程指导。

环境监测、混凝土测温、水电抄表、高支模监测、深基坑监测等应用的主要任务是将对应的传感器数据本地显示及间隔传送至云端，对带宽和时延要求都极低，仍可采用原有的GPRS或3G/4G的无线传输技术。但5G网络建设后仍对这些前代技术兼容。

此外，5G传输技术的高速、低延迟特性也显著增强了无人机在建筑工地的应用。目前，已经有工地试点了"5G+无人机+VR"的新应用方式，利用无人机上搭载的高清云台，可以近距离悬停并对施工作业现场进行360°全景4K高清拍摄，再通过5G网络将4K全景视频传输到服务器或云端。监理人员可以利用VR眼镜、PC管理系统接入服务器，对施工工艺、安全、质量等进行监督，并及时督促问题整改。

4. 5G网络下的无线传感技术应用

在传统的隧道环境监测系统中，由于监测系统的设施、装置等位置比较固定，因而使采集数据是孤立的，无法汇聚做实时大数据分析，从而使得监测系统往往形同虚设。再加上隧道下联网有一定的难度，使有关人员无法进行有效的监管，以致事故无法预警。利用"传感器+近距离无线通信技术"（LORA，Wi-Fi等）在隧道出入口有广域网覆盖的环境部署没有监测功能仅带有5G广域网通信能力，以及无线传感网络接收装置的特殊网关设备，实现两种协议栈之间的通信协议转换，同时发布监测中心的监测任务，并把收集的数据通过5G高速网络传至监控中心系统。甚至可以在特殊网关设备上部署边缘计算，进一步优化加强环境监测系统。

利用智能电能表采集宿舍和动力设备的用电量，通过5G网络将采集到的宿舍和动力设备的用电量实时上传至远端云平台，云平台对于每个智能电能表的数据进行存储、处理和分析，并可根据用户的需求对用电功率较小的宿舍进行电能表断电控制。实时在线监测施工现场各个电箱空开闭合状态及电能使用情况的远程物联网仪表，配合后台集中管理及手机App，管理人员可以及时发现各个电箱相应的空开闭合状态，及时定位跳闸的空开电箱，从而达到及时、快速、准确的电力恢复。

现阶段移动在线巡检最重要的制约因素就是网络，网络带宽不足以支持图像视频类实时超清传输，在5G网络环境下这个问题迎刃而解。在线巡检可形成多元化的巡检任务，提前预设点位信息，在巡检点上使用无源RFID标记，采用专业PDA读取，获取巡检点位信息及检查内容，确保巡检人员在点位现场。同时，对每个巡检点都能建立一个图文档案，以及完整的现场实录，可以随时观察巡检点位每次巡检的变化，帮助巡检人员了解点位状态，增加巡检人员的工作效率。

正是因为5G高频波具有严重的穿透损失性质，在钢结构多、建筑物遮挡、大型器械多的复杂环境中，反而支撑了电磁波的散射、绕射、反射。另外，5G高频波直线路径传递方式更有利于计算路径距离，用于位置解算，配合5G低时延特性，可以实时地将位置信息上报。无论是查询施工人员轨迹还是定位事故现场人员位置，都能实现实际位置与平台获取的位置定位更加精准。如果结合GPS、蓝牙MESH、Wi-Fi，将实现室内外以及复杂环境的实时定位应用。

6.2.4 物联网技术

物联网（Internet of Things，IoT）是指通过信息传感设备，按约定的协议，把任何物品与互联网连接起来，进行信息交换和通信，以实现智能化识别、定位、跟踪、监控和管理的一种网络。物联网简单说就是"物物相连的互联网"。这有两层含义：第一，物联网的核心和基础仍然是互联网，是在互联网基础上的延伸和扩展的网络；第二，其用户端延伸和扩展到了任何物品与物品之间，进行信息交换和通信，也就是物物互联。

物联网（IoT）起源于传媒领域，是在"互联网概念"的基础上，将其用户端延伸和扩展到任何物品与物品之间，进行信息交换和通信的一种网络概念。物联网通过智能感知、识别技术与普适计算等通信感知技术，广泛应用于网络的融合中，被称为继计算机、互联网之后世界信息产业发展的第三次浪潮，也是信息化时代发展中必不可少的部分。物联网具有三个本质特征：一是互联网特征，即对需要联网的物一定要能够实现互联互通的互联网络；二是识别与通信特性，即纳入联网的物一定要具有识别与物物通信（M2M）的功能；三是智能化特征，即网络系统应该具有自动化、自动反馈和智能控制的特点。

物联网是未来新兴战略性产业，与所有行业均有深度结合点，经过10多年发展，物联网在智能建筑、智能物流、智能交通、智能电网、环境监控、智能农业、远程医疗、智慧城市、智能制造、智慧零售十大应用领域，进行了大规模的产业化发展。据预测，到2035年将有超过1万亿个IoT器件可在云端保存传感器数据。

物联网技术可以实现多元数据的采集、跟踪与传输，极大地拓展BIM的信息来源，确保数据的实时、准确、可靠，解决工程实际状态的感知与BIM信息的时效性问题。物联网主要包括感知自然界的各种技术：RFID射频技术、传感器与传感网、PC感知、智能手机、数字电视等；同时，包括信息网络系统与技术：互联网、通信网和无线技术等；还包括面向用户的物联网的智能实现技术：数据库、信息安全、人工智能等。

物联网技术的主要应用包括：

1. 施工人员定位

劳务管理和现场安全管理一直是建设工程现场管理的难点。通过智能安全帽等智能设施有效感知工人操作行为信息与相关数据，集作业现场视频采集、人员考勤、定位、轨迹管理、智能语音播报、电子围栏、安全预警、音视频通信等功能于一体，及时预警安全隐患，提升管理水平。

通过工人佩戴装载智能模块的安全帽，现场安装数据采集和传输，实现数据自动收集、上传和语音安全提示，最后在移动端实时数据整理、分析，清楚了解工人现场分布、个人考勤数据等，给项目管理者提供科学的现场管理和决策依据（图6-4）。

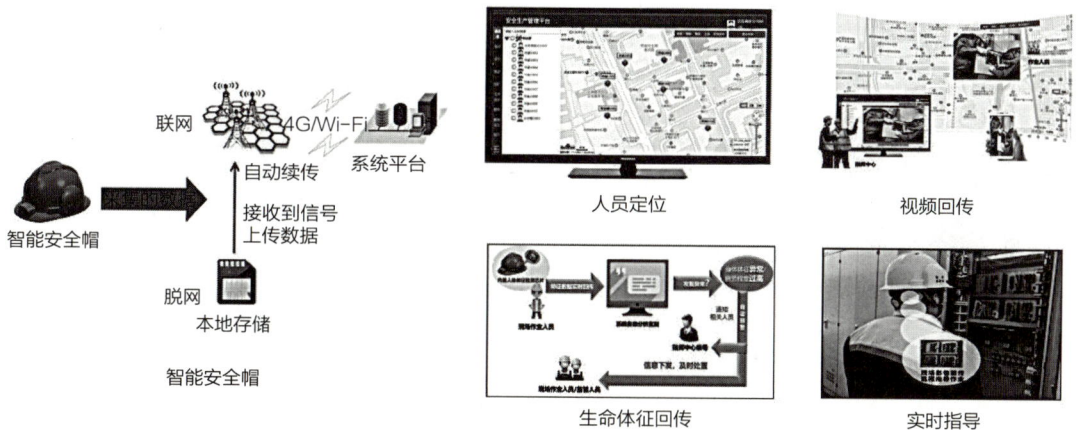

图6-4　施工人员定位

2. 塔式起重机监测

通过物联网传感器实时监控塔式起重机、升降机、吊钩、卸货平台参数状态，保障各类工程机械安全、高效作业。监测包含高度、载重、幅度、角度、力矩比等传感器数据。实现"人的不安全行为"和"物的不安全状态"提前控防（图6-5）。

3. 塔式起重机吊钩智能追踪

经过控制算法去实时控制主摄像机的倾斜角度和焦距，使吊钩图像始终清晰地呈现在塔式起重机驾驶舱内的显示器上，便于司机正确操作。

吊钩视频通过无线网络实时传送到地面项目部和远端监控平台，从而可构建完备的塔机视频运行网络监控系统，满足各方面用户的需求（图6-6）。

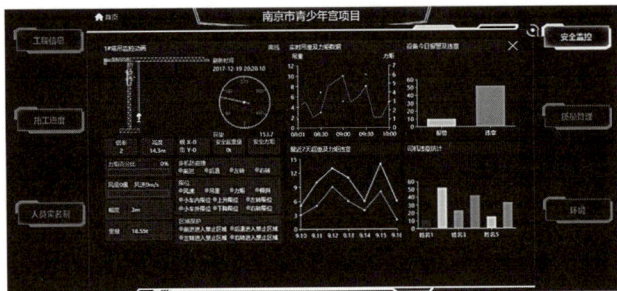

图6-5 塔式起重机监测

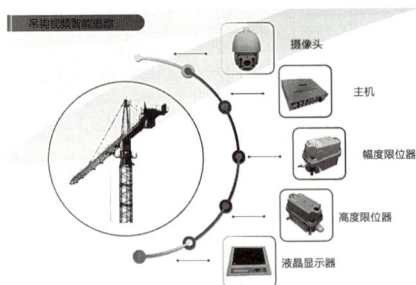

图6-6 塔式起重机吊钩智能追踪

4. 环境实时监测和喷淋联动系统

监测系统由颗粒物在线监测仪、数据采集和传输系统、视频监控系统、信息监控管理平台共四部分组成。系统集成了物联网、大数据和云计算技术，通过光散射在线监测仪、360球形摄像头、气象参数采集设备和采集传输等设备，实现了实时、远程、自动监控颗粒物浓度；数据通过采用有线、无线、GPRS或者5G等方式传输，可以在智能移动平台、桌面PC机等多终端访问（图6-7、图6-8）。

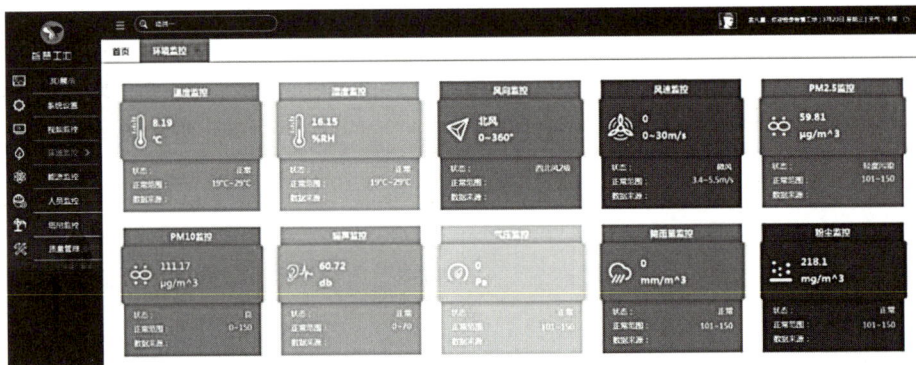

图6-7 环境监测平台功能图

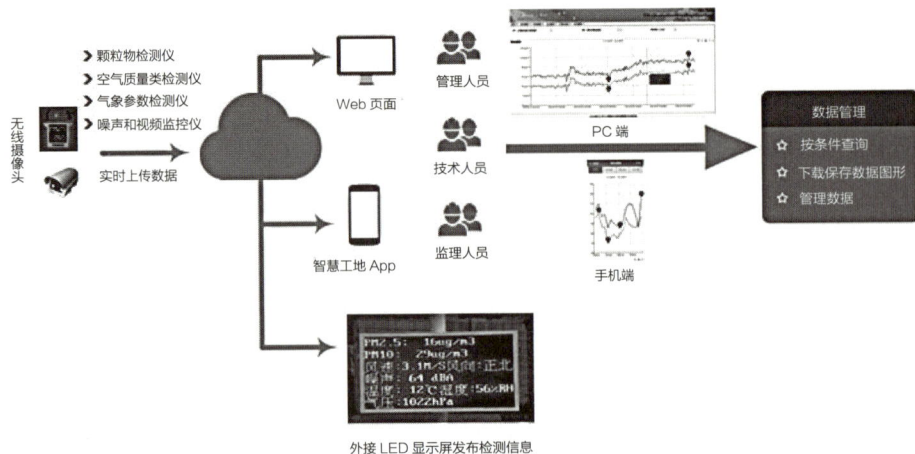

图6-8 环境监测系统应用架构

在PM10超过设定阈值时，触发预警信息，通过系统发送给直接责任人。喷淋设备可自动分区域、分时段进行喷淋降尘，也可以通过移动端、PC端手动控制，进行分区域、分时段、分设备（移动雾炮、固定喷淋设备）喷淋降尘（图6-9）。

5. 升降机安全监控

设备备案信息查询：产权、租赁、安装、检测、维护等企业信息；工作循环实时数据显示：高度、方向、防坠器在线监测、载重等信息；司机实名上岗：IC卡或者生物识别验证上岗（图6-10）。

6. 无人值守称重系统

结合物料库系统，对过磅材料进行管理，结合网络传输系统、图像监控抓拍系统、自动化控制系统、智能提示系统、远程语音对讲系统、车辆信息自动识别系统、红外定位系统等建设智能称重管理系统（图6-11）。

图6-9　降尘降霾管理

图6-10　无接触式监测

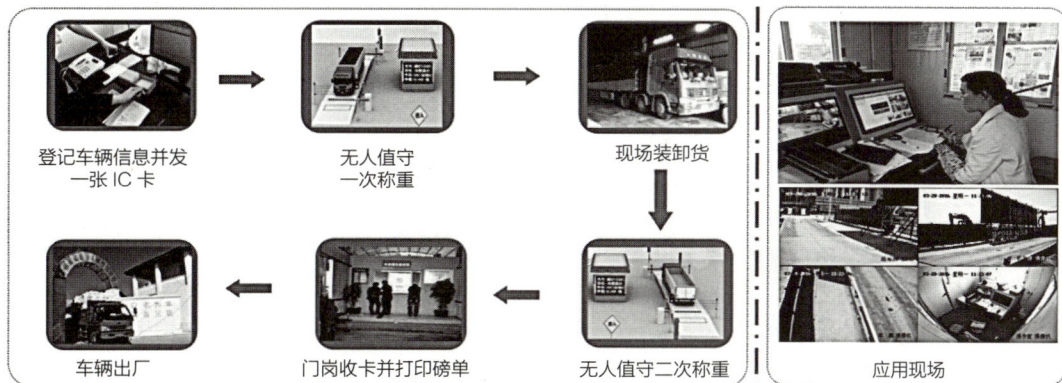

图6-11　无人值守称重

7. 高支模监测系统

采用物联网技术将位移传感器数据上传至云计算平台，以可视化图形图表的方式展示位移趋势（图6-12）。

8. 混凝土在线测温系统

大体积混凝土无线测温系统由温度传感器、数据采集传输模块、数据接收机及远程监控终端构成。支持有线连接和无线连接方式（图6-13）。

9. 工地能耗监管系统

实时联网、实时控制、超限断电等，从根本上解决了电力浪费问题。多种智能功能，可防止并记录用户通过短接、跨接、零线入地等窃电行为，并可显示检测漏电现象，可报警拉闸预防事故。过载保护功能，当用户负荷大于设定负荷值时，系统自动切断电源，以保护电器及线路。可与一卡通或其他系统无缝对接，实现半自动化无人看管模式管理（图6-14）。

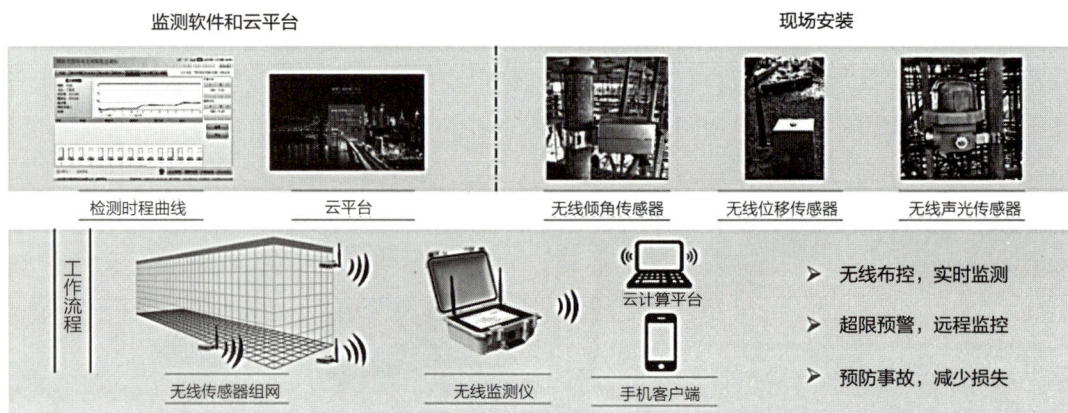

图6-12 高支模监测系统

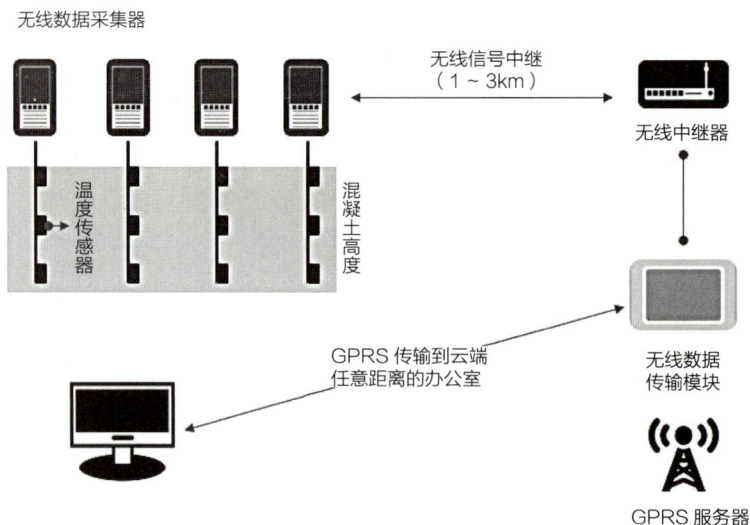

图6-13 大体积混凝土无线测温系统工作原理

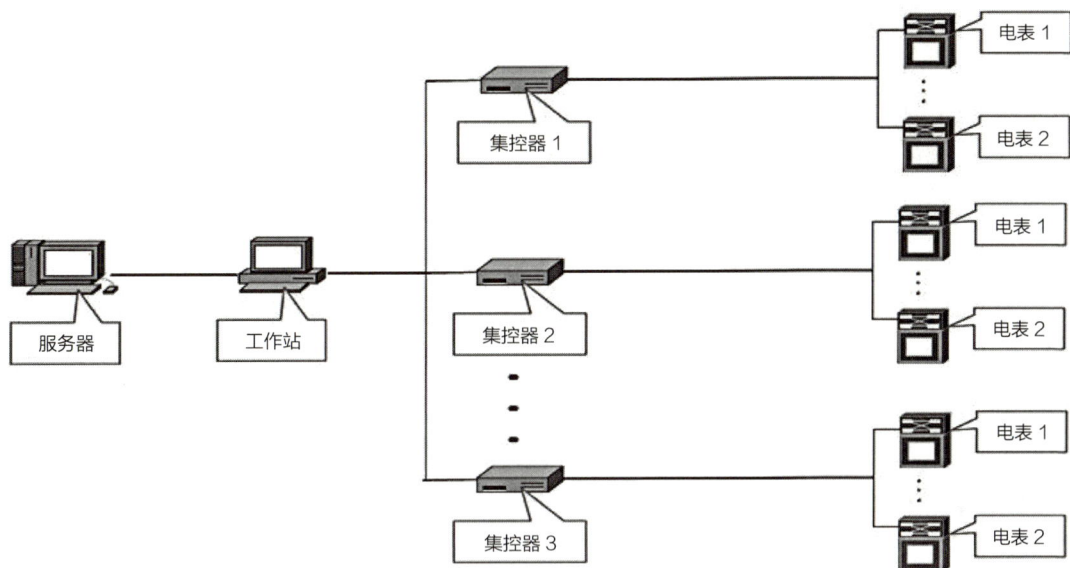

图6-14　宿舍区生活用电在线监管系统拓扑图

6.2.5　人工智能技术

人工智能（Artificial Intelligence，AI）是研究、开发用于模拟、延伸和扩展人的智能的理论、方法、技术及应用系统的一门新的技术科学。人工智能是计算机科学的一个分支，它企图了解智能的实质，并生产出一种新的能以人类智能相似的方式做出反应的智能机器。该领域的研究包括机器人、语言识别、图像识别、自然语言处理和专家系统等。人工智能可以实现对人的意识、思维的信息过程的模拟。人工智能从诞生以来，理论和技术日益成熟，应用领域也不断扩大。当前，新一代人工智能技术在全球蓬勃兴起，并迅猛发展，与大数据、区块链、5G等新技术相互融合，为经济社会发展尤其是数字经济发展注入新动能，正在深刻改变社会生产生活方式。

人工智能技术将延伸和扩展人的智慧和能力，当前有许多人工智能技术在智慧建造领域进行应用，例如：智能设备与机器人、AI模式识别等技术。智能设备是指任何一种具有计算处理能力的设备、器械或者机器。功能完备的智能设备必须具备灵敏准确的感知功能、正确的思维与判断功能以及行之有效的执行功能，其特点包括客观性与数据型、交互载体、专业智能、快捷便利。智能机器人广义上是智能设备的一种，之所以叫智能机器人，这是因为它有相当发达的"大脑"，在脑中起作用的是中央处理器，这种计算机跟操作它的人有直接的联系。智能机器人具备三种要素：一是感觉要素，用来认识周围环境状态；二是运动要素，对外界做出反应性动作；三是思考要素，根据感觉要素所得到的信息，思考出采用什么样的动作。

AI技术作为以"计算机视觉""自然语言处理""深度学习"等技术为代表的新一代人工智能技术在处理复杂工程信息、解决复杂工程问题方面具有显著优势，将进一步赋能工程信息处理、科学决策优化过程。人工智能技术在建筑业的应用取决于行业和企业大数据积累以及行业规则算法的发展，人工智能技术促进了智慧建造产业的发展。

人工智能主要应用包括：

1. 场地综合管理

利用计算机视觉技术，对视频流进行结构化解析或特征识别，满足五大应用场景：工装规范监护、文明施工巡查、异常行为监视、安全作业提醒、辅助现场巡检，以实现无人监看、现场提醒、远程预警。技术实现方式有：智能摄像头（内置AI芯片）、AI边缘服务器（AI盒子、智能硬盘录像机NVR、PC等）、云识别（阿里云视频、华为云视频等），分别适用于固定算法专用场景（如火情识别摄像头）、配置算法组合场景（如一路视频多个算法，人脸+车牌+抽烟+安全帽等）、复杂大场景（如AI项目巡检系统，消耗计算资源大）。AI边缘服务器因价格低、网络依赖小、可配置性高和可更新性强，成为当下主流实现方式。随着算法轻量化、5G技术、新算法和新人工智能技术的发展和成熟，将会呈现更多使用场景，主要体现在智能巡检、综合安防、隐患识别、进度更新等方面。当前可实现的算法包含安全帽、口罩、明火、抽烟、车牌、聚集、人脸等20余种。视频AI发展趋势将会是算法与管理业务深层次结合（如收料小票识别和物资管理系统），复杂逻辑分析的智能算法（如高处作业时佩戴安全带），借助于测距、定位等技术，将为进度管理、灾害预警、质量管理等提供可行的解决方案。

2. 无感考勤

基于实名制和视频AI（人脸抓拍、人脸识别）技术，采用广角摄像头识别人员，记录考勤信息，实现高峰时段人员快速进出场地，其他时段可与闸机系统形成错峰考勤模式切换，以满足施工现场复杂工况考勤需要。发现未识别人员则联通现场音柱语音提醒，并在考勤大屏中记录和呈现。统计分析相关考勤数据，辅助现场用工管理。AI无感考勤可广泛应用于以下部位：临时通道口、地下作业洞口、施工升降机、作业面平台、培训教室等，用以记录和统计特定位置或部位的人员、数量、出入频次等，可智能分析作业部位、人员分布、设备工效、教育覆盖等参数信息（图6-15）。

3. 发热检测

因于新冠疫情防疫和复工复产，采用实名制、视频AI（人脸识别、口罩识别）和红外测温技术，自动记录被测人员的身份、体温、地点、时间、项目等信息，对发热和疫区进行提醒，智能生成人员体温测量台账，提升了测温效率，降低了聚集传播风险，提高了信息采集效率，减轻了一线防疫压力（图6-16）。

4. 钢筋自动计数

利用算法轻量化技术，将AI算法移植至智能手机端，通过拍摄直条捆绑钢筋横断面，运用AI数钢筋，结合人工校验功能，实现快速计数和流程记录，提高工作效率。通过铭牌识别厂家、牌号、规格、批号等信息，实现拍照2张计数1捆钢筋（图6-17）。

图6-15　AI无感考勤

图6-16　AI发热检测

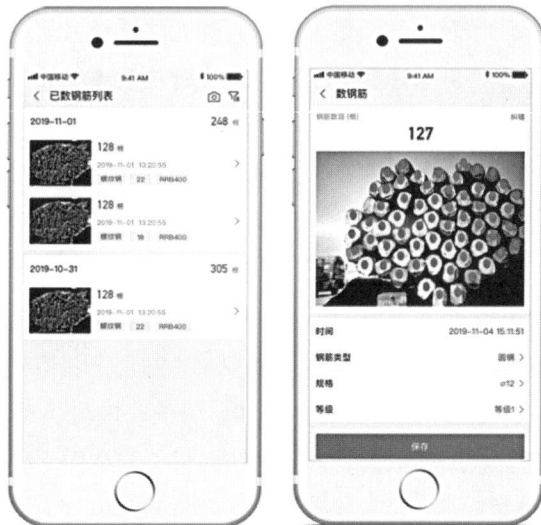

图6-17　AI数钢筋

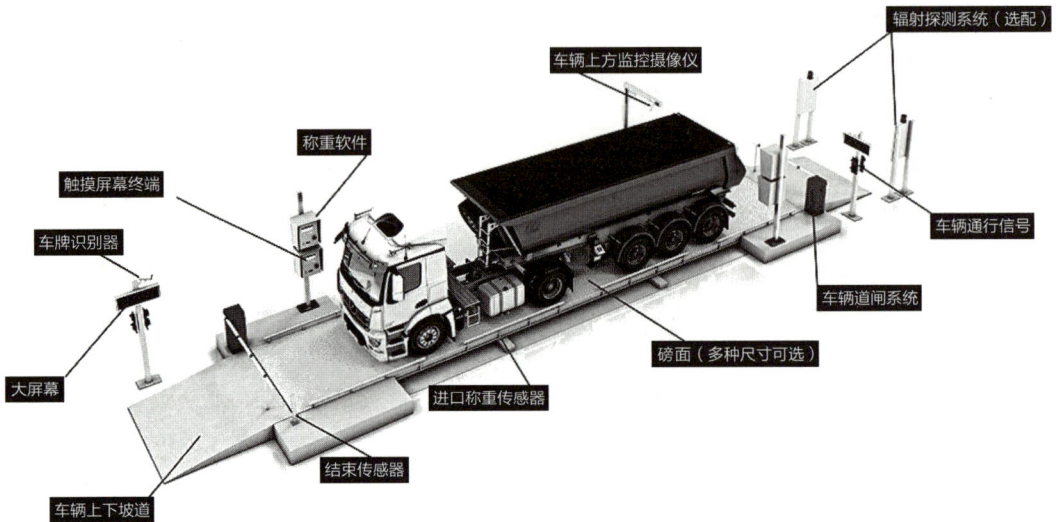

图6-18　智能称重系统

5. 车牌识别

利用车牌OCR识别技术，记录车辆进出场时间和影像，统计分析车辆数、频次、时长等参数，用于车辆和物资的追溯、分析和查询。车牌识别在工程建设中的场景主要有：大宗材料称重（图6-18）、渣土车运次记录、停车场管理、材料进场和物资出场记录等。

6.2.6　大数据技术

大数据（Big Data）是指在一定时间内用常规软件工具无法对其内容进行攫取、管理和处理的数据集合。大数据所涉及的数据量规模巨大到无法透过目前主流软件工具，在合理时间内达到撷取、管理、处理、并整理成为帮助企业经营决策更积极目的的资讯。大多数学者认为"大数据"概念最早公开出现于1998年。

大数据的容量一般指在10TB（1TB=1024GB）规模以上的数据量。随着新一代信息技术的迅速发展与普及，全球数据以"井喷式"的速度生产。据国际数据公司（IDC）发布的《数据时代2025》显示，全球每年产生的数据将从2018年的33ZB增长到175ZB，相当于每天产生491EB的数据。据IDC预测，2035年，全球数据量会达到1.9万ZB。

大数据同过去的海量数据有所区别，其基本特征可以用4个V来总结（Volume、Variety、Value和Velocity），即体量大、多样性、价值密度低、速度快。数据体量巨大，从TB级别跃升到PB级别；数据类型繁多，包括结构化、非结构化和半结构化等复杂结构的数据，如语音数据、图像数据、定位导航数据、机器学习数据等，这些共同构成了我们常说的大数据；价值密度低，以视频为例，连续不间断监控过程中，可能有用的数据仅仅一两秒；处理速度快，符合1秒定律。最后这一点也是和传统的数据挖掘技术有着本质的不同。物联网、云计算、移动互联网、车联网、手机、平板电脑、PC以及遍布地球各个角落的各种各样的传感器，无一不是数据来源或者承载的方式。

大数据技术是指从各种各样类型的巨量数据中，快速获得有价值信息的技术。目前所说的"大数据"不仅指数据本身的规模，也包括采集数据的工具、平台和数据分析系统。大数据研发的目的是发展大数据技术并将其应用到相关领域，通过解决巨量数据处理问题促进其突破性发展。因此，大数据时代带来的挑战不仅体现在如何处理巨量数据从中获取有价值的信息，也体现在如何加强大数据技术研发，抢占时代发展的前沿。大数据技术的发展将引起一场改变我们的生活、工作和思维方式的革命。

随着政府生产和拥有的数据资源规模日益庞大，越来越多的地方开始重视政府大数据的建设和发展，智慧城市、平安城市、城市大脑、互联网政务等建设需求的旺盛，将推升对政务服务、政府治理和民生服务等建设的需求。未来几年，随着各地政务大数据平台和大型企业数据中台的建成，数据治理、数据资产、数据共享与开放等将成为焦点，将促进政务与民生领域的大数据应用再上新的台阶。

2012年，美国在全球率先推出大数据国家发展计划《大数据研究与开发计划》，提出利用大数据推动科研、工程、安全和教育等领域的创新，提升对经济社会发展的预测能力。宣布启动2亿美元的投资计划，提高从大量数据中访问、组织、收集发现信息的工具和技术水平。同时组建"大数据高级指导小组"，涉及美国国家科学基金、国家卫生研究院、能源部、国防部等6个联邦政府部门。这使得美国成为全球首个将大数据从商业行为上升到国家意志和国家战略的国家。美国白宫对于发展大数据高度重视，2014年和2016年白宫先后两次发布大数据白皮书。

美国的大数据应用以私营企业为主，但政府在大数据应用方面也做出了很大成绩。美国政府在推动大数据技术应用发展的过程中采取了多项措施，发挥了引领作用，利用大数据在城市治理、交通管理、邮政服务、公共安全、政府采购和投资等多个领域显著提升了政府服务质量和效益。

我国党中央、国务院高度重视大数据发展，强调推动大数据在工业中的应用。习近平总书记指出，要"构建以数据为关键要素的数字经济""系统推进工业互联网基础设施和数据资源管理体系建设，发挥数据的基础资源作用和创新引擎作用。"《促进大数据发展行动纲要》《关于深化"互联网+先进制造业"发展工业互联网的指导意见》等政策文件均提出要促进大数据的发展和应用。2020年4月，党中央、国务院印发《关于构建更加完善的要素市场化配置体制机制的意见》，明确提出要支持构建工业等领域规范化数据开发利用的场景，提升数据资源价值。

随着数字技术日益成熟、数据融合持续深化和应用场景不断落地，我国大数据产业迎来新的发展机遇期，大数据行业应用逐步从消费端向生产端延伸，从感知型应用向预测型、决策型应用发展，面向互联网、金融、电信、工业等领域的大数据服务将实现倍增创新，将呈现出互联网大数据应用进入强监管时代、金融大数据向智能化共享化方向演进、电信大数据迎接5G时代到来、工业大数据需求旺盛、能源大数据基础建设加快推进的态势，大数据与特定行业应用场景结合度日益深化，应用成熟度和商业化程度将持续升级。未来，大数据技术可以对海量的数据进行高效的深度挖掘，从而充分发挥BIM的作用，是体现BIM价值与服务科学决策的重要手段。

6.2.7 云计算技术

云计算（Cloud Computing）是基于互联网相关服务的增加、使用和交付模式，通过互联网来提供动态易扩展且经常是虚拟化的资源，拓展用户的计算能力和信息存储能力。近几年，云计算的发展对计算力的提升起到了至关重要的作用。例如，机器学习特别是深度学习极耗计算资源，而云计算可以达到每秒10万亿次的运算能力。此外，图形处理器的进步对人工智能的发展也有很大推动作用，这种多核并行计算流的方式能够大幅提高运算速度。

通过云计算，可以较低的成本获取大规模的计算力。云计算能帮助企业大规模削减固定成本，大规模削减人工成本。有研究表明，企业将传统的IT架构迁移到云服务器上可以节省70%的IT成本，并且云服务还能将企业的互联网创新效率提升300%。云计算时代是大数据时代的前奏，大数据时代建立在强大的云计算基础上，云计算成为人工智能技术、物联网技术、大数据等发展的重要支撑技术，支撑了建筑业智慧化的发展。

在建筑工程领域，云计算技术通过分布式存储方式，实现不同参与方、不同阶段、不同专业之间的数据共享与管理，提高BIM的协作能力，为大规模存储、管理、使用BIM数据奠定基础。

云计算技术在工程中的主要应用包括：

1. 云存储

对工程单位来说，日常产出的数据、资料都是企业资产，甚至直接影响企业的未来。云存储可代替传统移动介质存储或FTP存储，有效消除个人计算机设备的硬件故障造成的损失，提供可靠、安全和高速的资源整合。

云存储是一个以数据存储和管理为核心的云计算系统，其横向扩展的方式让存储系统具有了无限扩展的能力，还能通过云端分布式储存、定期备份、多层次的实时监控和离线分析等方式保障数据安全。常用的云平台服务包括：ProjectWise、广联达协筑、百度网盘、PKPM BIMBox、teambition等。

2. 云渲染

云渲染即利用大量高性能的远程服务器群进行渲染，达到缩短渲染时间和提高渲染质量的目的。

用户在电脑中对软件程序进行控制，指令通过网络再传送至提供云渲染服务的远程服务器群，将渲染结果传回、显示本地电脑的界面。工程师可以在屏幕上随时变更设计方案和快速验证，来自各个国家或各个地区的工程师可以在同一个平台中进行设计，彼此直接交流看法并做出结论，共同验证修改后的设计。

通常，云渲染主要采用PaaS服务，利用部署在云上的服务器进行软件运行，常用的平台提供商包括：阿里云、腾讯云、华为云等。也有针对该项应用的SaaS服务，常用的有：光辉城市、小库智能设计云平台、Autodesk A360、renderbus渲染农场等。

3. 云模拟

通过云计算，能够有效提高建筑能耗、自然通风和气流组织、城区风热环境、天然采光、噪声等方面性能模拟的速度和效率。

通常，云模拟主要采用PaaS服务，利用可扩展的硬件性能进行计算，常用的平台提供商包括：阿里云、腾讯云、华为云等。也有针对该项应用的SaaS服务，常用的有：小库智能设计云平台、BuildSimHub等。

4. 高性能计算

在高次超静定、多种结构形式组合在一起的复杂三维空间结构，要进行内力和位移计算，就必须进行计算模型的简化，引入不同程度的计算假定。简化的程度视所用的计算工具按必要和合理的原则决定。云计算技术可以有效提高计算能力，相比个人计算机和服务器可以划分更密的网格进行模拟计算，并提高计算速度。

通常，高性能计算主要采用PaaS服务，利用可扩展的硬件性能进行计算，常用的平台提供商包括：阿里云、腾讯云、华为云等。

6.2.8　导航定位技术

导航定位技术目前主要分为室外导航和室内导航两种，两种技术之间有关联和集成。

中国北斗卫星导航系统（简称BDS）是中国自行研制的全球卫星导航系统，也是继GPS、GLONASS之后的第三个成熟的卫星导航系统。北斗卫星导航系统（BDS）和美国GPS、俄罗斯GLONASS、欧盟GALILEO，是联合国卫星导航委员会已认定的供应商。北斗卫星导航系统（以下简称北斗系统）是中国着眼于国家安全和经济社会发展需要，自主建设、独立运行的卫星导航系统，是为全球用户提供全天候、全天时、高精度的定位、导航和授时服务的国家重要空间基础设施。

在室内环境无法使用卫星定位时，使用室内定位技术作为卫星定位的辅助定位，解决卫星信号到达地面时较弱、不能穿透建筑物的问题，最终定位物体当前所处的位置。主流的室内定位技术包括：Wi-Fi定位技术、惯性导航技术、蓝牙信标技术、RFID技术、红外技术、超声波技术、超宽带技术、LED可见光技术等。室内定位技术处在不断的发展中，是当前热门研究领域，有着良好的应用前景，融合多种技术优点，可以实现优势互补，以面对复杂室内环境。

导航定位技术在智慧建造中具有多个应用点。例如建筑机器人导航，从空间上来说，移动机器人主要依靠定位与环境感知系统内部的位置传感器和外部传感器共同完成定位工作。

依据不同的定位方法，机器人定位技术可以分为绝对定位、相对定位和组合定位三种。相对定位主要利用惯性导航和测程法，后者需要通过声呐、激光测距仪等工具作为外界传感器补偿定位过程中的误差。绝对定位包括导航信标、主动或被动标识、地图匹配、GPS定位、概率定位等方式。

6.3 智慧建造设备

智慧建造是技术和设备的综合体，是新一代信息技术和智能设备与工程建造技术深度融合与集成。工程人员的交互、感知、决策、执行和反馈等动作都需要通过设备来完成，而体力替代、脑力增强更是需要设备的支撑。本部分仅介绍部分代表性工程专用智能设备，不介绍通用和一般工程设备。

6.3.1 扩展现实设备

扩展现实（eXtended Reality，XR）是一个总称术语，适用于所有计算机生成的环境，可以融合物理和虚拟世界，为用户创建身临其境的体验。目前，XR包括虚拟现实（Visual Reality，VR）、增强现实（Augmented Reality，AR）和混合现实（Mixed Reality，MR）。

1. VR

VR技术最早起源于20世纪60年代，通过三面显示屏来形成空间感，从而实现虚拟现实体验，碍于技术的限制，体积十分沉重。20世纪80～90年代计算机和图形处理技术进步为虚拟现实的商业化奠定了基础（图6-19）。

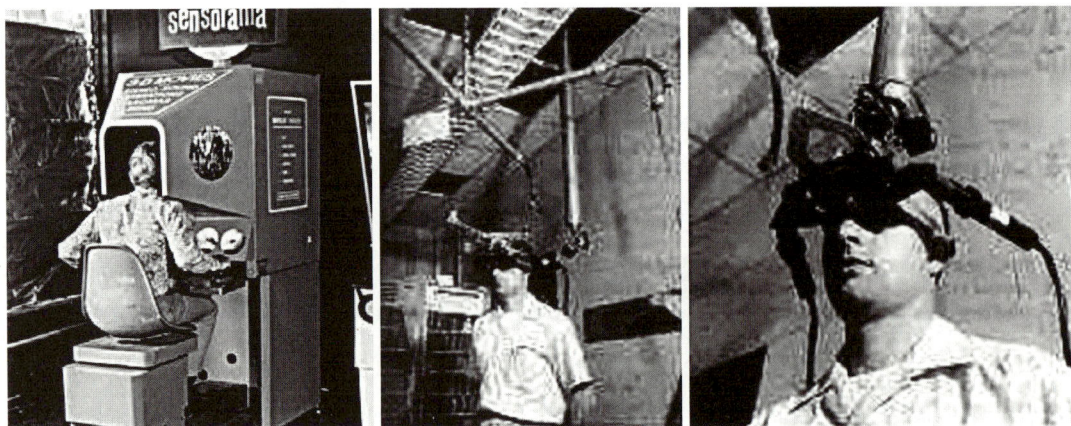

图6-19 早期VR设备

互联网普及、计算能力、3D建模等技术进步大幅提升VR技术的体验，VR商业化、平民化得以实现。硬件性能的跨越式提升和3D建模软件的发展等原有技术的快速提升带来了VR设备的轻量化、便捷化和精细化，从而大幅提升了VR设备的体验。

VR技术能够将模型从传统二维屏幕中剥离，或使工程师以第一人称视角沉浸式进入计算机的虚拟世界里，或与现实场景叠合，通过视觉技术使应用BIM模型的工程师达到"身临其境"的模拟效果。可以直接使用固定内容的VR应用成果。如：安全教育体验、样板间选择、施工方案模拟、虚拟质量工艺样板、项目CI布设模拟、观摩工程的路线前期策划、工序交底等标准化方案。该模式包含内容符合行业规范、运用方法简便，且成本可控，是目前项目最为广泛的应用模式。

2. AR

AR概念始于1992年，由波音公司Caudell和Mizell首先提出，是一种实时地计算摄影机影像的位置及角度，并加上相应图像的技术。AR技术将真实世界信息和虚拟世界信息集成，在屏幕上把虚拟世界套在现实世界并进行互动。AR最早的应用，是帮助波音公司的工程师在制造飞机的时候更方便地安装电线。随后，被运用于舞台表演、电视直播等。随着AR技术所依靠的轻量化显示设备、图形识别、空间定位等多种技术的发展，增强现实技术在传媒、教育、娱乐、科技、医疗、工程领域均开始了不同的探索。

增强现实技术相较于虚拟现实和混合现实技术，对于设备的特殊要求较低，处理模型和数据的方式有较多互通的地方，目前行业内主要存在两种应用模式：移动端轻量化展示，在预先设置好触发图形之后，使用多种移动设备如手机、平板等，均可以触发基于现实场景的增强现实效果；多设备组合，随着新技术发展，目前行业内也出现了增强现实眼镜、增强现实操作台、智慧图模桌面等硬件设备，基于BIM及交互设计平台的基础上，创造了多种应用场景。

AR技术在工程领域的应用主要是通过移动端来进行BIM模型的展示，可以达到在指定位置查看指定模型的目的，目前较为成熟的应用包括工法样板展示、辅助施工现场综合管理等。施工现场的环境条件较为复杂，传统生产方式中多是利用人眼、经验或借助尺量等工具进行施工，AR技术基于智能设备对现场的快速分析和定位功能，能够在多项工作发挥作用（图6-20）。

图6-20　基础钢筋绑扎利用AR进行模型查看

3. MR

MR技术是VR技术的进一步发展，通过在现实场景呈现虚拟场景信息，在现实世界、虚拟世界和用户之间搭起一个交互反馈的信息回路，以增强用户体验的真实感。VR是纯虚拟数字画面，而MR是数字化现实加上虚拟数字画面。MR与AR技术更为接近，都是一半现实一半虚拟影像，但传统AR技术运用棱镜光学原理折射现实影像，视角不如VR技术视角大，清晰度也会受到影响。2015年，微软公司在Windows 10发布会上首次推出了Hololens第一代全息设备，这种设备能将真实世界和计算机产生的图像相结合，是MR技术典型应用。2019年9月，微软公司正式发布Hololens2。

MR技术目前较新且正在逐步应用，交互功能较为单一，可用于施工深化设计、方案模拟、工序交底、异地协同管理等相关可视化应用，利用MR技术进行模拟和可视化可基于项目实际环境，真实性强，使用者与BIM模型之间的互动是实时性的。

MR技术的兴起时间晚于其他虚拟现实类技术，且MR设备的技术集成含量更加复杂，针对建筑行业的混合现实技术应用生态圈还未成型，因此目前的应用模式主要为开发者应用模式，即基于其设备本身的基础功能之上，进行定制化功能开发，有针对性地研发BIM+混合现实技术对具体项目工程难点的解决方案。

MR技术通过混合现实设备来实现混合现实技术与BIM技术的融合，让甲方乙方或让不同地点、不同岗位、不同专业的工程建设者，不只是通过电脑屏幕观看三维效果，而是同时进入同一建筑模型，就像进入建筑实体中身临其境地体验和工作，比如进行设计变更、检查施工过程、实测实量等，见图6-21。混合现实技术与BIM技术的融合可节约工程管理沟通成本和工期，提高团队的协作水平和工作效率。

图6-21　应用MR考虑隐蔽工程与真实环境间的互相影响

6.3.2　三维扫描仪

三维激光扫描仪是通过发射激光来扫描获取被测物体表面三维坐标和反射光强度的仪器。三维激光扫描技术是通过三维激光扫描仪获取目标物体的表面三维数据；对获取的数据进行处理、计算、分析；进而利用处理后的数据从事后续工作的综合技术，具有快速、高密度扫描、多学科融合的特点。

三维激光扫描仪用马达作水平和垂直方向的旋转，用激光作为光源进行测距。在仪器内，通过一个测量水平角的反射镜和一个测量天顶距的反射镜同步、快速而有序地旋转，将激光脉冲发射体发出的窄束激光脉冲依次扫过被测区域，测距模块测量每个激光脉冲的空间距离，同时扫描控制模块控制和测量每个脉冲激光的水平角和天顶距，最后按空间极坐标原理计算出扫描的激光点在被测物体上的三维坐标。三维激光扫描技术可以直接获取各种实体或实景的三维数据，得到被测物体表面的采样点集合"点云"，具有快速、简便、准确的特点，基于点云模型的数据和距离影像数据可以快速重构出目标的三维模型，并能获得三维空间的线、面、体等各种实体数据。

三维激光扫描仪可以快速精确地测得大体量、异形曲面、复杂外表、超高层、超深基坑等复杂环境的三维空间数据。基于该优势可以做下述几项工作：建筑信息逆向建模（BIM）、虚拟设计与施工技术（VDC）、建筑预制件质量控制测量、质量控制、古建筑维护与修复、变形监测、工厂设计与工业测量、快速土方量计算等。

6.3.3　测量机器人

测量机器人是指用于工程测量环节，具备测量功能的机器人。有时，测量机器人特指BIM放样机器人，通过BIM模型高效完成放样作业，但其他设备也具备测量功能，如航测无人机，以及上文的三维激光扫描仪等。

1. BIM放样机器人

BIM放样机器人是一种集自动目标识别、自动照准、自动测角与测距、自动目标跟踪、自动记录于一体的测量平台。其主要硬件包括全站仪主机、外业平板电脑、三脚架和全反射棱镜及棱镜杆。

BIM放样机器人作为一种放样仪器，通过锁定和跟踪被动棱镜以控制测量数据，跟踪主要目标实现动态测量、放样和坡度控制。目前，主要广泛用于工程施工的各专业领域，如土建、安装、钢结构等，包括控制放样、开挖线放样、混凝土模板和地脚螺栓放样、竣工核查、放样设计中的现场坐标点、放样排水管及通风管道和导管架的墙线等。

BIM放样机器人在总放设点多、工期紧、精度要求高的大型项目优势明显。因为传统测量放线外业一般至少需要三人的测量小组，还需内业进行大量数据预处理，测量中需要进行多次安置、多次调平，费时费力，还无法保证精度。而使用BIM放样机器人后改变了外业工作方式和工作流程，只需一人独立完成，后台不需要大量的数据处理，同时还能保证测量精度。与普通全站仪相比，BIM放样机器人初期设备投入增加，但使用效益显著。

2. 航测无人机

无人机航测通过无人机低空摄影获取高清晰影像数据生成三维点云与模型，实现地理信息的快速获取。效率高，成本低，数据准确，操作灵活，可以满足测绘行业的不同需求，大大地节省了测绘人员野外测绘的工作量。

无人机按照飞行平台主要分为固定翼无人机、多旋翼无人机、复合翼无人机，如图6-22所示。固定翼相较于多旋翼续航时间长，飞行速度快，适合大面积作业，在农林、市政、水利、电力等行业应用更多；旋翼机较固定翼而言，起降场地限制小，适合需要高精度成果的行业，如交通规划、土地管理、建筑BIM等方面；复合翼无人机，又称垂直起降固定

固定翼　　　　　　　　多旋翼　　　　　　　　复合翼

图6-22　固定翼、多旋翼和复合翼无人机

翼，兼具固定翼长航时低噪声、可滑翔等优势和多旋翼飞机垂直起降的优势。

通过无人机航测，建立实景模型，可以精确、形象地还原现场施工状况，利于项目管理人员更全局地掌握现场状况，为后续的工作安排和施工提供有效的数据分析，如：场地布置、道路规划方案比选分析、通视分析、敏感点影响分析等运用。这是原先人工测量无法获得的工作成果，划时代地更新了施工领域技术。

在土方施工量计算方面，通过无人机测绘可以快速得到山区、悬崖、戈壁、河网密布等危险、复杂区域的地形数据，快速、准确地得到项目面积、项目土方开挖量。避免了工作人员进入到危险区域进行人工数据测量，也节约了人工现场数据采集所需的人员配置和时间成本。

无人机测量与传统RTK测量（实时差分定位）相比，精度也可达到RTK测量3cm的误差，初期投入设备较高，专业人员较少，但使用可产生较大效益。

6.3.4　3D打印设备

3D打印技术是指通过连续的物理层叠加，即逐层增加材料的方式来生成三维实体的材料制造或加工技术。与传统的以材料去除为特征的材料制造或加工技术（减材制造）不同，3D打印技术也被称为增材制造技术（Additive Manufacturing，AM）。依据美国材料与试验协会（ASTM）在2009年公布的定义：3D打印技术是一种与传统的材料去除加工方法相反的、基于三维数字模型的、采用逐层制造的方式将材料结合起来的工艺。

建筑3D打印技术始于1997年美国学者Joseph Pegna提出的一种以混凝土材料为主逐层叠加、选择性凝固、构件自由形态塑造为特征的新型建造方法。发展至今已经形成了如下两类相对成熟的建筑3D打印技术形式：即美国的"轮廓工艺"技术（Contour Crafting）、意大利的"D-Shape"技术。

我国的3D打印技术研究与应用始于20世纪90年代，1995年我国工程技术人员研发出了第一台AES激光快速成型打印机。自2010年以来，3D打印技术开始全面进入工业、制造业、医疗卫生、航空航天等领域。在建筑领域，2014年，我国工程技术人员首次实现了房屋构件的3D打印，并采用装配式的方式建造了10间3D打印房子。2015年，采用分块打印墙体构件的方式，装配完成了一栋6层居民楼。

3D打印设备综合了数字建模技术、机电控制技术、材料科学与化学等诸多领域的前沿研究成果，具有很高的科技含量。建筑实体建造用3D打印机依据打印对象的不同可以分为建筑结构类3D打印机、陶泥3D打印机、抹墙3D打印机等类型。

1. 建筑结构类3D打印机

建筑结构类3D打印机由主体框架、控制系统、液晶显示屏以及控制软件等部分组成。可以打印水泥砂浆、混凝土、地聚合物等材料，一般具有三轴限位报警和抱闸功能。主体框架大多采用优质型材制作，稳定性强，主体框架上装有高刚度的直线运动模组，摩擦系数小、传动效率高、承载能力高、安全性能好（图6-23）。

图6-23　建筑结构类3D打印机

建筑结构类3D打印机适用于梁、柱、楼板、墙体等建筑构件以及复杂异形构件的打印。

2. 陶泥3D打印机

陶泥3D打印机用于陶泥制品的3D快速成型制作。由打印机主体框架、液晶显示屏以及控制软件等部分组成，机身小巧、性能稳定、操作简单。利用空气压力挤压出陶泥材料，稳定性好、即停即走、无滞后和延迟，因此打印稳定、连续、挤出均

图6-24　陶泥3D打印机

匀、无断泥且强度高。主体框架大多采用钢板烤漆制作，框架上安装高硬度处理光轴作为x轴移动部件，具有高刚度、互换性好、自动调心、摩擦系数小、传动效率高等特点（图6-24）。

陶泥3D打印机可以用于测试陶泥材料的打印性能以及陶泥制品的设计、打印和个性化定制。

3. 抹墙3D打印机

抹墙3D打印机由主体框架、爬升机构、挂浆抹平结构及控制系统等部分组成，可以方便、快速地进行各类室内墙体的自动挂浆、抹平及压光。可以采用水泥砂浆、干粉砂浆、保温砂浆作为打印材料。无需搭设脚架，能够实现打靶找平，无死角、无裂缝，不受场地高度的限制。同时，打印过程中带有提浆功能，因此施工涂抹均匀、成品质量高。抹墙3D打印机大多附带自动探测技术，能够使得施工面垂直度、平整度的精度更高（图6-25）。

抹墙3D打印机主要用于大面积墙体喷涂作业，尤其广泛应用于房屋内外的装饰装修、水泥墙、砖混墙、空心墙、轻体砖墙、免烧砖墙等墙体结构的打印。

建筑3D打印技术主要应用在建筑结构、装饰等的异形构件打印，经拆分后的装配式模块打印以及整体式建筑打印上。建筑3D打印技术与传统的建筑技术相比，在施工自由度、个性化创造、原材料利用率、节省工时人力等多方面具有优势。目前，建筑3D打印技术仍然处于研发和技术探索

图6-25　抹墙3D打印机

阶段，在打印材料、打印方式、打印设备、结构体系、设计方法、施工工艺和标准体系方面仍然存在着一系列的问题。现在已经能够打印出一些建筑构件以及一些结构、形式简单的建筑。在实际工程中更广泛的应用还需要不断探究和摸索。

6.3.5　移动端

项目施工现场管理可采用移动终端App，实时采集项目施工现场质量、安全、进度、技术、设备和材料等管理数据。通过实时上传、本地存储和接口共享实现业务工作的移动化办理、施工现场管理数据的实时采集、施工现场管控因素的智能识别和自动化管理，如图6-26所示。涉及质量、安全、进度、技术、设备、材料等管理，便于现场管理人员实时联动，高效、快捷地完成工作。

图6-26　施工现场管理移动端系统架构图

移动端支撑的主要应用包括：

1. 质量检查

支撑质量周工作安排、质量检查监督（原材料半成品验收与复试、工序检查、实测实量和质量整改）、质量样板引路和质量验收等。项目质量管理人员利用移动端完成"发现质量问题—指派—整改—销项"的质量检查工作，提高现场检查和整改的效率，收集的质量整改数据上传至数据库，通过统计分析得出质量问题的影响因素，给予管理人员重点关注部位及关键工序的提醒，提前制定或调整质量预防措施，合理组织施工，避免返工，将原先的"事后整改"逐步转变为"事前预防"。

2. 安全检查

支撑施工安全周工作安排、安全策划、项目安全检查、安全教育、安全技术交底、危险工程管理和环境监控。项目安全管理人员利用移动端完成"发现安全隐患—指派—整改—复查"的安全检查工作，收集的安全隐患整改数据上传至安全问题数据库，通过统计分析得出重大危险源清单，提前制定或调整安全预防措施，及时将危险因素消除，提高现场检查和整改的效率。

3. 进度管理

支撑施工周进度计划、周工作安排、计划与资源、整改落实等。应用项目施工现场管理系统，根据项目人员与岗位匹配、项目分区分段设置，系统自动带入对应的工作内容并进行智能分配各岗位人员的周工作内容，通过计划自动派生为主线，串联各岗位日常工作，提升工作关联性。现场管理人员使用移动App对任务的实际开始与实际完成时间进行录入，录入时间与进度计划不符时，实时预警。

4. 设备管理

支撑施工设备周工作安排、设备需用计划、起重运输设备管理、安全技术交底、安全整改回复、安全教育、人员管理和合同管理等。项目机管员采用移动端进行设备基础验收、设备进场/退场记录、设备安装验收、设备附着验收、设备自检、设备维保、安全技术交底等信息的录入，采用二维码的方式，管理设备运行、检修状况，施工人员可以现场扫描添加记录，取代传统纸质录入，更加方便、快捷，后台统一集中管理，管理人员可以远程查看设备状态，加强设备监控，确保施工安全。

5. 技术管理

支撑施工技术策划、图纸管理、施工组织设计、施工方案、深化设计、技术协调、测量管理和工程资料管理等。项目技术管理人员对项目进行现场检查，登录现场管理App，对分包施工组织设计（方案）执行情况、施工方案执行情况、设计协调问题等进行信息录入，选择巡检部位、拍照记录检查情况。其中，对不符合标准的检查项要视危险严重情况来决定是否发整改，并填写发整改基本信息。工长可在现场实时收到整改通知单，并在整改完成后通过现场管理App进行回复。

6. 材料管理

支撑施工材料进场管理、签收管理、材料试验、材料盘点和废旧物资处理等。现场管理人员通过移动端对现场物资进行全面管理，及时记录采购物资的收料情况和耗用情况，并将相关信息实时同步到项目协同管理平台，租赁物资的进场情况和退场情况，同时系统随时自动统计生成物资收发存汇总表、物资收发存明细表、物资收发存台账记录、租赁周转材进出统计、物资损耗的统计和采购报表等。

6.3.6 无人机

运用电子、机械、摄像、通信、遥感等技术，结合远程遥控、传感器和长航程飞行，无

图6-27 无人机航拍

人机在空中交通管制、地质勘测、地图测绘等领域发挥着重要的建设性作用。在工程建设领域的应用主要表现在以下方面：地形图测量、征地拆迁、倾斜摄影三维实景建模、全景图片、土方测量、进度航拍、高空质检、隐患排查、应急指挥等（图6-27）。

与无人机应用密切相关的是实景建模技术。实景建模技术是现代精密测量与控制技术在工程建造领域中的创新应用。一般可以分为三维激光扫描技术和倾斜摄影技术两类。实景建模技术通过对现场环境与空间中的各类大型、复杂、不规则、标准以及非标准的工程实体或实景进行三维数据采集，采集后的三维数据（点云）在计算机中通过重建算法对工程实体或实景中的线、面、体等空间数据进行不失真的还原与重建。重建后的数据可以广泛应用于从勘察、设计、施工到运维这一工程建造全过程中的测绘、模拟、监测、计算、分析、全景展示等应用领域。在工作方式上，实景建模技术与传统的以正向建模、正向分析为特征的工程辅助建造方式相反。因此，实景建模技术也被称为逆向工程技术。

目前常用的实景建模技术实现手段是倾斜摄影和三维激光扫描技术，随着技术的不断进步，实景建模技术正朝着高速度、高精度、便携式的方向快速发展。从20世纪50~60年代开始，美国、德国、日本、加拿大等国家就开始在实景建模技术领域进行了研究与应用，并逐渐形成了较为完善的工程测量理论、技术产品和工程实践方法。2000年，德国徕卡公司研发的三维激光扫描仪，其测量距离可以达到50m；2006年，德国徕卡公司又将三维激光扫描仪的测量距离拓展到了300m；2014年，美国法如公司在三维激光扫描仪的测量速度、易操作性、便携性等方面均取得了新突破；2015年，美国法如公司研发出了手持式的三维激光扫描仪。

倾斜摄影技术的研究始于20世纪90年代。近年来，倾斜摄影技术在三维数据采集设备和数据后处理软件方面均取得了新突破。目前，全球主流的倾斜摄影技术产品包括美国天宝公司的AOS系统、德国徕卡公司RCD 30系统、美国微软公司的UCO系统、德国IGI公司的Penta-digicam系统等。

我国在实景建模技术领域的研究与应用起步相对较晚，较早的研究成果如20世纪90年代末，华中科技大学研制的小型实景建模系统；刘先林院士团队率先研发的国产倾斜摄影系统SWDC-5。2014年6月，我国成立了倾斜摄影测量技术联盟，在倾斜摄影测量标准化体系建设和相关软件的研发方面进行了重点推进。2015年12月，北京无限界科技有限公司研发出倾斜摄影建模应用软件Infinite 3D Real Scense1.0。

在工程实践中，倾斜摄影技术通常需要与无人机等航拍设备配合使用。较为常用的配合方式是通过无人机飞行平台搭载5个固定的倾斜摄影相机。其中，一个正视相机采用垂直90°放置，其余的前视、后视、左视和右视相机采用45°倾斜放置。通过多个角度互补的方式消除视野盲区，再通过后处理软件将这些影像数据进行整合，形成完整的三维数据模型。

倾斜摄影技术能够真实反应复杂地物周边情况，弥补了传统的基于正射影像应用的工程测量方法的不足，具有数据还原性高、可利用性高、效率高、成本低的特点，适用于线性工程以及室外大场景中三维数据的定期、长期测量与分析，其技术不足是系统误差相对较大。

在工程实践方面，实景建模技术适用于环境复杂、结构复杂工程的辅助建造过程，部分应用场景如下：

1. 辅助现场规划

在公路工程、桥梁工程的改扩建中，常常会遇到边施工、边通行的作业要求。这一要求对现场人员、材料、机械的高效管理均提出了极高的挑战。基于实景建模技术对现场周边的建筑、道路、人流和车流状况进行扫描与重建，通过将重建后的周边环境模型与设计BIM模型进行"虚实匹配"，能够辅助完成现场规划、施工组织规划、物流进场计划、施工进度计划等工作的编制与优化，如图6-28所示。

图6-28　实景建模技术辅助现场规划

2. 辅助基坑挖填方量的计算

在基坑尤其是超大、超深基坑的施工中，实景建模技术可以用于基坑范围、基坑体积的快速扫描、重建、测量与计算。同时，在后处理软件的辅助下，实景建模技术还可以用于基坑中任意横断位置处的挖填方量的测量与计算，如图6-29所示。此外，在基坑挖方和强夯过程中，实景建模技术还能够用于超挖、欠挖、土方夯实度的测量与分析。

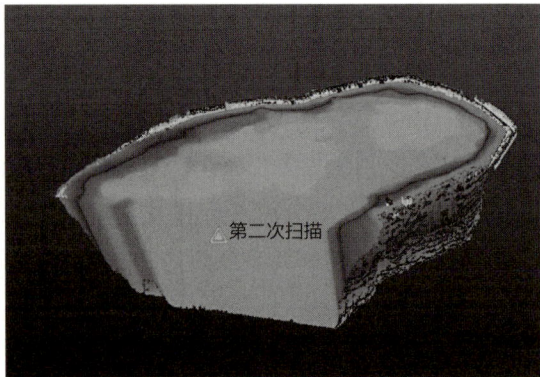

图6-29　实景建模技术辅助基坑挖填方量计算

6.3.7　建筑机器人

建筑机器人的出现不仅改变了建筑设计和建造的方法，更提供了"一种数据与动作、虚拟与现实之间的交互界面"。美国马里兰大学教授Miroslaw J. Skibniewski在1992年针对建筑机器人这样阐述："建筑机器人指可以某种程度遥控操作的、能够搜集并处理传感器数据的、自主或半自主作业的先进建筑装备。"时至今日，这个定义依然具有适用性。2018年，建筑知识

图6-30　砌筑机器人工作时场景

分享平台B1M编辑Dan Cortese在探讨建筑机器人这个话题时，对"机器人"这个概念本身给出了补充释义："机器人最终和一般机械设备的区别在于，它可以通过编程以不低于半自动化的程度实施复杂作业。而无人机、可穿戴外骨骼设备等都因为不能脱离人工操作自主作业，无法定义为机器人。"广义上，建筑机器人的功用涵盖了建筑物生命全周期，包括建筑工程开始以前的勘测，施工建造，以及建筑物使用中的运营维护和清洁等；狭义上，建筑机器人主要被应用于建筑营建施工中，例如墙体砌筑、墙面施工、土方清理和清拆清运等工程性作业（图6-30）。

建筑机器人的发展始于20世纪80年代美国政府对机器人在建筑业研发与应用的关注，而建筑机器人行业的兴盛来源于建筑行业内部劳动力资源短缺、施工安全隐患大、施工精度低等问题的显现。20世纪90年代初，美国能源部（Department of Energy）订购了一系列建筑领域特种机器人原型机，促进了该领域机器人技术的提升发展。当时的美国联邦与州政府财政拨款有限，多家政府机构和部门包括美国科学基金会（National Science Foundation）、美国国家航空航天局（National Aeronautics and Space Administration）、

美国国防部（Department of Defense）等都曾为建筑领域的机器人和自动化发展提供过资金支持。虽然欧美诸国对建筑机器人的研究从未中断，但研发成果始终没有走出试验室，直到20世纪90年代后它们才逐渐被应用于实际场景中。

建筑机器人在传统建筑建造业中"存在感"和实际应用程度的提升不仅来源于建筑生产技术及工艺转型升级的客观需求，同时也来源于对当前数字时代宏观科技背景的回应。苏黎世联邦理工大学（ETH）建筑与数字建造专家Fabio Gramazio和Matthias Kolher所说，以建筑机器人所代表的数字化建造技术（digital fabrication）是连接数字世界和物质世界的有力工具，它让在虚拟环境中进行的设计经由数字信息技术层层转换为物质实体的现实。可以说，建筑机器人不仅在重复动作生产活动中更具效率，在非标准建造上也能达到人工无法实现的创意可能。对建筑行业来说，BIM平台代表了设计数字化的升级方向，但设计到建造的过程仍不由数据驱动，建造自动化也处于起步阶段，可以说建筑业的数字化转型尚存有很大空间。

2010年后，建筑机器人产品的研发与应用进入全盛时期。在研发方面，欧盟在 2016年创建了Hephaestus项目，旨在探索将机器人与自动化系统运用到建筑领域，获得欧盟"地平线2020"科研计划（EU Horizon 2020 Research and Innovation Programme）的资助。Hephaestus项目通过创建解决方案，促使机器人和自动化系统能够运用在建造生产、安装和运营维护多个环节，提高现场施工和安装过程自动化程度从而增强欧洲建筑业竞争力，力图将欧洲建筑机器人打造为行业标杆，引领不断扩张的全球机器人产业链。2016年新加坡政府宣布投入1900万新币，在5年内持续支持各大研究、创新机构和企业的科技研发项目，进一步提升新加坡企业科技创新能力，其中由新加坡国家研究基金会主导的"Test-Bedding and Demonstration of Innovative Research Funding Initiative"资助多家科技公司实现其人工智能项目成功落地，包含帮助Transforma Robotics实现QuicaBot建筑质量检测机器人和 PictoBot墙面喷涂机器人产品化。

在应用方面，苏黎世立邦理工大学（ETH）联合Fabio Gramazio、Matthias Kolher等8位教授以及他们所在NCCR Digital Fabrication组织的70多名研究人员，在一年多的时间里运用先进的机器人和数字化的建造方式，于2018年基本完成了一栋三层楼、占地200m^2的DFAB HOUSE房屋建造，建造场景包括3D打印模板铸造混凝土顶棚、机器人建造弧形混凝土墙、机器人进行木材空间组装等。中国房地产龙头企业碧桂园集团于2018年7月宣布成立博智林机器人，并于同年与顺德区政府签署协议，计划5年内投入800亿人民币打造机器人谷。整个机器谷占地105万m^3，集科研、实验、生产、文化、生活、教育于一体。从博智林机器人制定的研发体系来看，他们计划先从伺服控制器、运动控制器等各类传感器的研发试产切入，进而扩展到减速机、马达和编码器的研发生产。在完成前期的技术积累之后，公司将基于已有的硬件技术，开展伺服控制系统、运动控制系统的研发和AI系统的开发。减速机、视觉传感器、力觉传感器、芯片和AI等将作为其打造的重点核心技术领域。

6.4 智慧建造软件

智慧建造是信息技术方法与工程建造方法的深入集成，需要通过软件固化下来，特别是体现在计算机算法上，所以智慧建造软件是智慧建造的核心和灵魂。本部分仅介绍以BIM软件为核心的部分代表性工程专用软件，不介绍通用和一般工具软件和系统。

6.4.1 模型创建与工程设计软件

模型创建与建筑设计软件如Autodesk Revit、Bentley AECOsim、GRAPHISOFT ArchiCAD、Dassault CATIA、Trimble SketchUp、天正建筑软件TR、McNeel Rhino等，以建筑专业为主，通过这些软件能够完成单专业或多专业模型创建，以及分析、模拟、比选和出图等应用。

结构设计软件如构力PKPM-BIM、盈建科YJK、广厦GSRevit、探索者TSRS、中建技术中心ISSS、Tekla Structures、Autodesk Advance Steel、Nemetschek AllPLAN PLANBAR，通过这些软件能够完成结构模型创建、结构分析和出图等应用。

机电设计软件如鸿业BIMSpace、广联达MagiCAD、Autodesk MEP Fabrication等，通常这些软件能够完成机电设计、深化设计、分析等应用。

建模软件是进行三维设计和施工的重要辅助工具，将各类建筑构件通过三维形体表达出来，让设计人员、施工人员更容易理解设计目的以及建筑构件的空间关系。

建模软件基于三维图形技术，支持对三维实体进行创建和编辑，一般支持常见建筑构件库。BIM建模软件包含梁、墙、板、柱、楼梯、管线、管件、设备等建筑构件，以及模架、塔式起重机、板房、围墙等施工机械设备和施工措施模型元素，用户可以应用这些内置或定制构件库进行快速建模。建模软件大都支持三维数据的信息交换，可以通过一定的数据交换标准或格式进行信息传递，使相关数据为其他软件所用。

随着复杂程度高、造型独特的工程项目越来越多，传统的二维设计图纸越来越不能满足施工深度的需要。通过建模软件将二维图纸变成三维模型或直接使用上游环节提供的三维模型，一方面可以通过三维定位信息充分表达工程实体；另一方面，从设计传递到施工，三维模型可以让施工人员更好地理解设计意图，减少施工过程中的偏差。同时在施工建模的过程中，也可以发现设计过程中的问题，在复杂造型、复杂节点、管线集中等情形下，模型比图纸表达更直观。

现有的建模方式主要包括人工建模、CAD识别建模和三维点云建模等。人工建模有时也称为正向建模，往往伴随着设计过程完成；CAD识别建模有时也称为翻模，通过识别已有CAD电子图纸上的图形和标注信息，建立模型；三维点云建模有时也称为逆向建模，通过扫描工程实体，形成点云数据，通过处理数据形成模型。

1. 人工建模

利用软件提供的建模功能手动进行模型的创建，主要用于在项目前期设计阶段、施工图纸未完成的阶段或者是没有电子CAD图纸的既有建筑，需要人工进行构件定位及整体模型的创建。还有一种情况是有CAD图纸，建模时间也比较充裕，也可以用人工建模的方式按照图纸进行建模，有利于理解图纸、发现问题、提高模型质量。

2. CAD识别建模

利用CAD图纸识别的技术，将二维图纸信息转化为三维构件，此方式的建模效率会比手工建模高。但是，此方式对图纸的规范性要求比较高，转化的模型准确性比人工建模低，需要人工进行模型的检查。因此，比较适用于有CAD图纸、项目建模时间比较紧的情况，可以提高建模效率，如项目投标阶段的建模。

3. 三维点云建模

通过激光扫描已经建成的建筑等方式，形成点云文件，然后通过对点云的处理创建成三维模型。此模型仅有外表皮，无法拆分成单独的构件，且没有附带模型信息。目前，常使用在无图纸的既有建筑建模，以及在施工过程中对已经施工完成的建筑部分进行定位扫描，与设计模型的定位进行对比，找出偏差部位，便于后续施工的纠偏。一般是用于钢结构、幕墙与混凝土结构定位的检查。

6.4.2　建筑性能分析软件

建筑性能分析软件如Autodesk Ecotect、IES VE、ANSYS Fluent、LBNL EnergyPlus等，通过这些软件可完成建筑的声、光、热等建筑性能分析。

在全球"双碳"发展目标的推动下，绿色分析软件迎来高速发展的契机。一般绿建分析软件可基于简单的建筑模型，通过交互式分析方法，对热、光、声、可视度等进行可视化分析，快速提供数字化分析图表，例如：改变地面材质，就可以比较房间里声音的反射、混响时间、室内照度和内部温度等的变化；加一扇窗户，立刻就可以看到它所引起的室内热效应、室内光环境等的变化，乃至分析整栋建筑的投资变化。

一般的绿建分析软件功能包括：供暖和制冷负荷计算工具、动态负荷计算工具（可逐时分析建筑的负荷）、建筑空调系统模拟工具、采光分析模拟工具、日照分析工具、运行费用分析工具、室内外流体力学模拟工具等（图6-31）。

部分绿建分析软件是基于计算流体动力学（Computational Fluid Dynamics，CFD）方法的软件，可以模拟高超音速流场、传热与相变、化学反应与燃烧、多相流、旋转机械、动/变形网格、噪声、材料加工等复杂机理的流动问题。软件包含基于压力的分离求解器、基于密度的隐式求解器、基于密度的显式求解器，多求解器技术使绿建分析软件可以用来模拟从

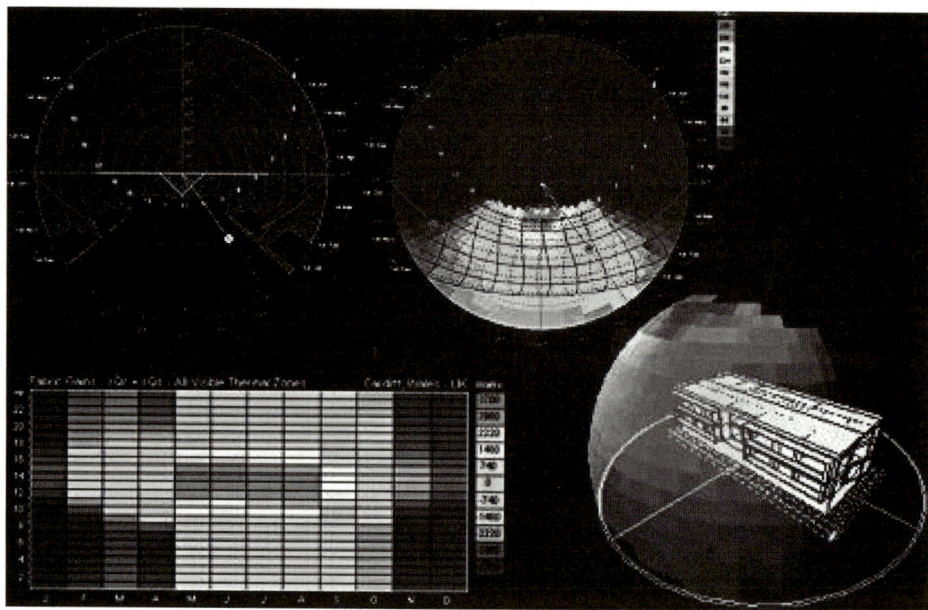

图6-31 建筑性能分析功能示意

不可压缩到高超音速范围内的各种复杂流场。

清华大学完全自主开发的DeST是建筑环境及HVAC（暖通空调）系统模拟的软件平台，该平台以清华大学建筑技术科学系环境与设备研究所十余年的科研成果为理论基础，将现代模拟技术和独特的模拟思想运用到建筑环境的模拟和HVAC系统的模拟中去，为建筑环境的相关研究和建筑环境的模拟预测、性能评估提供了方便实用可靠的软件工具，是HVAC系统模拟预测、性能优化较好的软件工具。

6.4.3 协同管理软件

建造过程中，涉及不同参与方的协作与决策，需要一个协同管理软件作为支撑。协同管理软件充分利用计算机硬件、软件、网络通信设备以及其他设备，为整个项目的各参与方（包括业主、建筑师、结构师、承包商、分包商、材料供应商等）提供实时共享的工程数据，支持对施工信息进行收集、传输、加工、储存、更新、拓展和维护。

协同管理软件支持项目相关方整合和校审建筑信息模型，以及对相关项目成果的管理和控制，支持用户对设计意图进行演示，帮助加深对项目理解、对施工流程进行仿真，进而支持用户对项目信息进行校审、分析和协调，提高工程可预测性，制定更加准确的规划，有效减少臆断。基于协同管理软件，项目团队成员在实际建造前以数字方式探索项目的主要物理和功能特性，以期达到缩短项目交付周期、提高经济效益、减少环境影响等目标。

协同管理软件如Autodesk Navisworks、Synchro Pro 4D、Dassault DELMIA、Trimble Connect、Act-3D Lumion等，通过这些软件可完成模型集成、专业协调、模型渲染、成果

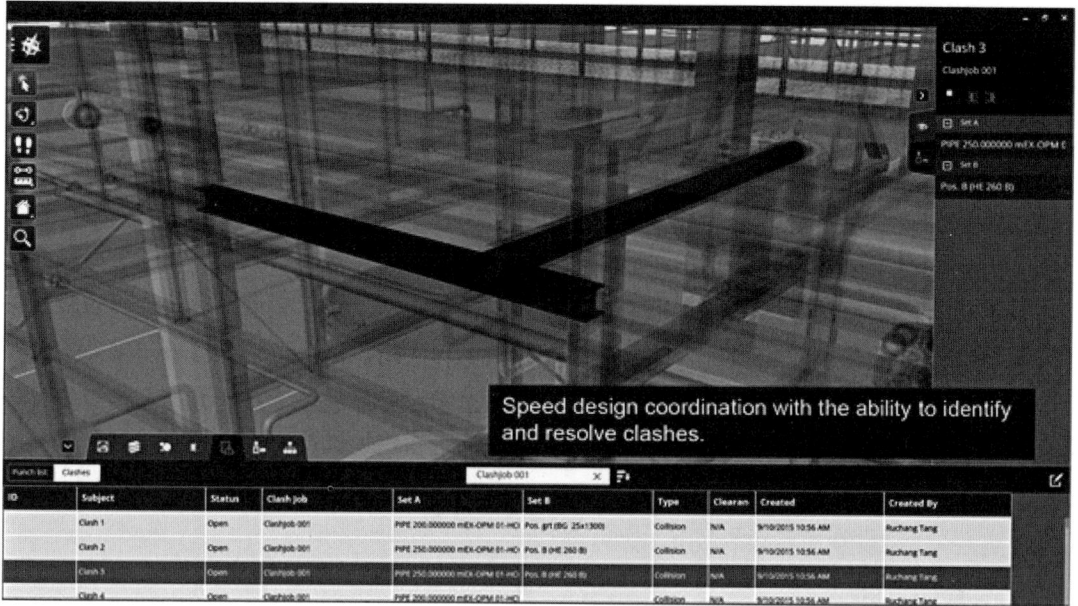

图6-32   碰撞检查功能示意

制作等应用（图6-32）。

协同管理软件辅助工程技术人员建立模拟模型、设定模拟条件、对比分析模拟计算结果，支持工程技术人员对决策模拟过程与结果进行剖析和评价，辅助工程技术人员明确工程实施时需要的补充条件或应特别引起注意的问题等。

一般在施工难度大或采用新技术、新工艺、新设备、新材料时，应用协同管理软件进行模拟和分析。协同管理软件与其他软件密切相关，为其他软件的应用提供基础数据和条件，特别是可视化展示软件，模拟分析的结果往往通过可视化展示功能呈现给工程技术人员。

一般协同管理软件支持多种格式工程数据的输入，如：二维和三维几何数据、BIM模型数据、激光扫描数据等。通过将设计、施工和其他项目数据组合到统一的模拟模型中，支持模型聚合、分析，以及可视化、漫游和模型发布等（图6-33）。

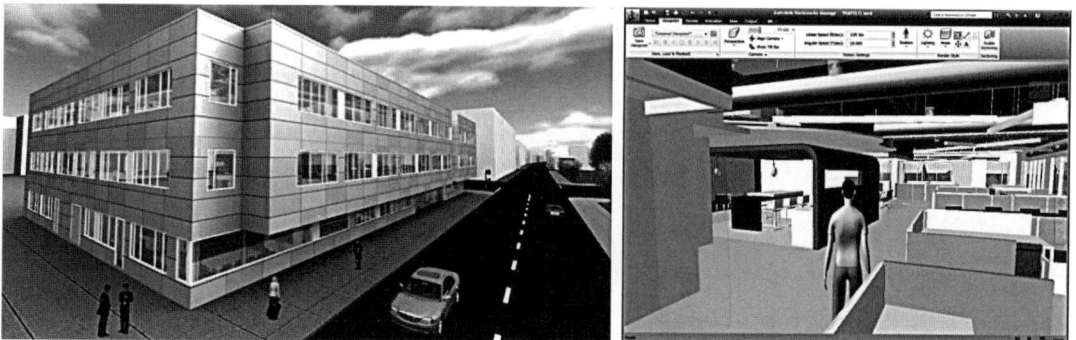

图6-33   模型可视化与实时漫游功能示意

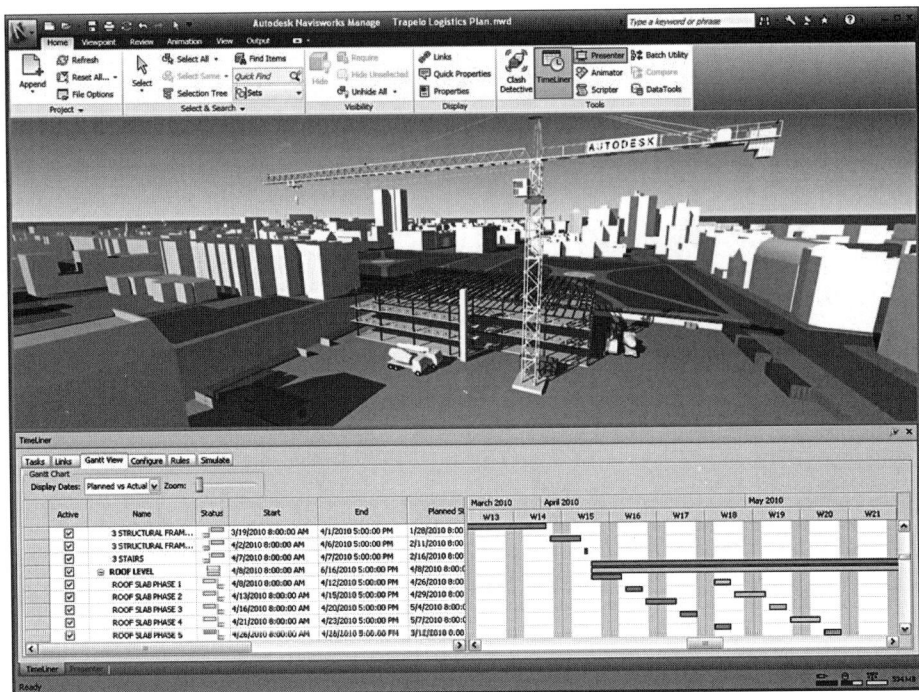

图6-34　施工组织模拟功能示意

在工序安排、资源配置、平面布置、进度计划等施工组织工作，基于施工图设计模型或深化设计模型、施工组织设计方案等创建施工组织模型，将工序安排、资源配置和平面布置等信息与模型关联，输出施工进度、资源配置等计划，指导和支持模型、视频、说明文档等成果的制作与方案交底，如图6-34所示。

在土方工程、大型设备及构件安装、垂直运输、脚手架工程、模板工程等施工工艺模拟中，可基于施工组织模型和施工图创建施工工艺模型，并将施工工艺信息与模型关联，输出资源配置计划、施工进度计划等，指导模型创建、视频制作、文档编制和方案交底。

通过施工过程和工艺精细化虚拟仿真，支持施工人员优化工期和施工方案，降低工程风险。如根据施工组织的需求，精确模拟3D对象的运动方式，从而进行精细化的施工工艺仿真分析；模拟3D机械模型（例如塔式起重机）运转，以模拟计划执行的活动，并且分析运作过程；模拟具有活动能力的人体模型模拟工人操作过程，例如拾起物体、行走、操作设备等。用于评估人员操作效率和安全性，如图6-35所示。

一般协同管理软件包含测量距离、面积和角度等工具，支持施工模拟数据的审核和优化。部分协同管理软件支持创建交互式脚本，将动画链接至特定的事件、触

图6-35　施工工艺仿真功能示意

发器或重要命令，制作动画并与模型交互，从而更好地进行施工模拟。部分协同管理软件包括红线标示、视点管理、注释标注等简单的支持团队协作工具。

6.4.4　集成平台软件

智慧建造软件系统融合了工程建造理论、组织理论、会计学、统计学、数学模型、经济学与信息技术，与工程实施组织结构和人员之间相互影响。因此，智慧建造软件系统一般都应用集成平台软件，集成智慧化施工技术、软件应用过程中所产生的信息。

集成平台软件如广联达BIM5D、云建信4D-BIM、Autodesk BIM 360、Bentley Projectwise、Trimble Vico Office、Dassault ENOVIA，通过这些软件可完成进度、成本、质量、安全等过程应用，以及工程文档管理等。

集成平台软件将若干单项业务的管理系统进行集成，一般功能包括：

1. 数据处理功能
包括工程数据收集和输入、数据传输、数据存储、数据加工和输出。

2. 预测功能
运用现代数学方法、统计方法和模拟方法，根据过去的工程数据，预测未来的工程状况。

3. 计划功能
根据提供的工程约束条件，合理地安排各职能部门的计划，按照不同的管理层次，提供不同的管理计划和相应报告。

4. 控制功能
根据各职能部门提供的数据，对施工计划的执行情况进行检测，比较执行与计划的差异，对差异情况分析其原因。

5. 辅助决策功能
采用各种数学模型和所存储的大量施工数据，及时推导出施工有关问题的最优解或满意解，辅助各级施工管理人员进行决策，以期合理利用人、财、物和信息资源，取得较大的经济效益。

6.5 智慧建造典型应用

6.5.1　智慧工程设计

需求饱和、市场迭代、社会转型，传统业务出现大幅下降，这些都是社会发展的必然结果，也是工程设计企业面临的不可逆转的大趋势。目前，部分设计企业数字化应用处于"集成应用与协同设计管理"的初步协同阶段，个别设计企业处于"基于BIM的集成与协同"高级协同阶段，国内大多数工程设计企业的设计业务数字化服务能力还不高，也没有摆脱传统模式束缚。

随着BIM、虚拟现实、大数据、人工智能等技术的普及应用，并且有5G移动通信技术的支撑下，未来的设计生产方式、组织结构和管理模式都将发生巨大变化，智慧工程设计将成为工程设计咨询企业的主要发展方向。

首先，在数字化、智慧化时代，不能提供数字化服务的传统设计院一定会被淘汰。工程源头数据来源于设计，数字化设计成果是工程全生命周期数字化体系的主数据。数字化设计的主要价值在于提供工程全生命周期乃至全社会共享的高质量工程信息，它不仅是设计院提高竞争力的手段，同时也是数字中国、智慧社会建设的基础数据。世界正在经历以数据为核心、互联网为手段的第二次信息化浪潮，即从IT到DT时代的转换。谁掌握数据、数据通道或由数据产生价值的方法，谁就掌握了数字化时代的盈利能力。谁能够参建全产业链的数字化生态圈，谁就将是最终的赢家。所以，能提供数字化服务的设计企业才有生命力。

其次，向产业链两端延伸，提供全过程的数字化、智慧化服务的新兴业务是企业未来的发展机遇。工程建设行业未来最大的服务对象是城市（含第二产业）基础设施建设，与之相配套的现代化服务业将形成巨大的市场。行业资源，包括政府、资金、人才、技术，无不沿产业链从前向后聚集，以数字化为手段、智慧化为目标的基础设施现代服务业必将成为未来最为主要的、规模越来越大的产业。从设计院、工程公司向工程全生命周期智慧化服务商发展，进入工程现代化服务业领域，是工程设计行业转型升级的必由之路，也是设计行业应尽的社会义务和历史责任。

第三，虚拟设计院等新的高效组织形式，将冲击传统设计企业组织架构，不适应的人和企业将被淘汰。数字化与网络技术极大提高了传统业务的工作效率，服务供给大增，基于云平台，运行软件与平台内容分离，软件使用权从购买到租赁，异地协同作业得以实现，这一切将引起作业模式变革与企业架构重塑。同时，共享经济蓬勃发展的今天，设计资源（数据库、图库、标准库、编码库等）社会化，如果不能快速、低成本和高质量地建立基础资料的获取模式，在专业化、产业化、云平台、互联网的新型商业环境下，设计企业将难以为继。因此，基于云平台、互联网，设计企业通过可控的设计平台把设计作业外包，能够有效整合行业资源，实行轻量化组织、弹性业务模式的虚拟设计院，在拥有无限大业务能力的同时，控制企业风险，提高经营效益。未来，超级工程服务商将与虚拟设计院形成混合模式，重构行业发展格局。

最后，面对当前工程设计难以高效表达和管理复杂空间对象、无法有效支持多主体协作、不利于工程全寿命期管理的问题，智慧工程设计要突破"平、立、剖"为核心的二维图样为基础的建筑产品定义方式，以模型产品定义技术（Model Based Definition）为基础，应用先进设计方法的应用，如衍生式设计（Generative Design）、基于数字孪生的智能设计（Digital Twin Based Intelligent Design）等。在设计方法中模仿自然的进化，由软件探索解决方案的所有可能排列，快速生成设计备选方案，充分利用物理模型、传感器更新、运行历史等工程数字孪生模型数据，对工程建造实体的组成、特征、功能和性能进行数字化定义和建模，支持多学科、多物理量、多尺度、多概率的数字化设计和仿真过程，在工程虚拟空间中完成映射，准确反映出工程全寿命期特性，获得高质量、高效率的设计成果。

6.5.2　智慧施工管理

未来的智慧施工将围绕人、机、料、法、环、测等关键要素，综合运用BIM、物联网、移动通信、云计算、大数据、人工智能等信息技术，与施工技术和管理深度融合与集成，对工程质量、安全等生产过程及商务、技术等管理过程加以改造升级，提高施工现场的生产效率、管理效率和决策能力，实现精细化、绿色化和智慧化的生产和管理。智慧施工管理将通过大数据技术"了解"项目的过去，通过物联网技术应用"清楚"项目的现状，通过人工智能技术"预知"项目的未来，对已发生或可能发生的各类问题，能形成科学决策和方案。

智慧施工管理未来将呈现：

1. 硬件物联、规则联动

物联网设备将是智慧施工管理收集现场数据的重要渠道，当物联网设备数量较多时，会通过工业级物联网平台，完成高效数据集成，将海量事件数据存储与规则联动，实时数据分析与应用接口，并保障数据安全、可靠（图6-36）。

2. AI分析、安全预控

对于直接采集的图像、视频信息，智慧施工管理系统可以直接应用AI平台中的算法进

图6-36　物联网应用示例

行特定指标的分析,如安全帽佩戴识别、人员周界入侵识别、车辆进出场识别、火焰监测识别、抽烟监测等。将管理平台与业务子系统进行集成应用,使安全管理和设备管理更为智能、高效。

通过智能视频分析技术,对项目现场进行人工智能化深度学习,无需其他传感器,直接对视频进行实时分析和预警,让工地更安全,更智慧。

3. 数据交互、智慧决策

智慧施工管理系统利用工地现场的数据标准、数据通信协议标准、各应用间认证和数据交换标准,使多个应用间实现数据共享和数据交换,最终达到数据集成,以消除数据孤岛。通过数据综合分析,提供智能预警,决策依据,辅助项目管理者动态管理项目,为企业大数据的建立提供基础保障。

4. 灵活组合、个性定制

智慧施工管理系统可以对不同业务模块进行自由组合,通过多样的排布方式以满足不同企业,不同项目类型的管理需求。以丰富的业务模块支持扩展应用,简单的操作即可完成样式编辑和数据配置,轻松搭建可视化应用。

5. 有机集合、多样展示

智慧施工管理系统提供数据可视化看板,通过各种类型的图标呈现工地各要素的状态,并突出关键数据,对劳务、进度、质量、安全等相关数据进行多维度的分析,通过点选图标可以看到详细信息。完善的系统可以通过点选进行原始数据追溯(图6-37)。

6. 智慧工地管理

当前,集中反映智慧施工管理环境变化的是智慧工地建设和管理。智慧工地是指围绕人、机、料、法、环等关键要素,综合应用新一代信息技术和相关设备,通过数据采集、人机交互、感知、决策、执行和反馈,形成有助于提高生产效率、管理水平和决策能力,有助于实现绿色化、工业化和智慧化的施工支撑环境和条件。

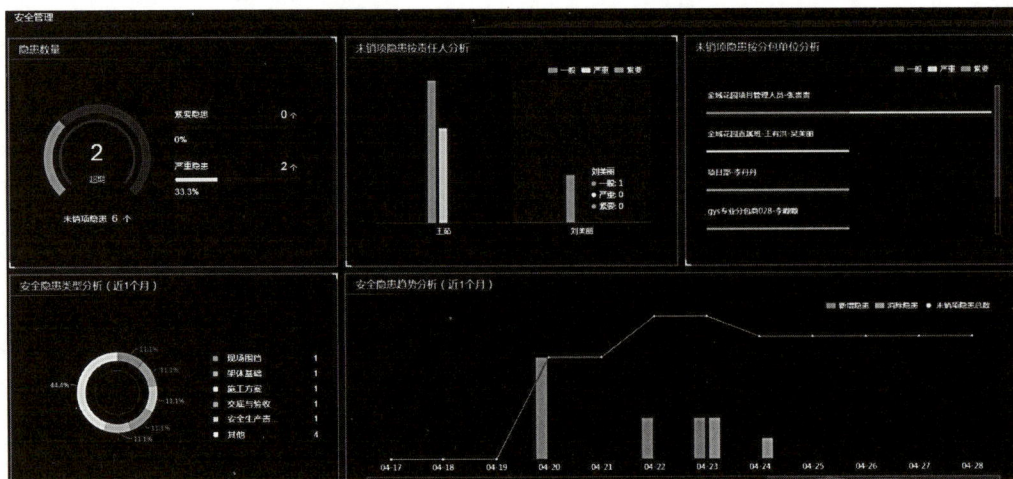

图6-37 智慧施工管理系统集成示例

智慧工地应用可以提高施工现场的生产效率、管理效率和决策能力，实现数字化、精细化、绿色化和智慧化的生产和管理。借助物联网和虚拟现实等技术，起到扩大人的视野、扩展感知能力以及增强人的某部分技能；借助人工智能技术和机器人等设备，来部分替代人，帮助完成以前无法完成或风险较大的工作；借助大数据和人工智能等技术，可以提升人的科学决策能力，替代人在建筑生产过程和管理过程的参与，最终实现由一部"建造大脑"来指挥和管理智能化或自动化的机具、设备，完成相关的建造工作。

（1）智慧工地人员管理

智慧工地人员管理基于人员基本信息，可以实现人员出入场管理、人员定位管理、人员培训管理、人员健康应急管理等。特别是在疫情常态化的背景下，应建立人员健康应急预案并进行提前演练，管理人员健康及应急处置事件记录等相关信息，满足快速调取、查询、留痕、总结分析等应急事件高效处置的需求。

（2）智慧工地机械设备管理

智慧工地的建设需要智慧建造设备的支撑，除了5.3节介绍的智能化设备，一般建筑机械也可以具备或通过改造具备一定智能化功能。如一般应用的土方及筑路机械、桩工机械、起重机械、高空作业机械、非开挖机械等，都可以通过集成应用自动识别、定位、自动监测、自动控制等技术，实现机械设备的智能化改造、运转和控制。

（3）智慧工地物资材料管理

智慧工地物资材料管理将充分运用互联网、数据分析、区块链、BIM、卫星定位、AI识别、电子标签、二维条形码等技术，对物资材料管理各环节进行数字化、信息化管理。智慧工地物料管理从物料生产的环节起，通过智能设备、先进技术的使用，对物料生产、工厂验收、物流运输、进场验收、办理入库等环节进行管理。

（4）智慧工地施工测量管理

智慧工地施工测量管理将综合运用IoT、BIM、AI、大数据、5G、三维激光扫描等现代信息技术，以及智能靠尺、智能测距仪、智能卷尺、智能阴阳角等设备，实现混凝土回弹测量、大体积混凝土温湿度监测、地形测量、地质监测、土方平衡测量、桩基监测、基坑监测、高大模板智慧监测、结构应力应变监测、变形监测、混凝土超高泵送监测等常规和特殊测量的数据自动化处理。

（5）智慧工地施工环境和能耗管理

智慧工地施工环境和能耗管理通过智能化手段强化对施工现场环境的科学管控，节约能源，保护生态环境，推动形成施工现场环境绿色管控模式，包括扬尘与噪声监测、污水检测、水电节能监测及能效管理、固体废弃物管理、场地布置管理等内容。

智慧工地施工环境和能耗管理从绿色施工的角度出发，利用物联网、BIM、移动互联网等信息化手段，通过对影响施工环境的要素信息进行自动采集、集中监控、动态归集与预警分析，实时把握现场扬尘噪声、固态废弃物、场地布置、能源、水环境等影响绿色生态环境的关键信息，实现资源的最佳匹配，优化施工组织管理，改善环境。

通过对工程项目实施动态控制和精细化管理，提高绿色施工管理水平和效率，其应用能大大减少绿色施工数据采集的人员成本，并有助于形成规范的绿色施工评价体系，并可提高各级部门对现场环境管理的监管水平。

6.6 智慧建造发展路径和策略

从现实来看，我国建筑业数字化转型和智慧建造发展仍然面临不少的挑战，任重道远：一方面，是来自技术层面的挑战，数字化转型对基础性的信息技术和建筑工业化的水平具有依赖性，例如伴随着5G技术的应用，智慧工地技术水平才能进一步把施工现场和管理后台快速连接；另一方面，是来自工程建造复杂性的挑战，建筑业的绝对技术难度尽管不如航天、精密制造等高科技行业，但其生产体系高度复杂，给全面实现数字化转型带来了很大挑战；再有是来自成本层面的挑战，工程建造涉及大量的固定资产投资，客观决定了建筑业是一个对成本高度敏感的产业，数字化转型意味着投入的增加。如果某些领域的数字化不能带来直接的价值增值，没有相应的利益合理分配机制，就难以形成市场内在动力。

近几十年来，信息技术在工程建造中应用越来越多，并且已经积累了一些实践经验，特别是以BIM技术为代表的信息技术的广泛应用，推动了工程建造技术的整体升级和变革，为智慧建造发展奠定了坚实基础。

6.6.1 推进智慧建造技术发展的意义

智慧建造是实现建筑产业可持续发展的必由之路。当前，我国经济已转向高质量发展阶段，数字化、区块链技术成为智慧建造赖以发展的基础，智慧建造采用现代技术手段，能够显著提高建造及运行过程的资源利用效率，减少对生态环境的影响，实现节能环保、效率提高、品质提升与安全保障，是行业可持续发展、迈向更高端水平的必然选择，所以全面推进智慧建造技术应用意义重大。

首先，这是顺应第四次工业革命的必然要求。纵观历史，人类社会先后经历了三次大规模的工业革命，每一次都推动了社会生产力巨大跃升，在这个过程中，工程建造也随之不断发生颠覆性变革，建造技术从机械化，发展到工业化，再到信息化，极大解放了人的体力，顺应了工业社会发展要求。当前，第四次工业革命大潮已汹涌而至，席卷众多领域。不同于以往的是，这次工业革命主要基于互联网、大数据、物联网、人工智能等数字化和信息技术，将极大解放人的脑力，拓展人的智慧。工程建造将迎来又一次颠覆性变革，必然从工业化、信息化，融合发展为更高形态的智慧化。党的十九届五中全会指出，到2035年，我国要基本实现新型工业化、信息化、城镇化、农业现代化，建成现代化经济体系。数字经济代表着现代经济发展方向，在国民经济中的地位进一步凸显。建筑业必将融入数字经济，以信息技术创新和商业模式创新双轮驱动为手段，在主营业务领域充分注入数字化基因，拓展数字化新空间。

其次，推动智慧建造技术应用是做强中国建造的关键抓手。当前，世界各国都在抢占技术高地，获取智慧经济时代机遇。抢占发展先机，推进智慧建造，将进一步树立中国建造在全球的领先优势，并在更大范围、更深程度牵引带动我国经济社会的整体发展。从这个意义上讲，智慧建造是做强、做优中国建造的关键抓手，是国家发展的重要驱动力之一。智慧建造是增强国家竞争实力的有效途径。建筑业上下游链条长，辐射范围广，大量的制造业产品以建筑、基础设施为终端。推进智慧建造将为建设数字中国、智慧社会提供广阔的实践场景，带动智慧家居、物业等众多领域发展。

第三，推进智慧建造技术应用可以快速提升建筑企业核心竞争力。随着以BIM技术为核心的智慧建造新技术的崛起，工程项目建造也开始朝着数字化、网络化、智能化的方向走去，更多的企业正在寻求形成以智慧建造为技术支撑的企业核心竞争力。部分国外先进建筑企业已经设定了明确的数字化转型的目标。如瑞典斯堪斯卡建筑公司（SKANSKA）非常重视数字化转型的作用，设定了在2023年前完全实现数字化转型的目标。该公司将其瑞典部门作为试点，正在推出旨在将建造成本降低20%，施工时间减少25%的计划。SKANSKA计划通过实施最新、最先进的信息技术来达到这一目标，以期在其全球部门中创造多米诺骨牌效应。

第四，推进智慧建造技术应用是推进建筑业转型升级的重要手段之一。当前信息技术应用与建筑业转型升级正处于历史交汇期，驱动各类生产要素资源聚集、开放和共享。传统的施工建造方式、总承包模式、多级法人治理结构正发生改变，一些先进的互联网企业已经冲破建筑行业壁垒、实现跨界竞争，与传统建筑企业形成竞争模式，并可能改变产业经济格局和利益格局。智慧建造带动了建筑业数字化转型升级，建筑业数字化转型将是未来长期的发展任务。智慧建造的实施提高价值创造能力，以数字化来提升产品和服务的价值；以数字化来提升生产运营效率，以数字化来创造新的需求、营造新的场景；智慧建造的实施变革产业体系，以数字化助力工程建造进一步向新型组织方式转型，进一步拉通产业链条；以数字化来进一步模糊细分行业边界，实现融合发展。智慧建造的实施推动科技创新，数字化转型必须依靠科技创新，这是实现高价值创造能力和支撑产业体系变革的前提，更是数字化转型得以持续推动的根本支撑。

最后，智慧建造是推动智慧城市建设的重要支撑。从BIM到CIM，是中国新型城镇化建设和发展的必然之路，使城市级别的数字化成为可能，为数字孪生城市提供了基础平台，为"数字中国，智慧社会"的实现提供了技术支撑。CIM应用促进了智慧城市的发展，实现了对城市管理的"多规合一"，为智慧城市建设奠定了重要基础。目前，住房城乡建设部在北京市（城市副中心和未来科学城）、广州市、厦门市及雄安地区开展了CIM平台应用试点工作。在新一代自主可控的三维信息技术支持下,工程规划报批、施工图联审、施工验收、不动产登记和运营维护等建设全生命周期都可实现数字化管理,可构建底层数据打通、自主可控和安全可靠的数字城市,最终实现智慧城市建设。

推进智慧建造是国家和行业发展的大势所趋,政策、市场、技术等条件均已基本具备。我们应把握机遇,担当使命,深化合作,协同推进智慧建造加快发展,努力做出突破性和创新性贡献。

6.6.2 智慧建造发展路径

按照一般科技的发展规律,智慧建造的发展路径分为三个阶段。

1. 初级阶段

在智慧建造发展的初级阶段,企业和项目通过积极探索以BIM、物联网、移动通信、云计算、智能技术和机器人等相关设备为代表的当代先进技术的集成应用,扩展人的视野、感知能力以及增强人的某部分技能,辅助现场人员对建造过程的管理,例如借助物联网传感器来感知设备的运行状况、感知施工人员的安全行为,借助智能技术来增强施工人员的作用技能等。同时,开始积累行业、企业和项目的大数据,为后期进行基于大数据的项目管理奠定基础。

2. 中级阶段

在智慧建造发展的中级阶段,大部分企业和项目已经熟练掌握了以BIM、物联网、移动通信、云计算、人工智能和机器人等相关设备为代表的新一代信息技术,在集成应用方面积累了丰富经验,行业、企业和项目大数据积累已经具备一定规模,开始尝试将基于大数据的项目管理应用于工程实践。

同时借助人工智能技术,在部分领域替代人类,帮助人类完成以前无法完成或风险很大的工作。研究和探索现场作业智能机器人,使得某些施工场景实现全智能化的生产和操作;这种替代是给定应用场景,并假设实现条件和路径来实现的智能化,并且替代边界条件是严格框定在一定范围内的。

3. 高级阶段

在智慧建造的高级阶段,技术层面以BIM、物联网、移动通信、大数据、云计算、智能技术和机器人等相关设备为代表的当代先进技术的集成应用已经普及;管理层面则通过应用高度集成的信息管理系统和基于大数据的AI系统等支撑工具。借助人工智能技术的"类人"思考能力,在建筑生产和管理过程中大幅降低人类的参与度,由一部"建造大脑"来指挥和管理智能机具、设备,完成建筑的整个建造过程。这部"建造大脑"具有强大的知识库管理和自学能力,即"自我进化能力"。全面实现"了解"项目的过去,"清楚"项目的现状,"预知"项目的未来,对已发生或可能发生的各类问题,有科学的决策和应对方案。

从上述三个发展阶段的分析可以看出,我们现在还处于智慧建造的初级阶段。

6.6.3　智慧建造发展策略

我国智慧建造的发展和应用还面临诸多问题，应有针对性地指导发展策略，可以从以下几个方面考虑。

1. 开展跨界融合与颠覆性技术应用研究，大力发展数字产业

新一代信息技术和各行业深度融合，不仅推动着产业变革，同时还在颠覆传统产业，催生新业态发展。互联网技术在购物、支付等领域的渗透与应用，直接导致了人们购物方式、消费观念和生活习惯的改变，并在社会发展中同步催生了在线经济、网络经济、流量经济等。2016年7月28日，国务院发布的《"十三五"国家科技创新规划》（国发［2016］43号）对发展"颠覆性技术"做出了部署。明确提出要强化颠覆性技术研究，力求使我国在新一轮产业变革中赢得竞争优势。

当前，以新一代信息技术为代表的第四次科技革命给建筑业实现数字化、智慧化转型发展提供了契机。应组织开展深入系统的研究，按照企业、项目和专业三个层级的不同需求，对智慧建造的关键技术、组织模式、业务流程、标准规范、应用方法和软件集成方案等进行系统研究，建立适合我国国情的智慧建造软件集成方案，以及工程项目组织模式和应用流程，将新一代信息技术转化为企业的生产力，支持企业发展，并引领行业创新。

目前，我国对智慧建造的理论架构和实行标准的研究仍处于初步探索阶段，成熟的智慧建造理论成果少之又少，现有的理论成果仍需进行完善。对于智慧建造的研究可聚焦于"技术体系、标准体系和应用体系"三大体系的建立和应用。

（1）构建技术体系。"十四五"期间和以后更长一段时期内，将是一个建筑技术突飞猛进的阶段，更多的跨界技术将被融合到智慧建造实践中。我国建筑业应该抓住契机，对未来发展影响较大的技术，做重点关注和开发，如BIM技术、物联网技术、云计算和大数据技术、AI技术、建筑智能建造技术、施工机器人技术等，努力实现关键核心技术自主可控。

（2）建立完善的标准体系。在智慧建造和建筑业转型的关键时期，应参照相关国际标准、国家标准和行业规范，厘清智慧建造领域已有的标准规范，找出下一步建设急需的标准要求，建立健全、科学、实用、前瞻性强的标准体系。

（3）健全和推广应用体系。智慧建造不能只停留在理论的创新、技术的研究和标准的制定上，它是否能得到有效地实施，关键还在于其应用体系的健全和加大推广力度。新技术的普及应用，需要技术政策的引导和支持，需要在合适时机有针对性地制定推进智慧建造技术应用的相关技术政策，特别是引导和鼓励大型企业集团率先建立和完善智慧建造技术应用实施体系。

2. 全面掌控核心技术和软件，解决应用软件"卡脖子"问题

目前支撑我国智慧建造技术应用的基础类工程图形软件和BIM建模软件基本都是以国外软件为主，国产软件大多在国外软件产品基础上对其数据格式进行管理，或是针对国外软件进行二次开发，其依赖的数据基础仍然是国外基础图形软件，很容易因基础图形软件等核心

技术缺失而导致行业"卡脖子"。所以，涉及主要业务场景和数据安全的系统应实现国产化和自主可控。

应以各部委的科技研发项目和技改项目为平台，以应用为纽带，营造环境，集聚社会力量，组织研发工程三维图形平台、建模软件、设计和施工集成应用系统，以及工程大数据管理平台，掌控核心技术和软件。打造有利于智慧建造软件研发和应用生态，规范和提高行业智慧建造技术应用能力。先解决有的问题，再解决好的问题。先独立开发，再进行集成；先具备完整功能，再进行优化。

3. 加快建筑机器人等智能装备产业化发展，率先将技术转化为生产力

新一代信息技术从概念提出到发展成熟，需要经历渐进的过程，而将新技术与传统产业融合，转化为生产力，也需要时间。所以，推进智慧建造技术应用既不能急躁冒进，也不可观望等待，应采取分阶段稳步推进策略，从试点示范应用、标准化应用到提高应用，分阶段稳步推进智慧建造技术的产业化，应做好以下几方面工作：

（1）健全科技成果转化推广机制，提升科技研发产出效率。建立科技成果转化基金及管理办法；健全知识产权保护、转让及奖励制度；完善科技成果共享及转化平台；加强科技成果示范工程应用，提高示范工程科技进步效益率；加强科技成果产业孵化。

（2）强化科技成果转移转化市场化服务。以"互联网+"科技成果转移转化为核心，以需求为导向，连接技术转移服务机构、投融资机构、高校、科研院所和企业等，集聚成果、资金、人才、服务、政策等各类创新要素。

（3）加快建筑机器人等智能装备的研究与应用，推动智能建造与新型建筑工业化协同发展。综合采用先进传感、测绘、机器视觉、VR、BIM数据共享、机电一体化及智能控制等技术，实现工厂生产、现场施工的自动化、智能化、无人化和信息化升级。

（4）启动智慧建造示范工程，树立工程样板，探索和实践信息化新技术应用方法和效果，提升工程建设质量管理水平，通过创新技术的深入推广，加快建筑工程全生命期应用的能力并选择重点工程组织观摩活动。

4. 启动行业大数据建设，支撑智慧建造和智慧企业发展

2020年4月9日，新华社刊发《关于构建更加完善的要素市场化配置体制机制的意见》，明确要进行市场化配置的要素主要有5种：土地、劳动力、资本、技术和数据。从这个意义上看，在数字经济时代，企业需要拥有数据要素的能力，我们称之为"数字能力"。随着移动互联网和数字技术的发展，人们逐渐了解数据要素的一些基本特征，它的虚拟性、在线即时性、多样性、通用性、融合性、流动性以及价值的无限性，都展示出与传统要素完全不同的特征。

数据是一种价值巨大的新型资源，具有体量大、种类多、速度快、价值大等特点，各行各业在使用数据资源的同时也在产生着海量的数据。在当下及可预见的未来，数据资源都会是整个社会高速发展的最根本、最核心的资源。数据的获取、处理和应用在人类社会发展中一直扮演着重要角色。数字化时代，"数据即资产"已被企业广泛认可。然而，建筑企业的

数据仍然存在着大量沉睡的数据、数据孤岛严重、数据质量堪忧、数据安全隐患较大等诸多问题。目前，不论是整个建筑行业还是我们企业都有大量的数据，但没有大数据，因为"不能访问"。这些问题不解决，数据就只是数据，算不得数据资产。

建筑行业大数据应用的核心，是基于企业核心数据的积累、存储和管理。在新时期，数据的价值和重要性将逐步体现，项目的工程量、建材价格数据、设备的产品数据、企业资质数据、产品的质量评估数据等纷繁复杂、浩如烟海，建立和完善企业的大数据库将是行业竞争的门槛之一。数据量的爆炸式增长将带来丰富的数据分析和应用需求，服务器与部件、OS&虚拟化、存储、数据库、中间件到大数据平台、云服务、大数据应用等愈显重要，企业构建起自主可控的大数据产业链、价值链和生态系统将在行业中脱颖而出。

5. 强化专业型和复合型人才培养，适应智慧建造发展需求

智慧建造是对传统建筑行业的升级，人才培养方面也需要同步跟进提升。总体来说，根据其特点，智慧建造领域需要更多的专业型人才、复合型人才和跨界型人才。2020年7月发布的《关于推动智能建造与建筑工业化协同发展的指导意见》中明确要求："各地要制定智能建造人才培育相关政策措施，明确目标任务，建立智能建造人才培养和发展的长效机制，打造多种形式的高层次人才培养平台。鼓励骨干企业和科研单位依托重大科研项目和示范应用工程，培养一批领军人才、专业技术人员、经营管理人员和产业工人队伍。加强后备人才培养，鼓励企业和高等院校深化合作，为智能建造发展提供人才后备保障。"

智慧建造领域，目前最紧缺的信息化人才当属各类BIM人才，包括BIM软件开发人才、基于BIM的设计、生产、施工应用技术人才等。前文已经多次提到BIM对智慧建造工作的重要意义，依据人社部2019年发布的关于BIM就业分析报告，目前行业中BIM人才，尤其BIM管理人才存在很大市场缺口。从未来发展需求看，越来越多的省市已经将BIM平台与规划和建筑报审关联，因此对BIM人才而言，其需求将呈现持续时间长、应用范围广、需求量大等特点。

但是目前看，应用BIM人员的知识和年龄结构，掌握BIM应用技能的人员大多是年轻人，他们的工程经验不足，与实际项目管理过程结合还不够紧密，影响了BIM应用效果。据统计，我国80%的BIM应用人员的年龄在30岁以下，而美国约80%的BIM应用人员在30岁以上。

加强智慧建造复合型和创新型人才的培养。建造领域的复合型人才和创新型人才，将是未来智慧建造大力推进后急需的两种人才培养模式。智慧建造涵盖了跨领域和多学科的综合内容，例如这一过程要将传统BIM技术与AI、IoT、5G、VR/AR、工业互联网、大数据、云计算、区块链等技术融合，而基于工程总承包的智慧建造要求了解设计、生产采购、施工等全过程。复合型人才不要求对以上技术和知识都十分精通，但需要熟练掌握其在实践中如何应用。

加强技术宣贯和人才培养，对工程项目全员进行相关技术普及，在企业技术人员和管理人员中力争做到高层能懂、中层能用、基层能做，重点培养项目经理的相关技术应用观念意

识。拓宽发展通道，培养复合型人才，制定人才激励机制。

培养适应智慧建造新模式的现代化产业工人。建造是一个最终生成实体建筑的过程，现阶段建筑生产和施工机器人无法完全替代人工操作，再智慧的技术、装备、平台、管理，如果没有大批生产和施工人员的介入，都无法实现建造的目的。而我国建筑业受其多年传统建造模式影响，是一个劳动密集型产业。国家统计局发布的《2019年农民工监测调查报告》中显示，2019年，我国农民工总量达29077万人，其中，从事建筑业的农民工比重为18.7%，也就是说我国目前的建筑业有5400多万的农民工。这部分施工人员应对传统的施工作业、传统的现场人员管理方式没问题，但对于智慧建造特别是智慧工地现场的新技术、新工艺、新平台、新管理、新装备，就需要一个逐步得到培训而掌握的过程。因此在智慧建造模式下，从建筑业农民工向产业化工人转型显得十分必要。2020年12月，住房城乡建设部联合11部委发布《关于加快培育新时代建筑产业工人队伍的指导意见》（建市〔2020〕105号），分别对截至2025年和2035年的建筑产业工人培养目标提出要求。同时，还提出了"鼓励建设建筑工人培育基地""加快自有建筑工人队伍建设"等11条具体任务。

第 7 章

推进工业化建造发展，创建新型建筑工业化产业体系

7.1 工业化建造概述

7.1.1 背景

随着我国经济建设脚步的加快,建筑行业也迎来了急速发展时期。虽然建筑行业每年都在创造大量的产值,但我们不难发现,同发达国家的建筑业相比,我国的建筑业还存在生产效率不高、技术水平较低、质量问题较多等情况。如何改善这一情况,使建筑行业改变过去粗放式的发展方式,向高效、节约的形式转变是该行业面临的重大课题。借鉴国外建筑行业的先进经验,发展建筑工业化能有效地提高建设效率、改善房屋质量、促进技术改革和实现良好的经济效益。

进入新时代,建筑工业化并不是新问题,也不是新埋念,而是我国建筑业一直倡导的发展方向。随着国家对环保的要求越来越严格,施工现场的劳动力短缺和成本提升等问题在不断出现,对施工现场的作业方式、建筑节能降耗、建筑垃圾循环利用等提出了更高的要求,以工业化方式重新组织建筑业,是提高劳动生产率、提升建筑质量的重要方式,对带动建筑业全面转型升级、打造具有国际竞争力的中国建造品牌具有深远的历史意义。同时,新型工业化需要强调建筑、结构、机电、装修全专业一体化,规划设计、生产制造、施工装配、智慧运营的全流程一体化,其前提是设计与工艺标准。

2020年8月,住房城乡建设部等9部门联合印发了《关于加快新型建筑工业化发展的若干意见》,明确提出了有关推动新型建筑工业化发展的九项具体意见和要求,这无疑为我国建筑业转型升级、实现建筑产业现代化进一步指明了方向。2021年1月,习近平总书记在省部级主要领导干部学习贯彻党的十九届五中全会精神专题研讨班开班仪式上再次强调:进入新发展阶段、贯彻新发展理念、构建新发展格局,是由我国经济社会发展的理论逻辑、历史逻辑和现实逻辑决定的。无论是贯彻新发展理念、构建新发展格局,还是碳达峰和碳中和的要求,都是顺应全球发展的大势。

按照党中央提出的"两个一百年"奋斗目标,到21世纪中叶基本实现社会主义现代化强国的战略要求,对于推进新型建筑工业化,仍然是我国建筑产业现代化进程中艰巨的历史性任务。新发展理念、新发展格局,是建筑业转型升级的发展机遇和运行的行动指南,工业化建造是建筑业实现提质、提效和绿色环保的重要手段和主要战场,是实现建筑业未来发展的必然路径。伴随着"双碳"目标逐步深入我们的各项生活,绿色低碳成为行业共识,建筑业要以"三造"融合创新来统筹"四化"协同发展,驱动行业的高质量发展,引领中国建造迈向建造强国。

7.1.2 内涵

工业化建造的理念源于机械制造业。福特汽车率先实现零配件的标准化，大大提高了生产效率，同时也大幅度降低了生产成本。工业化建造是将工业的理念和装备融入建筑行业，以提升建筑业建造质量、效率、安全和环保水平为目标，借鉴工业产品社会化大生产的先进组织管理方式与成功经验，以设计施工一体化、部品生产高度工厂化、施工现场高度装配化、建造管理全过程高度信息化与智能化为特征，对传统建造方式在技术与管理各方面进行的系统化持续改进提升的新型建造方式。

从20世纪50年代开始，我国就已经开始采用工业化的建造方式。进入21世纪，随着新型建筑工业化思想和理念的提出，各地开始大力推行装配式建筑，通过不同功能模块的组合，实现建筑产品个性化定制。通过标准化设计、工厂化生产、装配化施工、一体化装修、信息化管理、智能化应用，实现建筑产品像飞机、汽车一样装配化生产制造。

当前，工业化建造高速发展的两大核心推动力是施工现场劳动力短缺和环保要求的提升。施工现场劳动生产率的提升速度落后于其他工业制造行业与服务业，叠加人口老龄化因素，导致在产业工人竞争中，建筑行业处于不利状态。施工现场不稳定的工作场所、不确定的工作周期和远逊于传统制造业与服务业的工作环境，导致青年人不愿意选择去建筑施工现场工作，劳动力成本迅速上升。日益提升的环保要求，对施工现场作业方式和排放提出了更高的要求。政府行业主管部门、企业和资本市场一致认为，工业化建造是解决以上紧迫问题的主要手段，相关经验已经在发达国家和我国香港等地区得到证明。

随着施工技术的发展和进步，未来施工向着机械化、专业化、绿色化的方向发展，因此未来工业化建造方式将成为主流，它能够提升建筑品质、减少环境污染、保证安全和健康、提高建造效率。工业化建造方式中，预制构件在工厂进行标准化的生产，再通过现场专业工人进行装配式施工，符合绿色低碳、可持续发展的理念，相对于现有的湿作业为主的建造方式，工业化建造是未来发展方向，可能会成为颠覆性技术。

7.1.3 要素

1. "高度计划性" 是实现工业化建造的必备条件

现代工业产品的生产依靠信息化手段和高效精益的供应链管理，在全球优化配置资源，通过协同制造能够实现材料、零部件和成品的近零库存，这一切以高度的计划性为前提。原有的设计与采购和施工分离的传统建造方式无法实现建造过程的高度计划性，不符合工业化建造需求，需要大力发展EPC一体化的建造模式。在工业化建造中被重点强调的 "标准化" 实际上也是通过 "高度计划性" 来实现的。但 "标准化" 并不是工业化建造的必要条件，特别在柔性制造和智能制造蓬勃发展的现代工业条件下尤其如此。

2. "预制-装配"是工业化建造的典型特征

总承包企业作为集成商是"装配"的实施主体，是社会化大生产的大脑和组织者；供应商是"预制"的承担主体，是不可或缺的产业链支撑条件。对建筑业而言，"预制"作为一种协同并行的工作方式，突破了施工现场对空间、人员、材料和设备等各种资源的限制，赋予了项目组织者从整个产业链和供应链优化的角度来思考项目资源配置的自由，从而为进一步提升建造质量、效率、安全和环保，为业主和社会创造更好的效益提供了更多手段。

3. 高度信息化是发展工业化建造的基础，高度智能化是工业化建造的未来发展方向

信息化是实现工业化建造需要具备的高度协同和高度计划性要求的基础条件和信息保障。智能化技术的高速发展为信息化插上了翅膀，海量数据依托智能化技术和装备来处理，进一步提高了工业化建造的效率。

4. 专业化的人才队伍是工业化建造发展的重要支撑

企业专有产品体系和技术体系，需要有了解产品细部特性，掌握BIM、信息系统、数字化和智能化设备，能够熟练实施的产业技术工人、基层技术人员。未来各企业应进一步加强产业技术工人和基层技术人员的培育力度，打造各企业自有的高效、专业的工业化建造人才队伍。

7.2 工业化建造发展现状

7.2.1 国外工业化建造发展现状

西方发达国家的工业化建造的发展进程随着社会需求的改变而不断前进，不同国家呈现出不同特色，日本工业化建造的早期得益于政府主导，通过出台各项制度法规，确立工业化的建造技术体系，规范工业化产品的生产和销售。美国的工业化建造由技术进步驱动和市场成本驱动，通过长期市场竞争优胜劣汰，形成了各具特色的工业化建造产品体系、技术体系和标准体系；欧洲的工业化建造发展模式则介于两者之间。

1. 国外发达国家的工业化发展得益于政府的政策主导和大规模生产，使得工厂化完全代替传统的半手工、半机械的建设模式

以日本为例，在工业化发展过程中出台各项制度法规，确立工业化的建造技术体系，规范工业化产品的生产和销售。在成本方面，不同生产方式的基础成本、土地成本、改造宅基地成本、场地准备成本等均相同，工业化带来的成本不同点主要集中在建筑成本和资金成本上，其中工期缩短带来的资金效率和人工成本的降低弥补了工业化自身增加的建筑成本。而日本人力成本较高，通过工业化生产减少了工人在现场的工作时间，促使劳务升级，大大降

低了劳动力成本，从而有效控制了工业化的成本。

新加坡的装配式建筑，始于政府多快好省地建设保障性住房的需求。1960年，成立了建屋发展局（HDB）主导组屋建设。20世纪80年代开始将装配式建筑理念引入住宅工程，至20世纪90年代后期，组屋建设已进入全构件预制阶段。近几年，新建组屋的装配率已达到70%以上，部分组屋装配率达到90%以上（如达士岭组屋装配率达到94%）。通过发展已形成一套完整、可复用的预制构件系统，常见的组屋预制构件包括：预制混凝土梁柱、剪力墙、预应力叠合楼板、建筑外墙、楼梯、电梯墙、防空壕、空调板、垃圾槽、管道井、水箱等。

2. 装配式建筑是工业化建造的典型体现

西方发达国家的装配式建筑经过几十年甚至上百年的时间，已经发展到了相对成熟、完善的阶段，日本、美国、澳大利亚、法国、瑞典、丹麦是最具典型性的国家：日本是率先在工厂中批量生产住宅的国家，美国注重住宅的舒适性、多样性和个性化，法国是世界上推行工业化建筑最早的国家。

3. 装配式体系的创新推动工业化建造水平发展

国外许多工业化程度高的发达国家都曾开发出各种装配式建筑专用体系，例如英国的L板体系、法国的预应力装配框架体系、德国的预制空心模板墙体系、美国的预制装配停车楼体系和日本的多层装配式集合住宅体系等。大城市住宅的结构类型以混凝土装配式和钢结构装配式建筑为主，在小城镇多以轻钢结构、木结构住宅体系为主。

法国1891年就已实施了装配式混凝土的构件，迄今已有130年的历史。法国建筑工业化以混凝土体系为主，钢、木结构体系为辅，多采用框架或板柱体系，并逐步向大跨度发展。近年来，法国建筑工业化呈现的特点是：

（1）焊接连接等干法作业流行；

（2）结构构件与设备、装修工程分开，减少预埋，使得生产和施工质量提高；

（3）主要采用预应力混凝土装配式框架结构体系，装配率达到80%，脚手架用量减少50%，节能可达到70%。

德国的装配式住宅主要采取叠合板、混凝土、剪力墙结构体系，剪力墙板、梁、柱、楼板、内隔墙板、外挂板、阳台板等构件采用构件装配式与混凝土结构，耐久性较好。众所周知，德国是世界上建筑能耗降低幅度发展最快的国家，直至近几年提出零能耗的被动式建筑。从大幅度的节能到被动式建筑，德国都采取了装配式的住宅来实施，这就需要装配式住宅与节能标准相互之间充分融合。

瑞典和丹麦早在20世纪50年代开始就已有大量企业开发了混凝土、板墙装配的部件。目前，新建住宅之中通用部件占到了80%，既满足多样性的需求，又达到了50%以上的节能率，这种新建建筑比传统建筑的能耗有大幅度的下降。丹麦是一个将模数法制化应用在装配式住宅的国家，国际标准化组织ISO模数协调标准即以丹麦的标准为蓝本编制，故丹麦推行建筑工程化的途径实际上是以产品目录设计为标准的体系，使部件达到标准化，然后在此基础上实现多元化的需求，所以丹麦建筑实现了多元化与标准化的和谐统一。

日本1968年提出装配式住宅的概念。在1990年的时候，他们采用部件化、工厂化生产方式，提高生产效率，住宅内部结构可变，适应多样化的需求。而且，日本有一个非常鲜明的特点，从一开始就追求中高层住宅的配件化生产体系。这种生产体系能满足日本的人口比较密集的住宅市场的需求。更重要的是，日本通过立法来保证混凝土构件的质量，在装配式住宅方面制定了一系列的方针政策和标准，同时也形成了统一的模数标准，解决了标准化、大批量生产和多样化需求这三者之间的矛盾。

新加坡为进一步提高生产力，建屋局正与南洋理工大学合作开发一套综合建筑信息系统（IBIS, Integrated Building Information System），力求使项目信息可以在上下游企业间实时共享，进一步打通设计方、构件厂商和施工单位之间的信息壁垒，推动建工产业继续向模块化、信息化发展。

4. 标准化设计是工业化建造的前提条件

装配式建筑相对于传统设计区别在于更加强调完整的标准化设计体系。欧美等发达国家的装配式住宅与建筑产业化的发展中，已经实现设计体系标准化、材料制造工厂化、构配件供应配套化、现场建造工业化。

美国PCI协会编制的《PCI设计手册》，包括了装配式结构相关的部分，并与IBC 2006、ACI 318-05、ASCE 7-05等多个标准协调。国际结构混凝土协会FIB于2012年发布了新版的《模式规范》MC 2010，并出版了大量的与装配式混凝土结构相关的技术报告。美国在20世纪70年代能源危机期间开始实施配件化施工和机械化生产，城市发展部出台了一系列严格的行业标准规范，一直沿用至今，并与后来的美国建筑体系逐步融合。

1975年，欧洲共同体委员会决定在土建领域实施一个联合行动项目，项目的目的是消除对贸易的技术障碍，协调各国的技术规范。在该联合行动项目中，委员会采取一系列措施来建立一套协调的用于土建工程设计的技术规范，最终将取代国家规范。1980年产生了第一代欧洲规范，包括EN 1990～EN 1999（欧洲规范0～欧洲规范9）等。在EN 1992-1-1（欧洲规范2）的第一部分为混凝土结构设计的一般规则和对建筑结构的规则，还有预制构件质量控制相关的标准，如《预制混凝土构件质量统一标准》EN 13369等。

瑞士的国际结构混凝土协会FIB于2012年发布了新版的《模式规范》MC 2010。模式规范MC 90在国际上有非常大的影响，经历20年，汇集了5大洲44个国家和地区的专家的成果。相较于MC 90，MC 2010的体系更为完善和系统，反映了混凝土结构材料的最新进展及性能优化设计的新思路，建立了完整的混凝土结构全寿命设计方法，包括结构设计、施工、运行及拆除等阶段，其中与装配式混凝土结构相关的技术报告，涉及了结构、构件、连接节点等设计的内容。

日本的标准包括建筑标准法、建筑标准法实施令、国土交通省告示及通令、协会（学会）标准、企业标准等，涵盖了设计、施工等内容，其中由日本建筑学会AIJ制定装配式结构相关技术标准和指南。1963年成立日本预制建筑协会，在推进日本预制技术的发展方面做出了巨大贡献。该协会先后建立PC工法焊接技术资格认证制度、预制装配住宅装潢设计师资格认证制度、PC构件质量认证制度、PC结构审查制度等，编写了《预制建筑技术集成丛书》。日本出台的《工业化住宅性能认定规程》和《工业化住宅性能认定技术基准》两项规范，对整个日本住宅工业化水平的提高具有决定性的作用。

日本每个五年计划都有明确的促进住宅产业发展和性能品质提高方面的政策和措施。通过立法来确保预制混凝土结构的质量；制定了一系列住宅建设工业化的方针、政策，建立统一的模数标准，解决了标准化、大批量生产和住宅多样化之间的矛盾。丹麦是一个将模数法制化应用在装配式住宅的国家，国际标准化组织ISO模数协调标准即以丹麦的标准为蓝本编制。

7.2.2　国内工业化建造发展现状

近年来，国家持续出台支持政策，加快推动新型建筑工业化。自2016年国务院办公厅印发《关于大力发展装配式建筑的指导意见》以来，以装配式建筑为代表的新型建筑工业化快速推进。2020年先后出台《关于推动智能建造与建筑工业化协同发展的指导意见》和《关于加快新型建筑工业化发展的若干意见》，明确提出了推动智能建造与建筑工业化协同发展，促进建筑业转型升级、实现高质量发展，通过新一代信息技术驱动，实现工程建设高效益、高质量、低消耗、低排放的建筑工业化。

1. 政府主导大力推进我国工业化建造发展

（1）建筑业劳动力出现负增长，需要政府前瞻预判应对

当前，我国建筑产业工人队伍仍存在无序流动性大、老龄化现象突出、技能素质低、权益保障不到位等问题，制约建筑业持续健康发展。

我国农民工总量近年来一直在不断增加，但从2014年之后，建筑业农民工总量开始出现负增长，而建筑业农民工的数量在农民工总量的占比也在逐年降低（表7-1）。

2010～2019 年建筑业农民工数量（单位：万人）　　　　　　　　表 7-1

类别	2010年	2011年	2012年	2013年	2014年	2015年	2016年	2017年	2018年	2019年
农民工总量	24223	25278	26261	26894	27395	27747	28171	28652	28836	29077
建筑业农民工数量	3900	4474	4832	5970	6109	5855	5550	5415	5363	5437
比例	16.1%	17.7%	18.4%	22.2%	22.3%	21.1%	19.7%	18.9%	18.6%	18.7%
增幅	—	1.6%	0.7%	3.8%	0.1%	-1.2%	-1.4%	-0.8%	-0.3%	0.1%

2015～2019年，青壮年劳动力数量明显降低；21～30岁区间年龄段的农民工也从29.2%降低到23.1%。同时，产业对工人的要求也越来越高，在转型的年龄结构上，现阶段的建筑业劳动力还存在青壮年劳动力稀缺、老龄化严重的问题（表7-2）。

农民工年龄构成（单位：%）　　　　　　　表7-2

类别	2015年	2016年	2017年	2018年	2019年
16~20岁	3.7	3.3	2.6	2.4	2.0
21~30岁	29.2	28.6	27.3	25.2	23.1
31~40岁	22.3	22.0	22.5	24.5	25.5
41~50岁	26.9	27.0	26.3	25.5	24.8
50岁以上	17.9	19.1	21.3	22.4	24.6

根据统计，只有不到半数的人有接受职业培训，培训情况也不容乐观。现阶段农民工的职业素养，从多层面来看，仍旧不满足产业工人的需求（表7-3）。

农民工培训情况（单位：%）　　　　　　　表7-3

年份	2015年	2016年	2017年	2018年	2019年
比例	30.7	30.7	30.6	—	—

（2）国家持续出台支持政策，加快推动新型建筑工业化发展

2016年国务院办公厅印发《关于大力发展装配式建筑的指导意见》，自此装配式建筑发展迅速，市场占有率稳步提升，建造水平和建筑品质也明显提高。为贯彻落实习近平生态文明思想和党的十九大精神、推动城乡建设绿色发展和高质量发展、以新型建筑工业化带动建筑业全面转型升级、打造具有国际竞争力的"中国建造"品牌，住房城乡建设部等9部门于2020年8月28日联合印发了《关于加快新型建筑工业化发展的若干意见》（以下简称《若干意见》）。

《若干意见》强调，通过新一代信息技术驱动，以工程全寿命期系统化集成设计、精益化生产施工为主要手段，整合工程全产业链、价值链和创新链，实现工程建设高效益、高质量、低消耗、低排放的建筑工业化。《若干意见》是当前和今后一个时期指导新型建筑工业化发展、提高建造水平和建筑品质、带动建筑业全面转型升级的重要文件。《若干意见》指出发展新型建筑工业化是一项复杂的系统工程，重点围绕以下九项工作开展：一是加强系统化集成设计和标准化设计，推动全产业链协同；二是优化构件和部品部件生产，推广应用绿色建材；三是大力发展钢结构建筑，推广装配式混凝土建筑，推进建筑全装修，推广精益化施工建造；四是加快信息技术融合发展，大力推广BIM技术、大数据技术和物联网技术，发展智能建造；五是创新组织管理模式，大力推行工程总承包模式，发展全过程工程咨询，建立使用者监督机制；六是强化科技支撑，培育科技创新基地，加大科技研发力度；七是加快专业人才培育，培育专业技术管理人才和技能型产业工人；八是开展新型建筑工业化项目评价；九是强化项目落地，加大金融、环保、科技推广、评奖评

优等方面政策支持。

（3）以建筑工业化发展促进智能建造先进技术的应用

2020年7月28日，住房城乡建设部等部门发布《关于推动智能建造与建筑工业化协同发展的指导意见》（以下简称《指导意见》）。《指导意见》从加快建筑工业化升级、加强技术创新、提升信息化水平、培育产业体系、积极推行绿色建造、开放拓展应用场景、创新行业监管与服务模式7个方面，提出了推动智能建造与建筑工业化协同发展的工作任务。

其中在加快建筑工业化升级方面，《指导意见》表示，大力发展装配式建筑，推动建立以标准部品为基础的专业化、规模化、信息化生产体系。同时，加快推动新一代信息技术与建筑工业化技术协同发展，在建造全过程加大建筑信息模型（BIM）、互联网、物联网、大数据、云计算、移动通信、人工智能、区块链等新技术的集成与创新应用。大力推进先进制造设备、智能设备及智慧工地相关装备的研发、制造和推广应用，提升各类施工机具的性能和效率，提高机械化施工程度。加快传感器、高速移动通信、无线射频、近场通信及二维码识别等建筑物联网技术应用，提升数据资源利用水平和信息服务能力。加快打造建筑产业互联网平台，推广应用钢结构构件智能制造生产线和预制混凝土构件智能生产线。

（4）装配式建筑作为发展新型工业化的重要抓手

近几年，我国加大专项政策扶持力度，开启装配式建筑发展新模式。国家通过市场主导、分区推进，制定了明确的装配式建筑发展规划和目标，确定重点推进、积极推进和鼓励推进区域的装配式建筑发展新模式。以装配式建筑为载体，协同推进智能建造与新型建筑工业化，促进建筑产业转型升级和高质量发展。

我国装配式建筑规划自2015年以来密集出台，2015年末发布《工业化建筑评价标准》，决定2016年全国全面推广装配式建筑，并取得突破性进展。2015年11月14日，住房城乡建设部出台《建筑产业现代化发展纲要》计划到2020年装配式建筑占新建建筑的比例20%以上，到2025年装配式建筑占新建建筑的比例50%以上。2016年出台的《关于大力发展装配式建筑的指导意见》要求要因地制宜发展装配式混凝土结构、钢结构和现代木结构等装配式建筑，力争用10年左右的时间，使装配式建筑占新建建筑面积的比例达到30%。2016年3月5日，政府工作报告提出要大力发展钢结构和装配式建筑，提高建筑工程标准和质量。2016年9月14日，国务院召开国务院常务会议，提出要大力发展装配式建筑推动产业结构调整升级。

各地政府加大政策支持力度，积极推进装配式建筑发展。全国31个省份均出台了装配式建筑专门的指导意见和相关配套措施，对装配式建筑的发展提出了明确要求，发布了相关的激励政策，主要包括：用地支持、财政补贴、专项资金、税费优惠、容积率、评奖、信贷支持、审批、消费引导、行业扶持10个小类。税费优惠政策超过90%，其次为用地支持、财政补贴和容积率均超过50%。我国装配式建筑政策体系基本形成，工业化建造升级显著加快。

2. 国内工业化建造的发展情况

（1）装配式建筑蓬勃发展

我国从20世纪50年代开始采用装配式建筑，但期间由于现浇混凝土技术体系逐渐成熟，加之劳动力大量进入建筑行业，使得装配式建筑发展多次被放缓。随着工业化发展和城镇化进程的加快，政府在绿色建筑和节能减排需求增加，公众也越来越重视房屋建造质量，加之现浇结构体系劳动力价格上涨、工程安全事故频频发生，使得装配式建筑再次得到重视，并快速发展。突出表现为国家加大专项政策扶持力度，并进入大力发展阶段。通过市场主导、分区推进，制定了明确的装配式建筑发展规划和目标，确定重点推进、积极推进和鼓励推进区域的装配式建筑发展新模式，并涌现了如中建科技、远大住工等龙头企业。

随着政策驱动和市场内生动力的增强，装配式建筑相关产业发展迅速。截至2020年，全国共创建国家级装配式建筑产业基地328个，省级产业基地908个。在装配式建筑产业链中，构件生产、装配化装修成为新的亮点。其中，构件生产产能和产能利用率进一步提高，全年装配化装修面积较2019年增长58.7%。

从结构形式看，新开工装配式混凝土结构建筑4.3亿m²，较2019年增长59.3%，占新开工装配式建筑的比例为68.3%；装配式钢结构建筑1.9亿m²，较2019年增长46%，占新开工装配式建筑的比例为30.2%。其中，新开工装配式钢结构住宅1206万m²，较2019年增长33%。此外，装配式钢结构集成模块建筑得到快速推广（图7-1）。

2020年，全国31个省、自治区、直辖市和新疆生产建设兵团新开工装配式建筑共计6.3亿m²，较2019年增长50%，占新建建筑面积的比例约为20.5%，完成了《"十三五"装配式建筑行动方案》确定的到2020年达到15%以上的工作目标（图7-2、图7-3）。

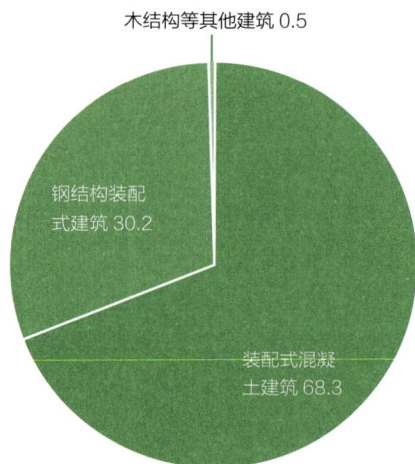

图7-1　2020年全国装配式结构形势占比分析（%）

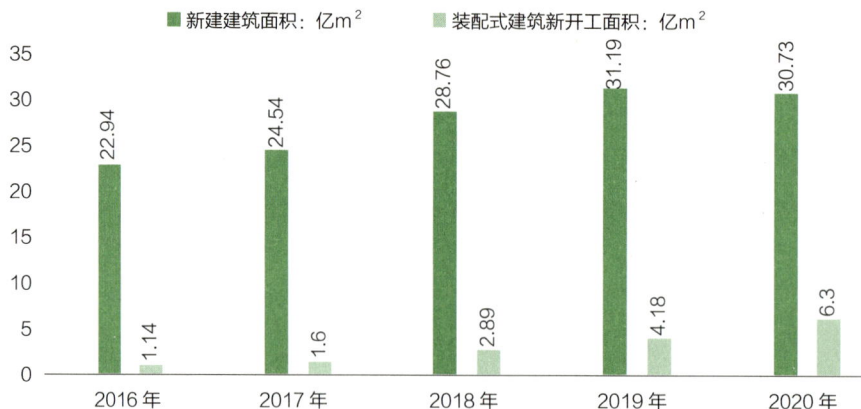

图7-2　2016~2020年装配式建筑发展统计

图7-3　2016～2020年装配式建筑发展趋势

2020 年主要国家装配式建筑渗透率

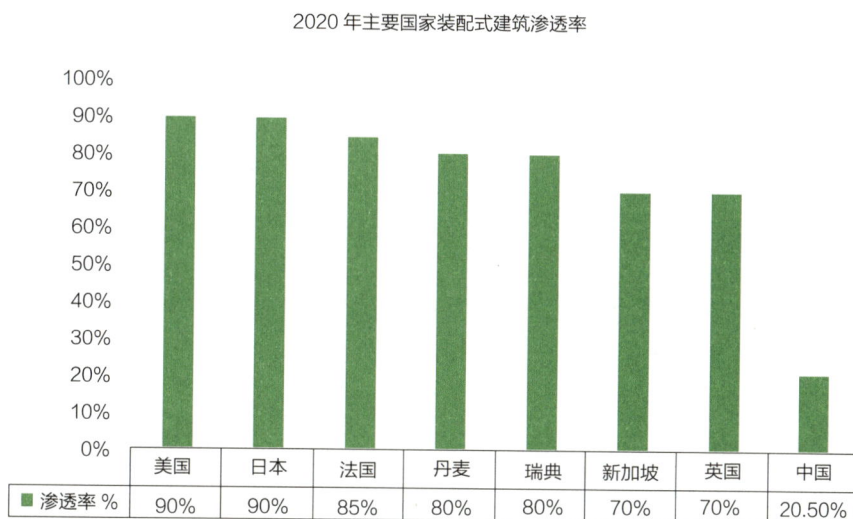

	美国	日本	法国	丹麦	瑞典	新加坡	英国	中国
渗透率 %	90%	90%	85%	80%	80%	70%	70%	20.50%

图7-4　2020年主要国家装配式建筑渗透率

　　我国装配式建筑进入快速发展阶段，但仍与世界主要国家70%以上的渗透率具有较大差距。2020年我国装配式建筑渗透率约为20.5%（图7-4）。

　　2020年，京津冀、长三角、珠三角等重点推进地区新开工装配式建筑占全国的比例为54.6%，积极推进地区和鼓励推进地区占45.4%，重点推进地区所占比重较2019年进一步提高。其中，上海市新开工装配式建筑占新建建筑的比例为91.7%，北京市40.2%，天津市、江苏省、浙江省、湖南省和海南省均超过30%（图7-5）。

　　总体上，我国的建筑工业化进入快速发展通道。工业化建造技术水平得到了较大的提升，促进了新技术、新材料、新产品、新设备在工程建设中的广泛应用。随着我国经济社会的发展，建筑业生产成本不断上升，劳动力与技工日渐短缺，这从客观上促使越来越多的开发企业、设计单位、施工企业积极投身到建筑工业化工作中，把推进建筑工业化作为促进企业转型升级、降低成本、提高劳动生产率、实现可持续发展的重要途径。

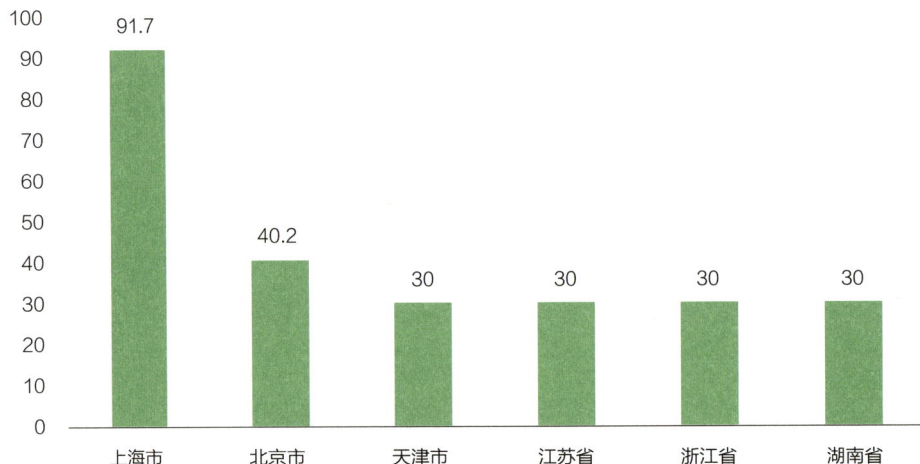

图7-5 新开工装配式建筑占比(%)

（2）全国预制工厂产能过剩

全国的预制工厂投资建设速度过快，缺乏统筹产业规划布局的指导，许多预制工厂盲目投资建设，造成大量土地和资源浪费；由于市场份额增长有限，相当数量工厂接不到订单或接到订单也无法运营的现象比较突出，集中暴露了我国预制工厂的投资发展处于无序状态。

截至目前已经建成的PC工厂已超过2000家，设计的PC产能达到5000万~6000万m^3，总体上已远超目前PC市场的实际需求2200万m^3左右，除少数地区外，大部分地区预制工厂的数量和规模已经可以满足装配式建筑未来五年发展的市场需求了，目前再投资新的预制工厂风险极大，新建的预制工厂运行的风险也在日益增加（图7-6）。

2020年，全国预制混凝土构件生产企业的数量增长依然较快，据不完全统计这一年新增预制工厂近200家，截至目前全国规模在3万m^3以上的预制工厂已超过1200家。由于建设方缺乏PC工厂运营经验，新建PC工厂普遍存在重投资建设，轻运行管理方面的问题，从而

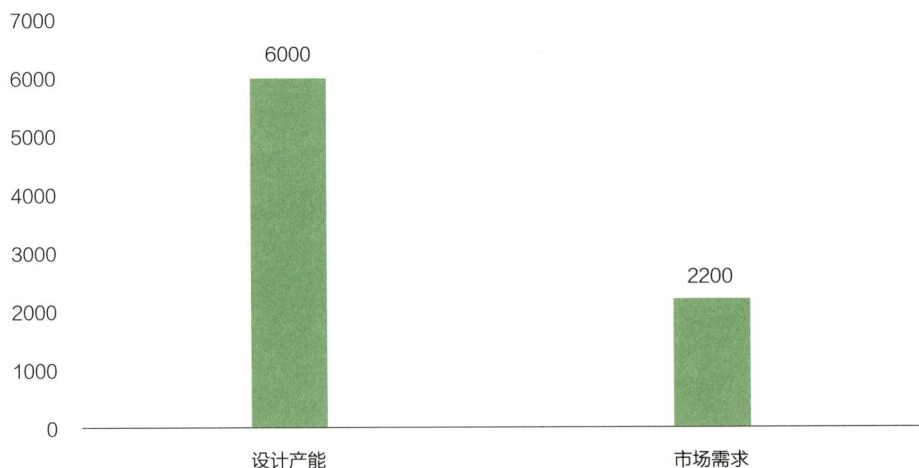

图7-6 PC构件厂产能对比（万m^3）

造成工厂规划设计方案不合理，工艺设备配置不适用，工厂运行效率低等结果。投资较大的新工厂，人员和管理等软件建设方面存在很大短板，如果没有产业链的整体优势，会存在很大经营风险，可以预见未来3～5年会有相当多的PC工厂倒闭或转产。

目前预制构件生产的主力军主要还是利用老的预制工厂或改造升级的工厂，其中除一些大企业经营管理较好外，多数工厂的经营状况和经济效益也不容乐观，面对低价市场竞争的冲击，货款回收困难，人员流失严重，经营管理举步维艰，除了极少数差异化发展的PC企业效益较好外，绝大多数企业都存在亏损状态，造成整个PC行业的运行质量和经济效益大幅下滑。

目前在预制构件生产企业中，远大住工、中建科技、筑友智造科技等企业处于领先地位，中建科技产能为354万m³，远大住工194万m³，筑友为62万m³，由于远大住工具有较大的联合工厂规模，含联合工厂的总产能为680万m³，在三家内位列第一。中建科技控股13家，拥有57条生产线，产能204万m³；参股10家PC工厂，产能为150万m³；中建科技2020年实际产量为85万m³。远大住工公司拥有15家全资PC工厂及已累计签约88家联合工厂，全资工厂和联合工厂的总产能约为680万m³。同时具备PC构件制造和PC生产设备制造能力。根据全联房地产商会统计，按2019年的收益计算，远大住工是我国最大的PC构件和PC生产设备制造商，市场份额分别为16.5%和14.6%（图7-7）。

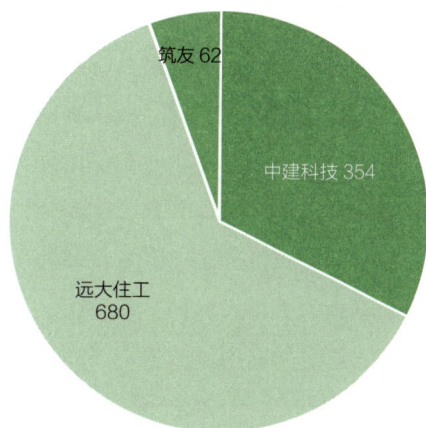

图7-7　2020年全国主要预制企业产能对比（万m³）

3. 我国建筑工业化产业差距和不足

一是高消耗。仅房屋建筑年消耗的水泥玻璃钢材就占了全球总消耗量的40%左右，北方地区供暖单位面积能耗是德国的两倍。**二是高排放**。仅建筑垃圾年排放就达20多亿吨，为整个城市固体废弃物总量的40%，建筑碳排放更是逐年快速增长。**三是低效率**。据有关统计，建筑劳动生产率仅是发达国家的2/3左右，建筑业的机械化、信息化、智能化程度还不高。**四是低品质**。**五是工业化建筑标准化设计和生产体系亟待完善**。针对各地普遍反映的标准化程度不高制约了装配式建筑发展的突出问题，住房城乡建设部正组织编制《装配式住宅设计选型标准》结合已发布的《钢结构住宅主要构件尺寸指南》《装配式混凝土结构住宅主要构件尺寸指南》《住宅装配化装修主要部品部件尺寸指南》，构建"1+3"标准化设计和生产体系，引导生产企业与设计单位、施工单位就构件和部品部件的常用尺寸进行协调统一，发挥标准化引领作用，提高装配式建筑设计、生产、施工效率，进一步推动全产链协同发展。

4. 成本偏高是当前发展需面对的问题之一

装配式混凝土建筑成本偏高是我国当前工业化建造发展过程中需要面对的问题之一。

主要因素一是目前装配式结构体系主要为等同现浇体系，接头用钢量比较大，施工工艺复杂；二是预制构件厂初期投资成本较高，普遍处于回收期内，构件出厂价格较高；三是装配式混凝土建筑处于高速发展期，项目策划人员，设计人员，生产人员和施工安装人员经验少，具体装配式实施方案不能达到较优状态，照抄照搬规范及图集，或直接按现浇传统模式思考解决装配式建筑，甚至为达标而普遍存在拼凑装配率的现象，造成项目成本进一步增量较高。

与传统现浇建筑成本构成对比，装配式建筑的成本构成减少了部分现场绑钢筋、支模板、浇筑混凝土等环节，相应增加了预制构件的生产、运输、施工环节，而这些环节正是造成装配式混凝土工程成本增加原因。根据实际项目测算，现阶段装配式建筑与传统现浇建筑相比造价要高出至少200元/m^2，并且随着装配率越高，增量成本也越高。如果构件生产的工厂距离施工现场太远，也将会增加运输的成本。

另一方面，装配式技术标准和技术体系仍有待完善，设计追求新颖性，使装配式建筑应用上有一定的局限性。目前装配式建筑的设计单价较传统建筑单价亦未有所增加。在设计单价不变、传统设计院已经具备成熟传统建筑设计团队及力量的情况下，其从事装配式建筑设计的驱动力不足。此外，在我国，目前的设计验收等相关规范明显滞后于施工技术的发展，装配式建筑的应用领域还相当有限，在建筑总高度和层高上限制很大。

5. 发展全产业链一体化建设，促进集约化管理转变

发展新型建筑工业化是城乡建设领域绿色发展、低碳循环发展的主要举措。在"十三五收官，十四五开局"的关键阶段，住房城乡建设部、科技部、工业和信息化部等9大部门于2020年8月28日联合颁布《关于加快新型建筑工业化发展的若干意见》(以下简称《若干意见》)，提出从科技创新为支撑、后评价为保障，建筑工业化、产业化发展与新一代信息化技术融合等方面，结合系统化集成设计、精益化施工等方面强化全产业链一体化建设，促进建筑企业从粗放式管理转变为集约化管理。

从国际建筑工业化的发展路径来看，建筑施工企业或预制构件生产企业，以施工安装或预制构配件生产为优势，不断加大研发力度，通过建筑废弃物、劳动力、生产制造和建筑装备等核心生产要素的横向融合，以及上游标准设计、建造、运维及建筑产品营销等产业节点的纵向拉伸，最终实现全产业链的融合，全产业链式企业将是未来建筑工业化的领军企业。

6. 新型建筑工业化是城乡建设领域绿色发展、低碳循环发展的主要抓手

发展新型建筑工业化既是稳增长、促改革、调结构的重要手段，又是打造经济发展"双引擎"的内在要求。在全面推进生态文明建设和加快推进新型城镇化进程中，意义重大而深远。

7.2.3 工业化建造的未来发展趋势和展望

1. 装配式建筑在未来五至十年仍将保持高速发展态势

从装配式建筑进入人们视野到形成如火如荼的大发展态势，仅用了几年时间。作为一项

"国策"，发展装配式建筑是国家推进城镇化建设战略中的重要一环，也是建筑业改革的重点内容之一。

"十四五"时期，积极推进以装配式建筑为代表的新型建筑工业化，通过产业链、装配式建筑本身以及软硬件等关键要素的发展，实现全产业链的有机融合，走出一条科技含量高、经济效益好、资源消耗低、环境污染少、人力资源优势得到充分发挥的新型建筑工业化道路，是解决我国建筑业长期以来大而不强、产业基础薄弱、产业链协同水平不高、产业组织碎片化、建造方式粗放落后等突出问题的必然选择。装配式建筑将进入高速发展时期。

国务院发布《关于促进建筑业持续健康发展的意见》中提出，到2025年，我国新建装配式建筑占新建建筑的比例要达到30%。全国各地的住房城乡建设厅也发布了当地装配式建筑的发展目标，其中，上海市对装配式建筑的普及要求领衔全国。

2. EPC总承包模式与产品化竞争将成为市场主流

符合工业化建造"高度计划性"要求的EPC一体化的建造模式在我国蓬勃发展。在该模式下，风险与收益向总承包商方面汇聚，对EPC总承包商的要求也不断提高。理想状态是EPC总承包商应该比业主更加清楚其需求，并能够提供丰富的专业化整体解决方案供业主选择。这种能力要求EPC总承包商在细分行业和细分市场上有足够的技术、管理、专业团队和供应链资源积累以在激烈的市场竞争中赢得项目。但是，对单个EPC总承包商而言，受资源限制，只能在有限的细分市场形成专业化的竞争优势，越早进行专业细分市场的布局，越能抢占先机。EPC总承包企业的细分市场的"专业化"优势往往比企业规模优势更能赢得业主的青睐。

建筑"产品化"是工业化建造差异化和企业核心竞争力的主要来源。EPC总承包商针对细分行业和细分市场，在技术、管理、专业团队和供应链资源方面积累的"标准化"将形成系列可供业主选择、满足造价、工期、品质等不同需求的系列"建筑产品"。企业"专有产品"和与之相配套的"垂直供应链"建设是EPC总承包商赢得市场，提质增效的核心竞争力的主要来源。

3. 智能化驱动工业化建造升级，推动垂直产业链高效融合

发展装配式建筑本身是一个系统性工程，相较于传统现浇结构体系，装配式建筑带来了包括结构体系、生产方式和商业模式在内的一系列变化，它要求企业开发、设计、生产和装修等整个产业链条必须都是完整的，这对于目前很多企业来说依然是一个不小的挑战。

工业化建造的发展方向，就是发展新型建造方式，实现建造过程的高效益、高质量、低消耗、低排放。宏观上讲，通过集成设计、精益建造、数字融合、模式创新、科技引领等，来实现新型建造方式。采用干式连接工艺、高强高性能材料、预制+复制的工法、伙伴产业链的模式以及少人甚至无人的智慧技术，是未来工业化建造的具体发展路径。

4. 工业化建造使农民工向产业工人转型趋势加快

在装配式建筑、工业化施工逐渐成为建筑业新常态之际，带来的是建筑业翻天覆地的

变化：落后的生产工艺、生产设备逐步被新工艺、新设备所取代，建筑业主战场由施工现场逐渐向工厂过渡，作业人员面对的是复杂的图纸、先进的施工工艺、大型机械设备和严密的管理，施工一线需要的不再是传统体力型民工，而是拥有专业技能同时整体素质较高的产业工人。

建筑业步入深化改革的新阶段，建筑业劳务用工模式面临新的变化、有着新的特点：提供用工的模式发生改变。随着劳务企业资质逐步退出用工舞台，以劳务企业综合分包为主的传统用工模式也将逐步退出用工舞台，而走向以施工作业企业单纯提供合格劳动力资源为主的新型用工模式。用工主要组织形式和载体发生改变。未来，建筑业用工主要组织形式和载体将由施工作业企业取代。装配式建筑体系的兴起，将促使总承包企业向工业化生产转型，也将促使总承包企业建立自有技工队伍，农民工向产业工人转型加快。

5. 固废消纳和新材料应用是工业化建造绿色发展的重要机遇

我国的建筑垃圾排放总量和人均排放强度均已位列世界第一，我国作为制造业大国工业固废总量庞大也急需消纳。这些固废运输成本过高，只能通过工厂制造成为预制产品的方式进行处理，工业化建造方式推行的本身也将大幅降低建筑垃圾的产生。另一方面，超高强混凝土，新型碳纤维材料和新型保温材料对制造环境要求较高，施工现场往往不能满足，通过工厂预制成为具有市场竞争力的高品质产品是这些新材料推广应用的重要渠道，也可能形成细分的高增长市场。

7.3 工业化建造技术体系

工业化建造技术通过现代化的制造、运输、安装和科学管理的大工业的生产方式，来代替传统建筑业中分散的、低水平的、低效率的手工业生产方式。它的主要标志是建筑设计标准化、构配件生产工厂化，施工机械化和组织管理科学化。

7.3.1 装配式混凝土结构

1. 装配式混凝土剪力墙结构技术

（1）灌浆套筒剪力墙

全部或部分剪力墙由预制墙板构建成的装配整体式混凝土结构，其预制墙体的纵向钢筋采用套筒灌浆连接。该技术体系是目前应用最广泛的装配式建造技术之一，具有与现浇结构等同的整体性、稳定性和延性，技术体系成熟。

适用范围：主要适用多、高层住宅建筑。房屋最大适用高度见表7-4。

房屋最大适用高度（m）　　　　　　　　　　　表 7-4

结构类型	抗震设防烈度			
	6 度	7 度	8 度（0.2g）	8 度（0.3g）
装配式混凝土剪力墙结构	130（120）	110（100）	90（80）	70（60）

注：1. 在规定水平力作用下，当预制剪力墙构件底部承担的总剪力大于该层总剪力的50%时，其最大适用高度应适当降低；
　　2. 当预制剪力墙构件底部承担的总剪力大于该层总剪力的80%时，最大适用高度应取上表括号内的数值。

　　关键节点连接： 预制墙体的竖向连接采用套筒灌浆连接，通过灌浆料的传力作用将钢筋与套筒连接形成整体，分为半灌浆套筒连接和全灌浆套筒连接。

　　①半灌浆套筒连接，半灌浆套筒接头一端采用灌浆方式连接，另一端采用螺纹连接，连接钢筋直径范围为ϕ12～ϕ40mm（图7-8）。

　　②全灌浆套筒连接，全灌浆连接是两端均采用灌浆方式连接钢筋的灌浆套筒，连接钢筋直径范围为ϕ14～ϕ40mm（图7-9）。

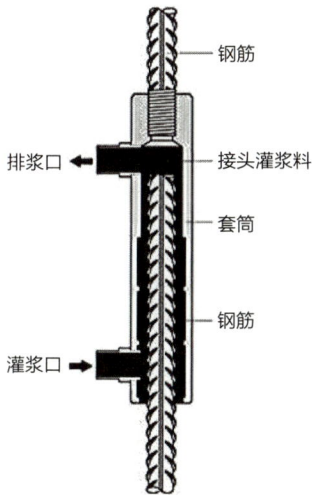

图7-8　半灌浆套筒示意图　　　　　　　　图7-9　全灌浆套筒示意图

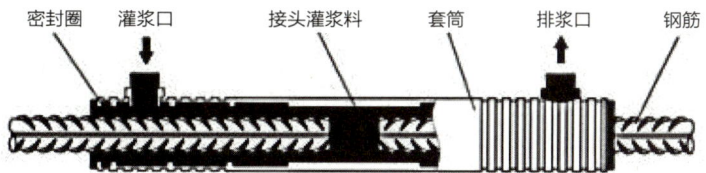

　　典型应用：裕璟幸福家园项目

　　裕璟幸福家园项目，是深圳市首个EPC模式的装配式剪力墙结构体系的试点项目。本工程共3栋塔楼（1号、2号、3号），建筑高度分别为92.8m（1号楼、2号楼）、95.9m（3号楼），地下室2层，总占地面积为11164.76m²，总建筑面积为6.4万m²（地上5万m²，地下1.4万m²），建筑使用年限为50年。预制率约50%，装配率约70%，是深圳市装配式剪力墙结构预制率、装配率最高项目，采用深圳市标准化设计图集的标准化设计的第一个项目，也是深圳地区首个采用装配整体式剪力墙结构体系的住宅项目（图7-10）。

图7-10 裕璟幸福家园项目

（2）竖向分布筋不连接装配整体式剪力墙

预制剪力墙上下层接缝处竖向分布钢筋不连接，拼缝处采用坐浆方式（图7-11）；预制剪力墙边缘构件采用现浇方式进行连接，竖向主筋通过抗弯等强方法适当加大；低剪跨比、抗剪要求高的剪力墙内沿预制墙板对角方向可设斜向加强筋。具体要求详见《竖向分布钢筋不连接装配整体式混凝土剪力墙结构技术规程》T/CECS 795—2021。

适用范围：一般适用于住宅建筑。房屋最大适用高度见表7-5。

竖向分布筋不连接装配整体式剪力墙结构房屋最大适用高度（m）　　　　表 7-5

结构类型	抗震设防烈度			
	6 度	7 度	8 度（0.2g）	8 度（0.3g）
竖向分布筋不连接装配整体式剪力墙结构	120（110）	100（90）	80（70）	60（50）

注：预制墙板底部承担的总剪力大于该层总剪力的80%时，取表中括号内的数值。

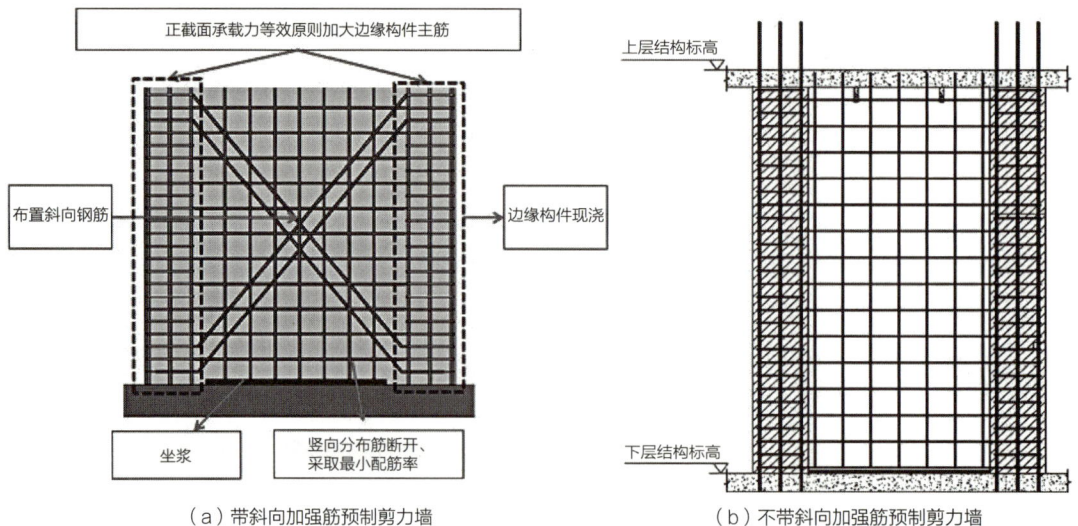

（a）带斜向加强筋预制剪力墙　　　　　　　（b）不带斜向加强筋预制剪力墙

图7-11 竖向分布筋不连接装配整体式剪力墙示意

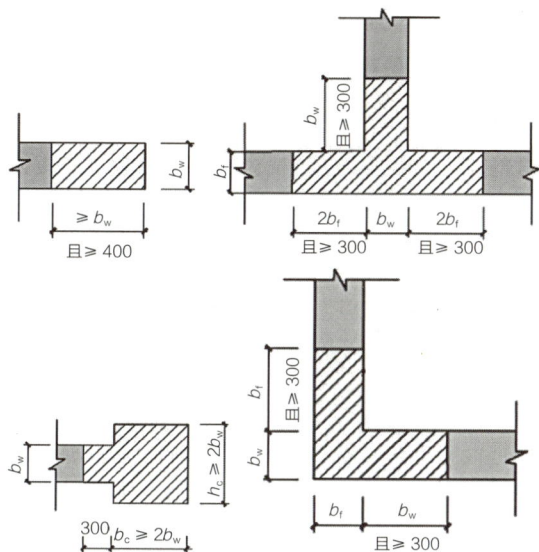

图7-12　现浇边缘构件示意

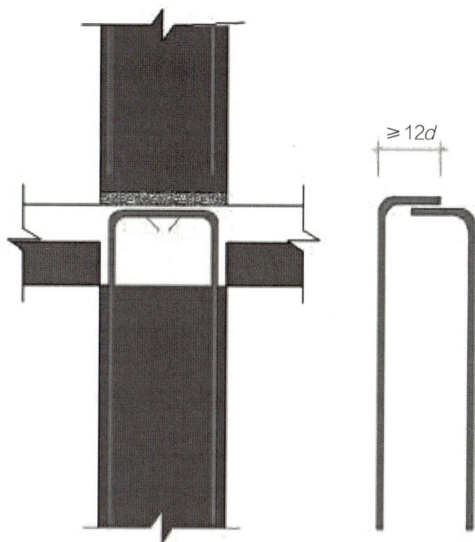

图7-13　墙底水平拼缝坐浆连接示意

关键节点连接：预制剪力墙顶面、侧面出筋，底面不出筋，竖向分布钢筋上下层不连接（可按构造配筋），现浇边缘构件基于承载力等效原则加大配筋，墙底水平拼缝采用坐浆连接（图7-12、图7-13）。

典型应用：河南省青年人才公寓项目

河南省青年人才公寓项目，总建筑面积$10501.2m^2$，建筑高度32.5m，地上11层，地下2层。外墙采用结构、保温、防水、装饰功能集成的"四位一体"高性能预制外墙，内墙采用竖向分布钢筋不连接装配整体式剪力墙结构（图7-14）。

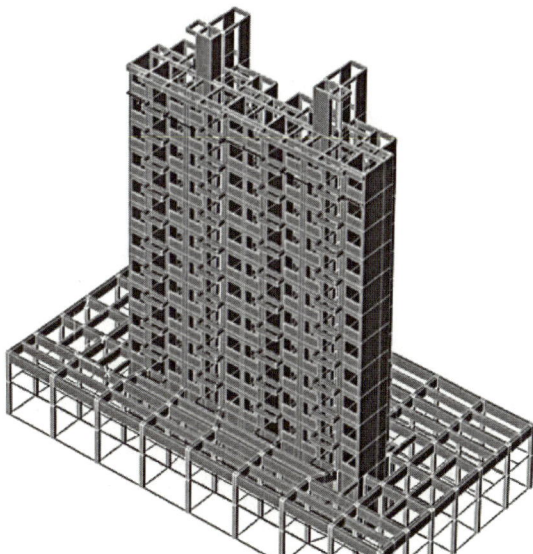

图7-14　河南省青年人才公寓项目

（3）双面叠合剪力墙

由两"片"混凝土墙板叠合而成，通过钢筋桁架将两侧的内外叶板连接在一起，内外叶板与板之间内含空腔，现场安装就位后再在空腔内浇筑混凝土，由此形成的预制和现浇混凝土整体受力的墙体就是双面叠合剪力墙，俗称"双皮墙"（图7-15）。

适用范围： 一般适用于住宅建筑。房屋最大适用高度见表7-6。

双面叠合剪力墙结构房屋最大适用高度（m）　　　　表 7-6

结构类型	抗震设防烈度			
	6度	7度	8度（0.2g）	8度（0.3g）
双面叠合剪力墙结构	90	80	60	50

关键节点连接： 叠合剪力墙上下、左右连接均为利用现浇层和现浇边缘构件等，采用插筋连接（图7-16、图7-17）。

图7-15 双面叠合剪力墙

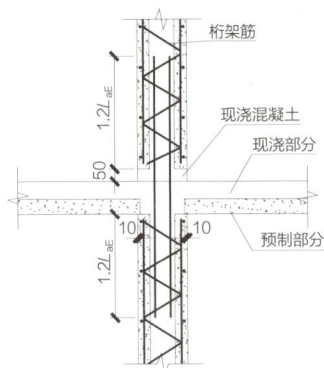

图7-16 叠合剪力墙竖向连接
节点
图片来源：装配整体式叠合
剪力墙结构技术规程

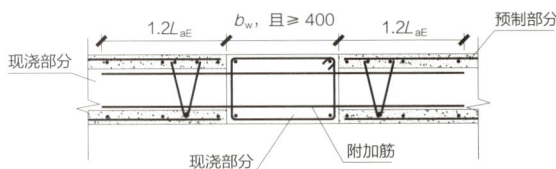

图7-17 叠合剪力墙墙板间连接节点
图片来源：装配整体式叠合剪力墙结构技术规程

典型应用：深圳长圳公共住房及附属工程项目

深圳长圳公共住房及附属工程项目中103m高双面叠合剪力墙住宅，采用双面叠合剪力墙结构体系，平面呈品字形对称布置，地下2层，地上塔楼36层，标准层核心筒区域采用现浇剪力墙，厚度为200mm，户型内采用双面叠合剪力墙，墙厚为250mm，其中内、外预制墙板厚度为50mm，空腔内部现浇混凝土厚度为150mm（图7-18）。

图7-18　深圳长圳公共住房及附属工程项目

（4）纵肋叠合剪力墙

墙板内部为竖向从上到下的通长空腔，纵向钢筋和水平分布筋于空腔两侧预制墙板内，纵向钢筋在墙板空腔底部外露，和下层墙板插入空腔的钢筋搭接连接，现场墙板就位后，空腔内浇筑混凝土形成整体结构（图7-19、图7-20）。

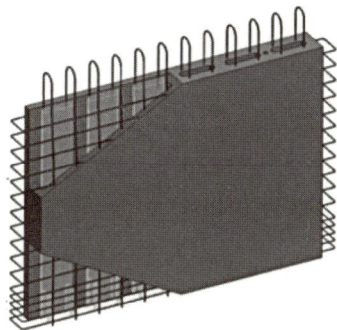

图7-19　纵肋空心墙板
图片来源：纵肋叠合混凝土剪力墙结构技术规程

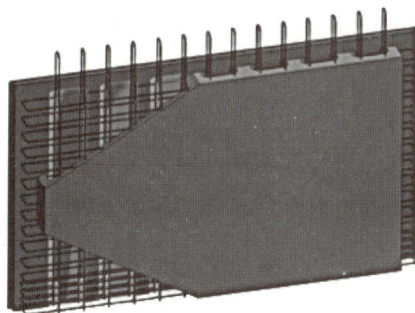

图7-20　夹心保温纵肋空心墙板
图片来源：纵肋叠合混凝土剪力墙结构技术规程

201

适用范围： 一般适用于住宅建筑。房屋最大适用高度见表7-7。

纵肋叠合剪力墙结构房屋最大适用高度（m）　　　　表7-7

结构类型	抗震设防烈度			
	6度	7度	8度（0.2g）	8度（0.3g）
纵肋叠合剪力墙结构	130	110	90	70

关键节点连接： 纵肋叠合剪力墙水平接缝处，下层墙体向上预留环状搭接钢筋并穿过楼板后伸入上层纵肋叠合剪力墙底部空腔内，与空腔内的竖向钢筋搭接（图7-21）；纵肋叠合剪力墙竖向接缝设置在墙身或者纵横墙交接部位，并采用后浇混凝土连接（图7-22）。

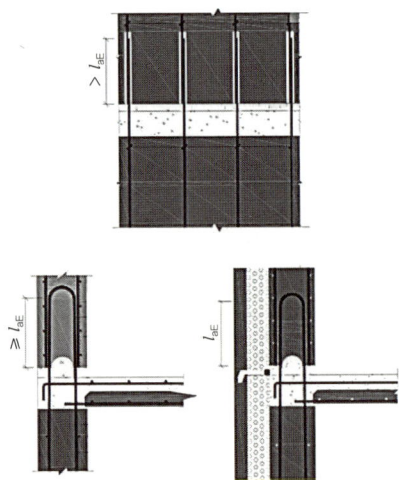

图7-21　水平接缝示意图
图片来源：纵肋叠合混凝土剪力墙结构
技术规程

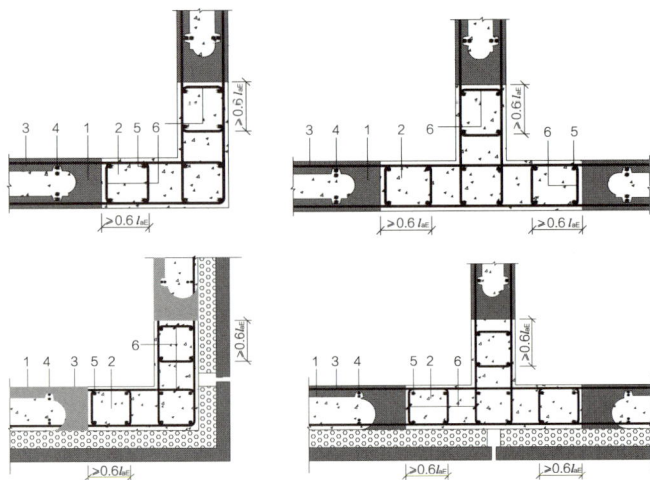

图7-22　竖向接缝示意图
图片来源：纵肋叠合混凝土剪力墙结构技术规程
1—预制构件；2—后浇段；3—墙体水平筋；4—墙体竖向筋；
5—边缘构件竖向筋；6—边缘构件箍筋

典型应用：丁各庄公租房项目

丁各庄公租房项目，项目总建筑面积307589.71m²，项目15栋公租房均为二梯七户塔式高层，层数为20层和24层，平面布局一致，5层及以上采用纵肋叠合剪力墙结构体系。竖向连接节点采用环形竖向受力钢筋在特制空腔内搭接连接设计，避免了套筒灌浆连接安装、检测困难等问题和叠合剪力墙等体系后插筋定位困难、存在搭接间隙、搭接长度等问题，保证了结构受力安全，提升了墙体安装效率（图7-23）。

（5）SPCS叠合剪力墙

SPCS混凝土双面叠合剪力墙是指由内外两层预制墙和中间的空腔组成安装带格构钢筋（焊接钢筋网片，焊接成笼）的预制墙板，施工过程中将混凝土浇筑在两层板中间，随后浇筑节点处，与预制墙板共同受力（图7-24）。

图7-23　丁各庄公租房项目
图片来源：百度图库

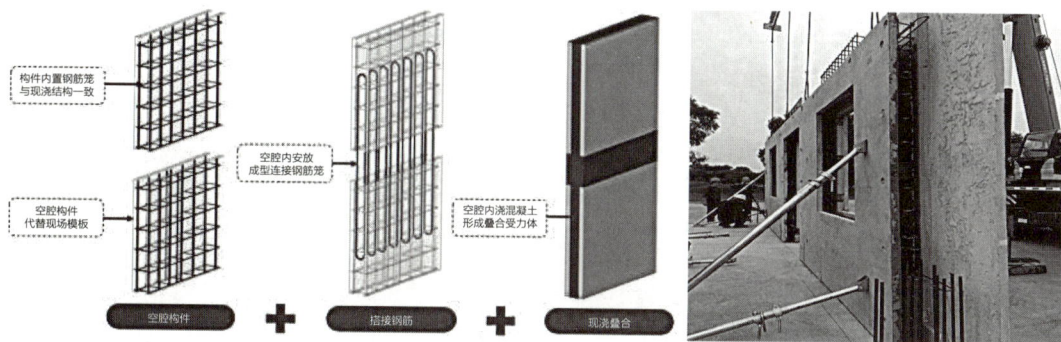

图7-24　SPCS叠合剪力墙
图片来源：三一筑工

适用范围：一般适用于住宅建筑。房屋最大适用高度见表7-8。

SPCS 叠合剪力墙结构房屋最大适用高度（m）　　　　表 7-8

结构类型	抗震设防烈度			
	6 度	7 度	8 度（0.2g）	8 度（0.3g）
SPCS叠合剪力墙结构	130	110	90	70

关键节点连接：预制构件间通过在空腔内设置搭接钢筋、空腔内现场浇筑混凝土的方式连接形成整体（图7-25）。

典型应用：重庆恒邦·忠州壹号项目

重庆恒邦·忠州壹号项目，总用地面积30358m²，总建筑面积189424.71m²，共5栋住宅楼，其中1号、2号楼地上住宅部分采用"SPCS3.0"结构体系进行装配式建筑设计，建筑结构总高度115.5m，装配率大于65%（图7-26）。

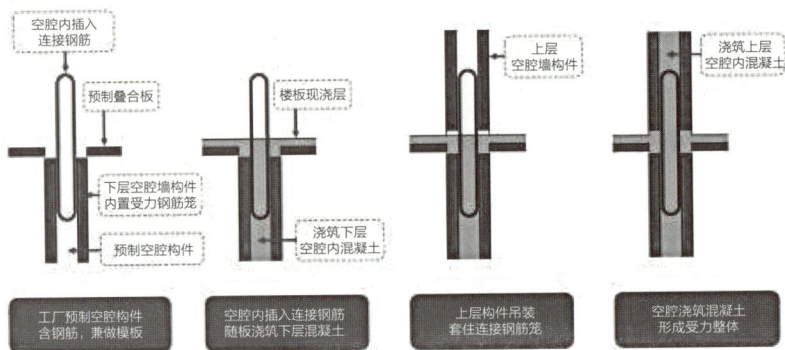

图7-25　水平接缝示意图
图片来源：三一筑工

图7-26　重庆恒邦·忠州壹号项目
图片来源：三一筑工

2. 装配式混凝土框架结构技术

（1）装配整体式混凝土框架

全部或者部分的框架梁、柱及其他构件在预制构件厂制作好后，运输至现场进行安装，再进行节点区及其他构件后浇混凝土的浇筑，形成装配式混凝土框架（图7-27）。

适用范围：一般适用于仓库、厂房、停车场、商场、教学楼、办公楼、商务楼、医务楼等建筑。房屋最大适用高度见表7-9。

装配整体式混凝土框架结构房屋最大适用高度（m）　　　　表 7-9

结构类型	抗震设防烈度			
	6度	7度	8度（0.2g）	8度（0.3g）
装配整体式混凝土框架结构	60	50	40	30

　　关键节点连接：梁柱节点核心区混凝土现浇；预制柱的纵向钢筋采用套筒灌浆连接方式（图7-28、图7-29）。

　　典型应用：南京一中项目

　　南京一中项目，总建筑面积10.8万m²，其中，地上6.85万m²，地下3.95万m²。1～3号教学楼、8号教师公寓采用全装配整体式混凝土框架结构体系，实现装配式建筑从首层开始便采用预制装配的建造方式，大大提高施工现场的建造效率。同时，项目创新应用框架梁柱大直径、大间距深化设计技术和四面不出筋密拼叠合板关键技术，有利于工厂生产和现场装配（图7-30）。

图7-27　装配整体式混凝土框架结构施工
图片来源：百度图库

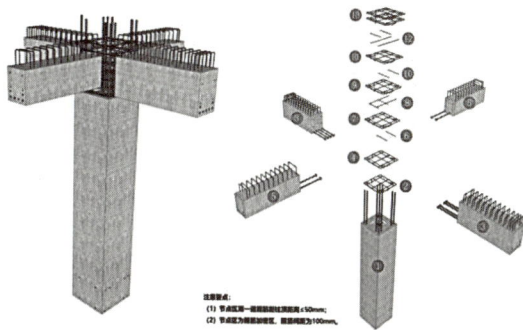

图7-28　梁柱节点核心区

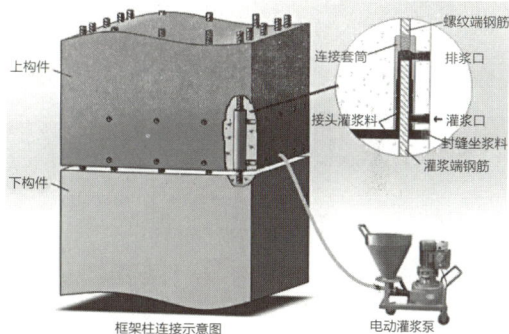

图7-29　框架柱灌浆连接
图片来源：百度图库

图7-30　南京一中项目

（2）预应力压接装配混凝土框架

带叠合层的预制混凝土梁和预制混凝土柱通过后张无粘结预应力筋和耗能钢筋连接成整体的框架结构，其中预应力筋在梁跨中部设局部有粘结段以提高结构抗连续倒塌性能，预应力筋提供结构的变形恢复能，耗能钢筋吸收和耗散地震能量（图7-31）。

适用范围： 可广泛应用于办公、商业、学校、酒店、公寓和多层仓库及工业厂房等建筑。房屋最大适用高度见表7-10。

房屋最大适用高度（m）　　　　　　　　　　　　　表7-10

结构类型	抗震设防烈度		
	6度	7度	8度（0.2*g*）
预应力压接装配框架结构	60	50	40
预应力压接框架——抗震墙结构	130	120	100

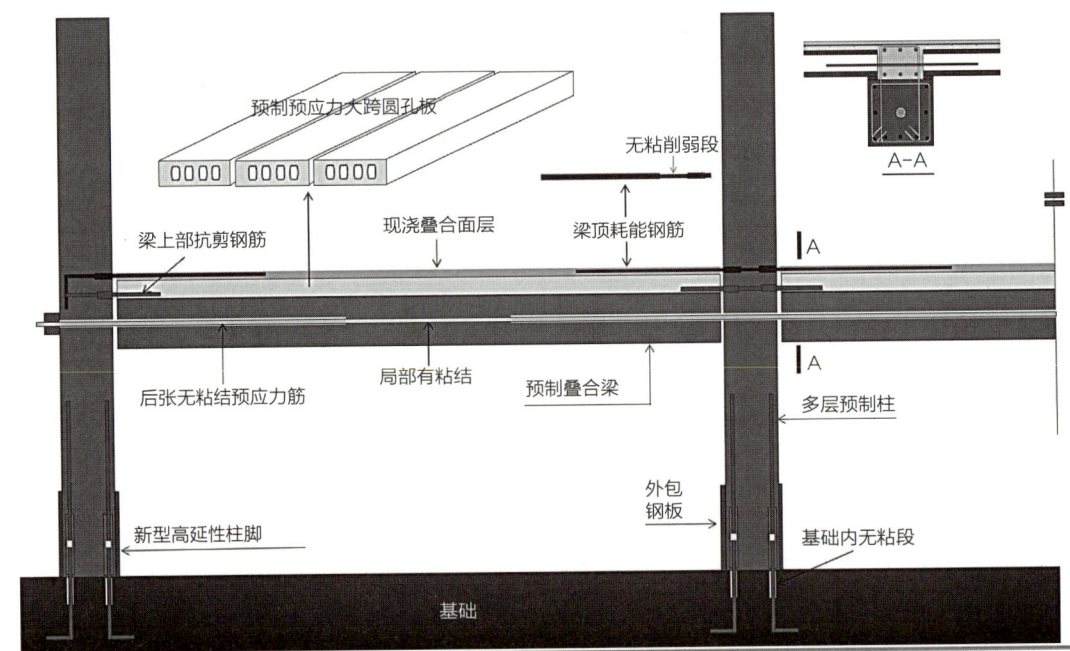

图7-31　预应力压接装配混凝土框架结构体系

关键节点连接： 预制柱贯通节点，与梁相接部位预留柱内穿筋孔道，通过穿过预制梁中部和柱身的后张预应力钢绞线将预制梁装配于柱身；梁上部与柱相连的纵筋置于梁后浇叠合层内，在施工现场这些纵筋均通过钢筋连接器与柱内预埋的钢筋连接；梁上部后浇叠合层内的纵筋，一部分局部削弱且做无粘处理，置于梁顶部以提高抗弯耗能，另一部分纵筋位置稍低，采取防屈服措施以提高节点抗剪能力（图7-32）。

典型应用：湖州市建筑工业化PC构件生产基地项目

本项目位于浙江省湖州市南浔区。整栋建筑总建筑面积7706.76m²，地上8层为公寓办公等综合用房，建筑高度28.80m，地上部分采用预应力压接装配混凝土框架结构，抗震设防烈度为6度，设计基本地震加速度为0.05g。本项目主体结构预制率为42.1%，单根预应力钢绞线张拉长度约60m，主要使用的预制构件有：二层通高的预制柱、预制叠合梁、预应力钢管桁架叠合板等（图7-33）。

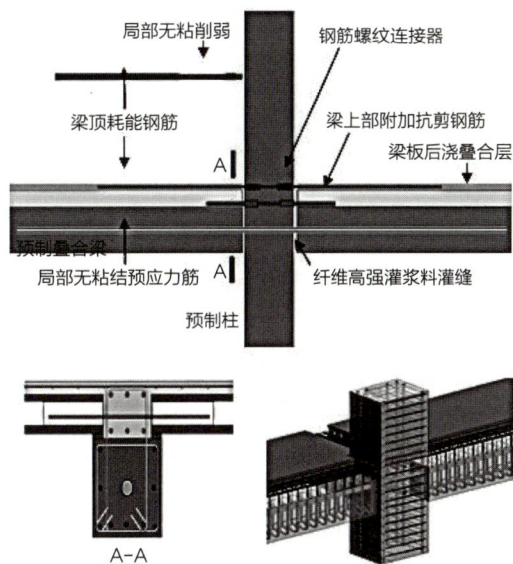

图7-32　典型梁柱节点图

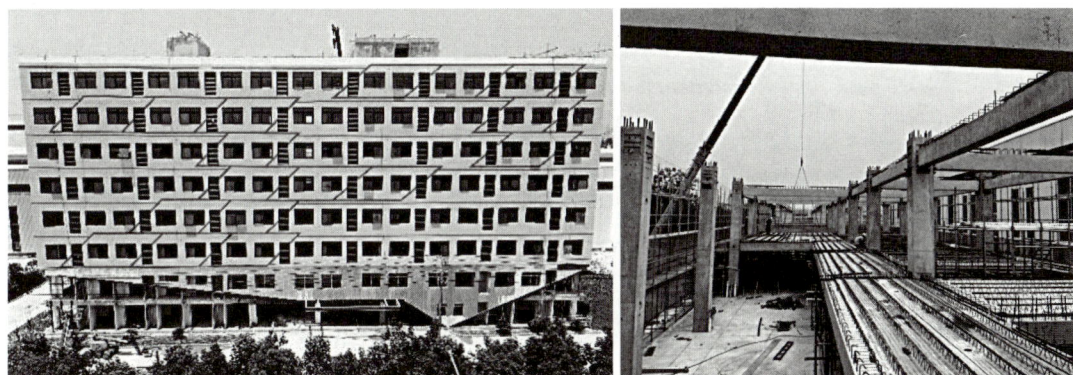

图7-33　湖州市建筑工业化PC构件生产基地项目

7.3.2　装配式钢结构

1. 钢框架结构

钢框架结构体系是指在房屋的纵横方向采用钢梁构件，在竖向采用钢柱构件所形成的承重和抗侧力结构体系。通常钢梁与钢柱刚接，某些情况下为了提高结构的延性或防止梁柱节点部位发生脆断，也采用半刚性连接构造。

适用范围：钢框架结构可广泛应用于办公、商业、学校、酒店、公寓和多层仓库及工业厂房等建筑。房屋最大适用高度见表7-11。

钢框架结构房屋最大适用高度（m）　　　　　　　　表 7-11

结构类型	抗震设防烈度					
	6度	7度（0.10*g*）	7度（0.15*g*）	8度（0.2*g*）	8度（0.3*g*）	9度（0.4*g*）
钢框架结构	110	110	90	90	70	50

优点： 能提供较大的内部空间，建筑平面布置灵活，适用多种类型的使用功能；自重轻，抗震性能好，施工速度快，机械化程度高；结构简单，构件易于标准化和定型化。

缺点： 抗侧刚度小，在较大风荷载及地震等横向作用下侧移较大，为满足刚度要求就需要很大的梁、柱截面，使得耗钢量大，后期维修费用高，造价要略高于混凝土框架。

图7-34　钢框架结构体系
图片来源：百度图库

2. 钢框架—支撑体系

在钢框架结构的竖向区格中沿纵横方向布置斜向支撑构件，就形成了钢框架—支撑结构体系。其中框架梁与柱仍多为刚性连接，而支撑构件与框架的连接在实际构造中虽多为刚性连接，但在计算过程中往往按铰接考虑。根据支撑构件与主体框架连接位置的不同，该种结构体系又可分为钢框架—中心支撑体系、钢框架—偏心支撑体系、钢框架—屈曲约束支撑体系（图7-35）。

适用范围： 钢框架—支撑体系广泛应用于高层、超高层建筑中。房屋最大适用高度见表7-12。

钢框架—支撑体系结构房屋最大适用高度（m）　　　　表 7-12

结构类型	抗震设防烈度					
	6度	7度（0.10g）	7度（0.15g）	8度（0.2g）	8度（0.3g）	9度（0.4g）
钢框架—中心支撑结构	220	220	200	180	150	120
钢框架—偏心支撑结构	240	240	220	200	180	160

优点： 相对于普通框架体系，框架—支撑体系具有较高的抗侧刚度，在侧向荷载作用下减小了位移，从经济性来说，对于多层建筑，比框架结构经济。

缺点： 支撑构件的存在使得开间受限，且施工不便，在强震作用下，受压支撑容易发生屈曲，大大降低整个结构体系的承载力，并引起较大的侧向变形，可以说框架—中心支撑体系并无太多延性性能，而偏心支撑虽然利用耗能梁段的屈服保护了支撑构件，但破坏的梁构件不宜修复。

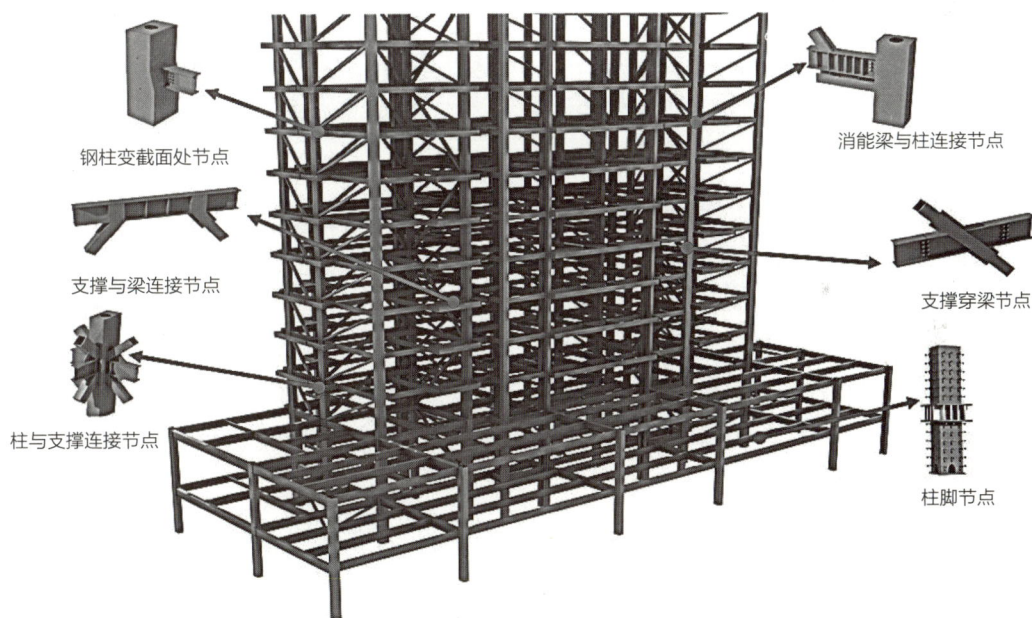

图7-35　钢框架—支撑体系
图片来源：百度图库

3. 轻钢龙骨结构体系

轻钢龙骨体系一般由柱梁天龙骨、地龙骨及中腰支撑通过配套扣件和加劲件用自攻螺钉连接而成。其主要受力机理为：柱子与上下龙骨及支撑或隔板组成受力墙壁，竖向力由楼面梁传至墙板的龙骨，再通过柱子传至基础；水平力由作为隔板的楼板传至受力墙壁再传至基础。由于在传力过程中，墙面板承受了一定的剪力，并提供了必要的刚度，故墙面板应满足一定的要求。楼板可采用楼面轻钢龙骨体系，上覆刨花板及楼面面层，下部设置石膏板吊顶，既可便于管线的穿行，又满足了隔声要求（图7-36）。

适用范围：主要用于低多层住宅或别墅。

主要特点：房屋自重轻，运输安装工作量少；具有良好的抗风和抗震性能；施工安装简单，周期短。但该体系也存在一定局限性，不适用于层数较多、高度较高的建筑，造价相对较高。

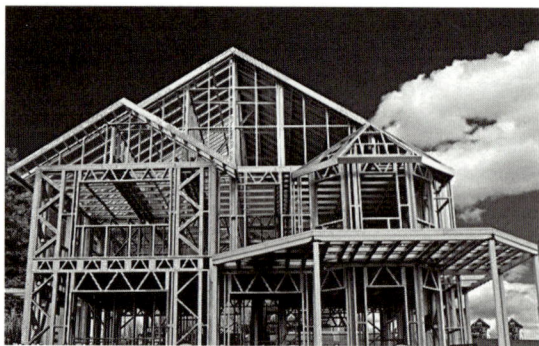

图7-36 轻钢龙骨结构体系
图片来源：百度图库

4. 钢—混组合结构体系

钢—混凝土组合结构是由钢材和混凝土两种不同性质的材料经组合而成的一种新型结构。是钢和混凝土两种材料的合理组合，充分发挥了钢材抗拉强度高、塑性好和混凝土抗压性能好的优点，弥补彼此各自的缺点。其中，钢—混凝土组合框架结构体系由3部分组成：钢管混凝土柱（或钢筋混凝土柱）、钢—混凝土组合梁及叠合楼板。结构中竖向荷载和侧向荷载均由

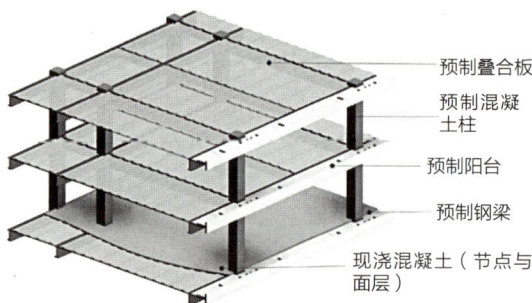

图7-37 钢—混凝土组合框架结构体系

组合框架承受，楼盖作为水平承重构件承担荷载之外，还具有很大的水平刚度，以保证各框架间的协调工作；框架柱采用预制钢筋混凝土矩形柱，整柱预制，柱头预埋钢节点，通过钢节点与型钢梁实现刚性连接。叠合楼板可采用预制预应力倒双T板或普通叠合板。柱与柱采用灌浆套筒连接，梁与柱采用全螺栓连接或栓焊连接，梁与梁采用全螺栓连接或栓焊连接（图7-37）。

适用范围：钢—混凝土组合结构适用于跨度大，标准化程度高的多高层学校、医院和办公楼等公共建筑，也适用于其他类型的梁柱体系高层建筑。房屋最大适用高度见表7-13。

钢—混凝土组合框架结构房屋最大适用高度（m）　　　　表 7-13

结构类型	抗震设防烈度			
	6度	7度	8度（0.2g）	8度（0.3g）
钢—混凝土组合框架结构	60	50	40	35

主要特点：承载能力和刚度高，截面面积小，与钢结构相比，用钢量大幅度减小；施工速度快，缩短建筑工期；防火、防腐等方面，较钢结构有较大提升，减少了维护费用。

图7-38　徐州园博园主题酒店项目

典型应用：徐州园博园主题酒店项目

徐州园博园主题酒店项目位于江苏省徐州市铜山区，建筑面积约1.5万 m^2，建筑高度23.9m。其主要建筑功能为酒店客房、餐饮、会议等，主体结构采用了钢-混组合结构体系，抗震设防烈度7度，设计基本地震加速度为0.10g，抗震设防分组为第三组。本项目结构中的主要受力构件混凝土柱、钢梁、钢管桁架预应力叠合楼板、楼梯和外墙等均采用工厂预制，整体预制装配率高达到70.8%（图7-38）。

7.3.3　装配式木结构

有别于传统木结构建筑，现代木结构建筑天然具有装配式属性：采用木质工程材料作为结构构件原材料、工厂加工预制结构构件和部品部件，现场装配施工而成。现代木结构具有加工精度高、质量稳定、材料利用率高、方便运输、施工周期短、现场所需施工设备简便等优点。2017年1月，住房城乡建设部正式颁布《装配式木结构建筑技术标准》GB/T 51233—2016，指出"装配式木结构建筑是指结构系统由木结构承重构件组成的装配式建筑"，自此，"装配式木结构建筑"的称谓正式产生，用于指代现代木结构建筑。常用的装配式木结构体系可以分为：井干式结构体系、轻型木结构体系、胶合木结构体系、木结构组合体系。

1. 井干式结构

以原木或胶合木为原料，搭接时以平行向上的方式层层相叠，在房屋转角处木料的端部相互交叉咬合，拼凑紧密，相邻的木料在一定距离上设木销或钢销，增强了房屋外立面抗荷载能力，且在室内通常无需增设立柱和大梁。

主要特点： 由矩形或者圆形实木组成的外立面墙体能够对室内起到很好的保温隔热作用。

不足之处： 为了满足不同荷载条件下房屋的稳定性，其建筑面积控制在300m以内，建筑总高度不超过8m，这样房屋的使用面积、层数、使用范围都受到限制，在实际建造中限制了井干式房屋的发展。另外，井干式木结构木材消耗量较大，若在高温高湿环境中使用，木构件易发生霉变、开裂等缺陷，较适用于寒冷地区（图7-39）。

2. 轻型木结构

轻型木结构体系以一定间距（一般为410~610mm）的尺寸较小的木构件，按照等距离形式以一定秩序排列成骨架结构形式，由建筑物的屋面板、楼面板、墙面板等建筑构件组成，承受不同情况下的各种荷载，是一种非常安全的高次超静定的结构体系（图7-40）。

主要特点： 具有较高安全性、灵活性、整体性、重量轻、建造省时省力，常用于建造民用住宅。

图7-39 井干式结构
图片来源：百度图库

图7-40 轻型木结构
图片来源：百度图库

图7-41　胶合木结构
图片来源：百度图库

3. 胶合木结构体系

胶合木结构分为胶合板结构和层板胶合结构。胶合木的原理是利用含水率低于18%，厚度在30～45mm之间的木板，通过刨光、涂胶、层叠、加压等工序，把尺寸较小的木材通过胶合作用成各种截面形状的层板胶合木。在施工中，以层板胶合木材料制作的拱、框架、桁架及梁、柱等均属胶合木结构（图7-41）。

主要特点： 节能、节材、性能优良，可以根据室内公共空间的需要，通过胶合作用，使用几十米甚至上百米的跨度，极大减少了室内空间中的承重墙或柱，增加了空间设计的灵活性，为公共建筑营造了大面积的室内空间。

4. 木结构组合体系

由木结构或其构、部件和其他材料（如钢、钢筋混凝土或砌体等不燃结构）组成共同受力的结构体系。上部的木结构与下部的钢筋混凝土结构通过预埋在混凝土中的螺栓和抗拔连接件连接，实现木结构中的水平剪力和木结构剪力墙边界构件中拔力的传递（图7-42）。

主要特点： 与下部钢筋混凝土结构相比，上部木结构质量轻，抗侧刚度较小，具有下重上轻下刚上柔的非均匀结构特点。

图7-42　混凝土框架—轻木组合结构
图片来源：百度图库

7.3.4　工厂自动化生产技术

工厂自动化、智能化生产是实现现场机械化、装配化施工的基础，将信息化技术和工厂化生产融为一体，以标准化生产确保构件品质、提升制造效率。工厂采用自动化生产线，真正实现了从预制构件生产至工程交付全过程的数字化建造。在生产车间，只需将项目BIM模型数据导入生产管理系统，便可对构件二维码数据识别转化成构件生产信息，分类传递给对应生产线排产，实现高效自动化生产。在项目现场，构件信息可进行全过程追溯，提高工程整体管理效率。

1. 双面叠合墙自动化生产技术

主要生产工艺流程如下：

桁架筋及网片加工→边模安装→桁架筋及网片放置→一次混凝土浇筑→一次养护→翻转二次混凝土浇筑→二次养护→脱模→入库。

工艺要点如下：

（1）中央控制系统，基于互联网对生产的部品部件及设备进行管控的生产信息系统，该平台将BIM技术、互联网技术、物联网技术与装配式建筑技术进行系统性集成创新，全面服务于装配式建筑的设计、采购、生产、施工、运维全过程。

（2）喷洒脱模油并标识埋件精确位置。模台通过自动清扫机进行表面清洁，清洁完成后再通过全自动喷隔离剂设备喷洒隔离剂，机械手再进行埋件位置标识。

（3）放置边模。机械手根据中央控制系统提供的数据，准确地选择磁性边模在模板上的位置，把磁性边模放置在模板托盘的平面，然后开启边模内的磁铁以固定边模。磁性边模在模板的放置是通过机械手来完成，误差可控制在±2mm。

（4）网片加工。双皮墙生产流程中钢筋网片的制作是一个关键性的环节，不仅需要在钢筋网片上制作出墙板门和窗的预留空间，而且需要在8~10h以后制作出同样尺寸、形状和规格的两张钢筋网片。

（5）桁架筋加工。钢筋桁架根据墙板的高度（宽度）进行焊接，钢筋桁架要摆放到钢筋网片的横向钢筋上，方向要和钢筋网片的横向钢筋方向一致。

（6）钢筋网片及桁架筋放置。钢筋网片和桁架布放结束后，一些复杂的附加钢筋或者预埋件、管道等，需要人工进行摆放和固定。

（7）一次布料并振捣密实。模板托盘上安置了边模和钢筋后，传送到混凝土喂料的工位上，混凝土喂料机把新拌混凝土浇筑到模板上。混凝土是直接从搅拌站或者通过混凝土传输罐运送到喂料机的料斗中，喂料机根据浇筑构件的形状和重量浇筑混凝土，喂料机的操作可以通过人工，或者全自动化的操控来实现。

（8）一次养护。预制构件在模板上浇筑并密实后，模台由堆垛机送进养护窑，进行第一次养护。预制构件的养护是由中央控制系统来操作的，控制系统会选择第一次和第二次养护模台。一次养护的模台，在经过8~10h后，由中央控制系统发出指令，堆垛机从养护窑内把固化的构件和模台取出，送往翻转机的工位。

（9）二次浇筑。经过第一次养护的墙板，进到翻转机工位。翻转工位上事先已经有新浇筑好混凝土的第2块墙板等候。由人工或者机械通过固定装置把预制构件固定在模台上后，翻转机做180°的翻转，对准在翻转工位上的另一块墙板。翻转机下行，把第1块墙板的钢筋桁架扣压到第2块墙板新浇筑的混凝土当中，然后再次振动，再次密实。

（10）二次养护。两块墙板振动密实后，由堆垛机再次送入养护窑，进行第2次养护。与此同时，翻转机复位，把卸下第1块墙板的空白模台再次送入生产流程中：拆模，模台清扫，机械手置模。经过约10h的第2次养护后，制成的双皮墙在中央控制系统识别和指令下，由堆垛机从养护窑取出，经养护窑下层的外运通道送出，在脱模起吊工位完成最后的外运工序。

（11）脱模入库。双皮墙生产是按照流程一模一拆，也就是说，每次工艺流程要进行一次拆模，机械手操作是首先经过激光扫描，定位磁性边模的位置，然后机械手运行，开始拆模。预制构件在经过8～10h养护后，模台从养护窑驶出，到起吊工位，倾斜台竖起到75°，桁车挂住预制在双皮墙上的起吊挂钩，双皮墙被吊离模台，放在构件外运格架上。模台继续驶向下面的工位，开始新的一轮工艺流程。

生产线优势：机械手置模，精准快捷，可根据图纸更换不同类型的边模；采用中央控制系统把控生产工艺流程，可实现BIM数据导入并指挥生产系统，自动化程度高；少人工，少污染（图7-43）。

图7-43　双面叠合墙自动化生产

2. 预应力混凝土空心板自动化生产技术

主要生产工艺流程如下：

模台清扫→钢绞线张拉→混凝土布料→振捣密实→挤压成型→养护→松张切割→起模。

工艺要点如下：

（1）多功能小车清洗模台并布放钢筋。多功能小车对模台清扫并喷上脱模剂；模台两端各有一个操作人员，操作人员将钢绞线穿上锚具挂在牵引车上，推动车挡，小车向另一端运行；待小车到达时迅速推动转向挡，同时取下锚具，小车自动回到另一端。

（2）预应力钢筋张拉。张拉前操作人员检查是否安装好防护设备；检查钢绞线是否有破损，锚具是否安装牢靠；检查张拉设备电路指示灯是否正常；张拉钢绞线分两次进行，第一次张拉至钢绞线张拉控制应力值的30%，调整钢绞线位置，使其互相平行，第二次张拉至张拉控制应力值。

（3）鱼雷罐运送混凝土送入布料机。鱼雷罐把混凝土运到指定点，混凝土倒入分料车，待成型机使用。

（4）滑模机挤压混凝土并覆膜养护。通过滑模机对干性混凝土振捣成型，滑模机的运行速度直接关系到板的外观质量和混凝土的密实度，对不同厚度的板，运行速度严格按技术要求执行。

（5）切割。首先测定板长并画线定位，定位时板端应留出8mm切割缝；每切割一块板后，应对下一块板的板长重新进行校对；切割前打开水管喷水，一方面降低锯片温度，另一方面消除粉尘；切割时下锯深度应调至板底面5mm，不得切伤下一层板的板面；切割完毕，应立即用水将板面和侧面的浆粉冲刷干净。

（6）起模入库。需要起重机，并应使用专门吊具，每次只限吊装一次；板吊起后应先清除四周毛边，然后再装车；板与板之间采用长度1200mm，截面为50mm×50mm的垫木，垫木位置距板端200～250mm，并应上下对齐；吊装人员应了解不同厚度、长度板的重量，严禁超载装车，装好车后，用钢丝绳将板捆紧；预应力空心板在运输过程中应做好安全和成品防护；吊装时，混凝土抗压强度不得低于设计要求；应采用慢起、稳升、缓放的操作方式，吊运过程，应保持稳定，不得偏斜、摇摆和扭转，严禁吊装构件长时间悬停在空中。

生产线优势：生产出的产品跨度大、承载力高、整体性好，具备优良的阻燃、隔热、隔声和抗震性能；生产线采用干性混凝土挤压冲捣成型工艺，有效降低生产成本；生产范围广泛，可生产厚度12～50cm、宽度0.6～2.4m、长度6～18m的各类中空楼板（图7-44）。

图7-44　预应力混凝土空心板自动化生产

3. 预制墙板自动化生产线

主要生产工艺流程如下：

横台清扫→喷涂隔离剂→模板钢筋笼安装→混凝土浇筑→混凝土振捣→振捣刮平→构件预养护→构件表面抹光→构件蒸养→构件脱模→翻板吊运→构件清洗。

工艺要点如下：

（1）模具组装。模具的安装与固定，要求平直、紧密、不倾斜、尺寸准确。

（2）钢筋骨架组装。钢筋骨架应绑扎牢固，防止吊运入模式变形或散架。钢筋骨架整体吊运时，宜采用吊架多点水平吊运，避免单点斜拉导致骨架变形。钢筋骨架吊运至工位上方，宜平稳、缓慢下降至距模台最高处300~500mm，调整好方向后，缓慢下降吊钩入模。

（3）混凝土浇筑。混凝土浇筑应均匀连续，从模具一端开始向另一端浇筑；混凝土倾落高度不宜超过600mm；浇筑过程中应采取有效措施，控制混凝土布料的均匀性、密实性和整体性；混凝土浇筑应连续进行，且应在混凝土初凝前全部完成；混凝土应边浇筑边振捣；冬季混凝土入模温度不应低于5℃。

（4）混凝土振捣。混凝土振捣过程中应随时检查模具有无漏浆、变形或预埋件有无移位等现象。有平面和立面的转角预制构件，要先浇筑、振捣平面部位，待平面浇筑位置达到立面底部时，再浇筑、振捣立面部位。

（5）构件养护。构件成型后，需及时养护，防止混凝土生产干缩裂缝和强度降低。

（6）构件脱模。在构件进行养护作业后，强度达到脱模要求后进行脱模作业，构件脱模可采用侧立脱模和平吊式脱模。

生产线优势：自动化流水作业，工位专业化强；通用型大模台，使用不同尺寸的构件；立体垂直养护产品，节约生产场地；操作工位自动控制，节约操作工人；边模通用性强，机械化操作；养护工艺合理，提高产品品质；可生产厚度≤400mm的各种墙板（图7-45）。

图7-45　预制墙板自动化生产线

4. 钢筋自动化加工生产线

（1）箍弯机，采用PLC可编程控制系统，能够自动定尺、切断、收集、计数。具有速度快、成材率高、效率高、角度调节范围广等特点。弯曲速度900°/s（图7-46a）。

（2）切断机，可多任务操作钢筋加工，单线加工能力$\phi5$~$\phi13$mm，双线加工能力$\phi5$~$\phi8$mm，牵引速度10~100m/min，加工精度为±1mm（图7-46b）。

（3）桁架机，采用PLC可编程控制系统，进步机构由CNC伺服电机控制，生产自动化。具有精确度高、稳定性强，效率高等特点。最高生产速度可达15~20m/min（图7-46c）。

（4）焊网机，使用工业级PCL+显示终端，模块化图库设计，可个性化编辑。加工网片主要为标准网、开孔网，工作速度40~60排/min（图7-46d）。

(a)数控钢筋箍弯机

(b)数控钢筋桁架焊接设备

(c)钢筋切断机

(d)焊网机设备

图7-46 钢筋自动化加工生产线

5. 飘窗钢筋笼自动化加工站

飘窗钢筋笼自动化加工站，将现有人工生产飘窗钢筋网笼结构搭建、绑扎钢筋笼的工序改造成一条包含自动分拣送料、自动摆放钢筋构件搭建钢筋网笼框架以及自动绑扎钢筋笼的自动化生产线，并进行远程云端调控，可大量节约建筑工业化部品生产过程及施工过程中的劳动力成本，提高钢筋网笼的生产效率和质量，实现高效生产、安全生产、高质量生产。通过智能分析感知系统、人机视觉技术、智能控制技术、机器人技术等高新技术手段，以及领先的智能钢筋节点识别算法和智能控制技术，能精准的进行钢筋笼节点识别和定位，并进行智能化的钢筋分拣和钢筋绑扎；配合末端执行机构及核心软件算法平台，通过更换程序参数和末端执行器，可实现钢筋的分拣、运输、自动夹取与框架结构搭建、钢筋视觉识别追踪与定位、钢筋节点的绑扎等智能化工作，以机器替代人工实现钢筋绑扎的自动化生产，具有识别智能化、操作简单化、生产效率化等特点。

目前，飘窗钢筋笼自动化加工站可识别分拣1m×1m尺寸内所有种类钢筋，识别分拣准确率达95%以上，钢筋绑扎效率是人工作业2倍，人员至少减少2人，良品率可达90%以上，极大减轻了劳动强度，大大提高了生产效率和产品质量（图7-47）。

（a）飘窗钢筋网笼智能生产线　　　　　　　　　（b）机器人绑扎飘窗钢筋网笼

（c）成品飘窗钢筋笼　　　　　　　　　　　（d）成品飘窗混凝土预制构件

图7-47　飘窗钢筋笼自动化加工站

6. 钢结构智能制造生产线

钢结构智能制造生产线通过对建筑钢结构制造全工序智能化设备、基于智能控制集成技术的一体化工作站的研发，大幅提升了钢结构制造效率；通过对"无人"切割下料、机器人高效焊接、物流仓储过程定向分拣、自动搬运、立体存储等钢结构制造新工艺新技术的研发，推进了建筑钢结构制造自动化进程。在广东惠州，中建科工打造了全国首条建筑钢结构智能制造生产线。该生产线引入6轴机器人等智能装备，应用自动寻边、自动加工、离线编程、焊缝跟踪等关键技术创新成果，自动完成构件切割、搬运、焊接等核心工序。车间智能物流系统与智能化集成系统的开发应用，让工序衔接更加高效、智能、互通，实现"无人化"生产（图7-48）。

7.3.5　工业化、智能化工程装备

目前，我国工业化施工装备的相关产业初具规模，在机器人技术、控制技术、感知技术、复杂制造系统、可靠性技术、机械制造工艺技术、工业通信和网络技术、智慧信息处理技术、数控技术与数字化制造等方面取得了一批研究成果；随着技术进步和特殊工况对工程

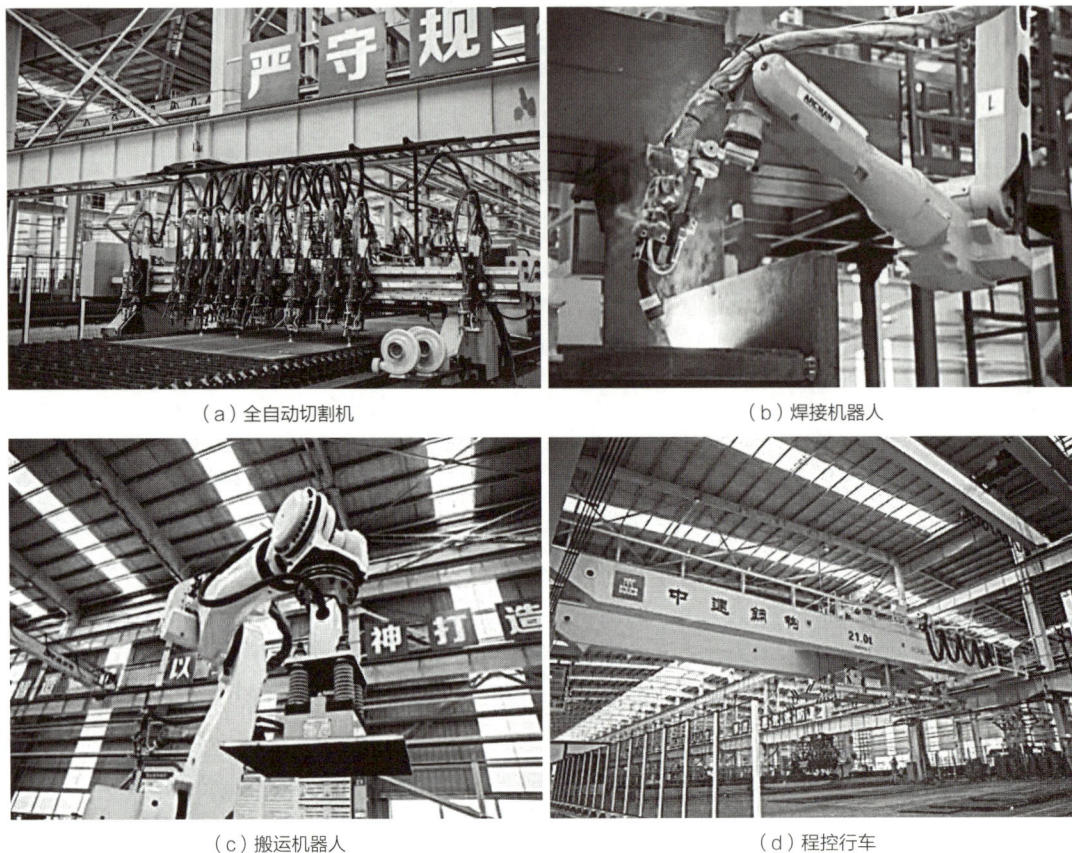

（a）全自动切割机

（b）焊接机器人

（c）搬运机器人

（d）程控行车

图7-48　建筑钢结构智能制造生产线

装备产品的需求增加，以及节能环保要求的升级，电动化、智能化、数字化乃至无人化，将成为工程装备行业发展的大趋势，新需求对工程装备相关领域的研发能力和产品竞争力提出了更高的要求。

1. 空中造楼机

"空中造楼机"是一套能够实现智能控制的大型组合式机械设备平台，通过系统地整合工具式模板、工具式脚手架、预制钢筋骨架、商品混凝土、泵送混凝土等一系列成套技术，实现高层或超高层钢筋混凝土住宅的整体现浇施工。采用该设备平台，一幢近百米高的钢筋混凝土剪力墙结构住宅楼，全部施工可在一年内完成，比常规建造方式至少缩短工期1/3（图7-49）。

主要特点如下：①工程质量可控。采用现浇混凝土施工工艺，房屋结构整体

图7-49　空中造楼机

性好。利用机械操作、程序控制和自密实免振捣混凝土施工技术，保证了结构工程质量。②建安成本可控。用工量约为常规施工方法的1/10，大幅减少了人工成本。装备标准化率大于95%，可在不同工地之间转移，实现重复和循环建造，综合效益显著。③社会效益和环境效益突出。"空中造楼机"相当于把一座移动造楼工厂开进了建筑工地，把建筑工地的农民工转变为操控大型工业化智能建造平台的技术工人，改善了他们的工作条件，减轻了劳动强度。

2. 三维测绘机器人

传统建筑行业施工现场，人工"实测实量"工艺虽简单，但需要消耗大量人力，且相关从业人员稳定性差，难以稳定长期从事该工作。同时，人工测量存在主观性高、测量结果不稳定和客观性差等问题。针对传统人工测量面临的痛点，国内相关研究团队在建筑施工实测实量领域进行了点云扫描、点云数据拼接处理等核心技术攻关，研发出了替代人工测量的测量机器人产品——三维测绘机器人。该套设备通过视觉识别、算法分析及控制系统，实现可移动对建造模型进行点云扫描分析，通过移动履带底盘及平面图纸，实现自动避障功能，并与预输入模型进行对比分析，提供实际尺寸误差分析报告。通过一键式操作，进行360°旋转扫描，以360000点/s的扫描速率对室内60m范围内的建筑表面进行数据采集，实现测量数据100%覆盖，检测精度达到2mm，检测效率提升20倍以上（图7-50）。

主要特点如下：①高效率：一键启动现场一键扫描，自动输出实测成果，无需人工介入分析或处理数据，全流程自动化实现，2min左右即可完成一个房间的全系列实测数据采集和计算，效率高，节省劳动力成本。②高精度：采用点云扫描和自动拼接技术，高精度成像与图像自动处理，测量精度可达毫米级。③智能化：自主导航、自动测量、自动识别和测量数据自动处理、自动生成检测报告等一系列自动化作业。

图7-50　三维测绘机器人

3. 智能建造机器人

智能建造机器人采用军工级履带底盘，可实现移动、旋转、越障等功能，先后配有激光雷达可实现移动过程中的避障功能，底盘前后配有4个调平气缸，提供稳定支撑，为机械臂的快速移动提供稳定保障。上部配有工业六轴机械臂，适用于施工现场或工作环境较为复杂、工作空间不宽阔以及大面积铺设安装等工作情况。通过视觉程序及机器人控制程序，配套不同

图7-51 智能建造机器人

工装夹具可实现现场轻钢龙骨隔墙制造、现场发泡陶瓷板加工、异性砖瓦结构摆放、钢筋视觉识别绑扎、快速模型搭建等功能（图7-51）。

智能建造机器人还可以对轻钢龙骨隔墙进行装配，区别于人工装配，机器人采用模块化装配方式进行作业，可以更好地实现轻钢龙骨隔墙施工标准化（图7-52）。

智能建造机器人建造异形墙面功能是基于装配轻钢龙骨隔墙的前端工具而研发的拓展功能。利用机械臂较高的重复精度，可以很轻松地实现不同形状的异形墙面的建造工作。智能建造机器人在程序编写方面采用了多参数化的程序设计，通过修改相关参数，即可实现不同形状的异形墙面的建造，从而实现智能建造机器人的参数化建造（图7-53）。

图7-52 轻钢龙骨隔墙装配

图7-53 异形墙面建造

222

图7-54　发泡陶瓷板加工

同时，智能建造机器人还可以针对发泡陶瓷板的特性以及安装方式，对其进行切割、开槽等加工，使发泡陶瓷板能够更好地应用到建筑项目上（图7-54）。

7.4 工业化建造技术政策

7.4.1　国外工业化建造技术政策

1. 日本工业化建造政策

日本在20世纪60年代末开始大力发展装配式建筑，起初也是政府主导，在经济、技术、协会等方面给予大力支持，首先在集合住宅低矮房子中推广预制剪力墙，由于人工成本逐步增加，企业自主研发能力增强，逐步将预制构件应用到高层和超高层建筑中，降低整体建造成本。从日本政府推行工业化的主要政策和措施来看，总体上法律法规比较健全，政府职责比较清楚，基本上形成了适应日本经济发展、相对完善的住宅产业管理体制与机制。

（1）政策导向

1965年制定的第一个住宅5年计划——"新住宅建设5年计划"中指出，工业化住宅的比率，也就是工厂化率（工厂化率=预制构件住宅建设户数/住宅建设总户数）要达到15%。结果是公共资金住宅达到了8%，民间住宅达到了4%。

1971年再次制定的新住宅建设5年计划中规定，公共资金住宅的工业化率要达到28%，民间住宅的工业化率要达到14%。之后，日本根据每五年都颁布住宅建设五年计划，每一个五年计划都有明确的促进住宅产业发展和性能品质提高方面的政策和措施。

（2）政策支持

贷款方面，日本政府通过一系列财政金融制度引导企业研发和采用装配式建筑的新技术，对于在住宅建设过程中采用装配式建造技术的企业，政府金融机构可根据《中小企业新技术改造贷款制度》，由"中小企业金融公库"给予低息长期贷款。同时，日本政府为鼓励住房消费，还成立国家"住宅金融公库"，以比商业贷款低30%的优惠利率向中等收入以下的工薪阶层提供购房长期贷款，贷款期限可以长达35年。这一举措对解决中低收入者购房和促进住宅建设的发展起到了很大的作用。

财政补贴方面，1972年建设省制定了"住宅生产工业化促进补贴制度"，对承担企业给予一定的研究经费或补贴；1974年通产省建立了"住宅体系生产技术开发补助金制度"，向开发研究的企业提供50%的研究经费制度。

减税方面，日本建立了"试验研究费减税制""研究开发用机械设备特别折旧制""新技术企业化所用机构设备特别折旧制""中小企业技术开发减税制"等。

通过以上一系列的财政支撑制度，大大调动了企业开发应用新产品和新技术的积极性，降低风险，增强市场竞争力。

（3）技术政策

日本政府从1970开始实施装配式住宅性能认定制度，保障装配式建筑的质量。由第三方评价机构定量化评价住宅的性能，使购房者清楚装配式建筑的质量情况，为购房者选择住宅提供参考，保护购房者的利益。

（4）法律保障

日本政府强有力的干预和支持对住宅产业的发展起到了重要作用：通过立法来保证混凝土构件的质量，在装配式住宅方面制定了一系列的方针政策和标准，同时也形成了统一的模数标准，解决了标准化、大批量生产和多样化需求这三者之间的矛盾。2000年开始实施《确保住宅品质促进法》，通过立法进一步明确住宅性能认定制度的要求，同时建立了住宅纠纷的处理体制和缺陷担保责任的特例。

2. 德国工业化建造政策

德国由于纬度较高，冬季较长，供暖占德国能源消耗总量约40%，多年来，政府通过制定有针对性的政策措施，提高建筑节能标准，发展先进节能技术，大幅降低了建筑物能耗。自20世纪70年代以来，德国出台了一系列建筑节能法规，对建筑物保温隔热、采暖、空调、通风、热水供应等技术规范做出规定。

德国建筑业标准规范体系完整全面，对于装配式建筑首先要求满足通用建筑综合性技术要求，即无论采用何种装配式技术，其产品必须满足其应具备的相关技术性能：如结构安全性、防火性能，以及防水、防潮、气密性、透气性、隔声、保温隔热、耐久性、耐候性、耐腐蚀性、材料强度、环保无毒等。同时要满足在生产、安装方面的要求。主要标准见表7-14。

德国装配式建筑主要标准规范　　　　表 7-14

序号	分类	名称
1	混凝土及砌体预制构件装配式体系	DIN 1045-3 混凝土，钢筋预应力混凝土机构 第3部分：建筑施工DIN13670的应用规则 DIN 18203-1 建筑误差 第1部分：混凝土、钢筋混凝土和预应力混凝土预制件 DIN EN 13369 预制混凝土产品的一般性规定 DIN 1045-4 混凝土，钢筋预应力混凝土机构 第4部分：预制构件的生产及合规性的补充规定 DIN EN 13670 混凝土结构的允许误差根据DIN 18202及DIN18203 DINEN 14992 预制混凝土产品 墙体 DIN EN 1520 带开放结构的轻集料混凝土预制件 DIN EN 13747 预制混凝土产品楼板系统用板 DIN1053-4 砌体 第四部分：预制构件
2	钢结构装配式体系	DIN EN 1993-1-1/NA 钢结构设计 第1-1部分：建筑物一般性规定和设计规则，欧盟标准3国家参数 DIN EN 1993-1-2/NA 钢结构设计 第1-2部分：结构防火设计一般规则，欧盟标准3国家参数 DIN 18800-1 钢结构建筑 第一部分：设计和构造 DIN 18800-7 钢结构建筑 第7部分：施工和生产资格 DIN EN ISO 16276-1 钢结构腐蚀防护涂层系统，涂层附着性（粘结强度）的评估及其验收标准 第1部分：撕裂测试 DIN EN 10219-2 由非合金和细晶粒结构钢制造的建筑用冷加工的焊接空心型钢 第2部分：限制大小、尺寸和静态值 DIN 18203-2 建筑公差 第2部分：预制钢构件 BFS-RL 07-101 生产和加工建筑钢结构
3	预制木结构装配式体系	DIN EN1995-1-1/NA 木结构的设计和构造 1-1部分：一般性规定 一般性规则和有关建筑物规定，欧洲规范5 国家参数 DIN EN 1995-1-2/NA 木结构的设计和构造 1-2部分：一般性规定-承重构件的防火设计，欧洲法规5 国家参数 DIN EN 14250 木构建筑 对采用钉片连接的预制承重构件产品的要求 DIN EN 14509 两侧带有金属覆层的承重复合板 工厂加工产品 技术要求 DIN EN 408 木结构 承重木材和胶合木材 物理和力学性能的规定； DIN EN 594 木结构 试验方法 板式构造墙体的承载能力和刚度； DINEN 595 木结构 试验方法 检测框架式梁确定其承载能力和变形情况 DIN EN 596 木结构 试验方法 板式构造墙体柔性连接的检测 DIN EN 1075 木结构 试验方法 钉板连接 DIN 18203-3 建筑公差 第3部分：木材和木基材料的建筑部品
4	预制金属幕墙装配式体系	DIN EN 1999-1-1 承重铝结构的设计和构造 第1-1部分：一般设计规定 DIN EN 1999-1-4/A1 承重铝结构的设计和构造 第1-4部分：冷弯压型板 DIN EN 14509 自承重式双面金属覆盖夹芯板 工厂制造产品 规格 DIN EN 14782（Norm）适合室内和室外工程使用的、自承重式金属屋面板和墙面板 产品规格和要求 DIN EN 14783 适合室内和室外工程使用的、整面支撑的金属屋面板和墙面板 产品规格和要求 DIN 18516-1 带后侧通风构造的外墙覆板 第一部分：要求，检验原理 DIN 24041 穿孔版

3. 新加坡工业化建造政策

（1）政策导向

新加坡自20世纪70年开始出现装配式建造方式，20世纪80年代将装配式引入住宅领域，1992年政府成立建筑生产力工作小组，推广预制构件的使用，要求外墙预制化，研发推广装配式建筑设计，并在组屋等项目中强制普及；1999年，政府发布21世纪建筑报告，明确将推广装配式建筑设计与预制构件的使用，并设立装配率指标；2001年新加坡政府又出台了装配式建筑法规，建立易建性指标；20多年来，易建性制度对新加坡建筑业劳动生产率的提高起到了明显的作用，促进了新加坡住宅工业化的发展，新加坡也因此成为世界上住房问题解决得最成功的国家之一，全国高达87%的居民居住在公屋里，95%以上的新加坡人拥有自己的住房。

（2）政策支持

建设局（BCA）为了鼓励施工企业采用先进技术、先进施工设备和施工方案，制定了Mech-C奖励政策，企业可以申请奖励补助，最高可达20万新币。

PIP计划是建设局（BCA）另一项奖励政策，对一切先进的施工模式、施工材料等进行奖励，诸如先进的系统模板的使用、铝模板的使用、BIM系统的使用等，可获得每项高达10万元新币的奖励。

（3）标准规范

HDB2014版的装配式设计指南，对于构件的户型设计、模数设计、尺寸设计、标准接头设计等都做出了规定，如标准户型设计指南以及层高设计规定（HDB规定组屋层高需为首层3.6m、标准层2.8m）。

2001年1月1日正式执行《Code of Practice on Building Design》（《易建设计规范》），这套体系在设计阶段和施工阶段分别进行评价，设计阶段主要考察设计环节对施工所使用劳动力的影响，施工阶段主要考察施工方法所使用的劳动力。未达到易建性设计评分最低分要求的设计将不被BCA审核通过。

7.4.2 国内工业化建造技术政策

1. 国家级政策

从近年来国家层面发布的建筑工业化相关的政策文件可以看出，国家对工业化建造的重视程度日益增加，不断为建筑工业化注入政策红利和发展动力，对推动建筑工业化的发展具有重要的意义。表7-15统计了2016年至今国家层面工业化建造相关政策。

中国工业化建造相关政策汇总　　　　　　　　　　　表 7-15

序号	年份	名称	主要内容
1	2016.02	《关于进一步加强城市规划建设管理工作的若干意见》	提出力争用10年左右的时间，使装配式建筑占新建建筑的比例达到30%
2	2016.09	《关于大力发展装配式建筑的指导意见》	明确京津冀三大城市群为重点推进地区，常住人口超过300万的其他城市为积极推荐地区，因地制宜发展装配式建筑
3	2017.01	《"十三五"节能减排综合工资方案》	推广节能绿色建材、装配式和钢结构建筑
4	2017.02	《建筑业持续健康发展意见》	推动建造方式创新，大力发展装配式混凝土和钢结构建筑，在具备条件的地方倡导发展现代木结构建筑，不断提高装配式建筑在新建建筑中的比例

续表

序号	年份	名称	主要内容
5	2017.03	《"十三五"装配式建筑行动方案》	到2020年，全国装配式建筑占新建建筑的比例达到15%以上，其中重点推进地区达到20%以上，积极推进地区达到15%以上，鼓励推进地区达到10%以上
6	2017.04	《建筑业发展"十三五"规划》	大力发展钢结构建筑，引导新建公共建筑优先采用钢结构，积极稳妥推广钢结构住宅
7	2018.11	《国务院办公厅关于促进建筑业持续健康发展的意见》	完善监管体制机制，优化市场环境，提升工程质量安全水平，强化队伍建设，增强企业核心竞争力，促进建筑业持续健康发展
8	2020.07	《关于推动智能建造与建筑工业化协同发展的指导意见》	明确提出，以大力发展建筑工业化为载体，以数字化、智能化升级为动力，形成涵盖科研、设计、生产加工、施工装配、运营等全产业链融合一体的智能建造产业体系
9	2020.08	《关于加快新型建筑工业化发展的若干意见》	提出要加快新型建筑工业化发展，以新型建筑工业化带动建筑业全面转型升级，打造具有国际竞争力的"中国建造"品牌，推动城乡建设绿色发展和高质量发展

随着国家政策大力推动，我国以装配式建筑为代表的新型建筑工业化进入了全面发展期，呈现出欣欣向荣的发展态势。从行业协会到科研院所，从集团型龙头企业、开发商到设计院、总包单位、构件加工厂等产业链上下游企业，都在各自领域或主动、或被动地开展了大量新型建筑工业化的研究和探索，使工业化建造技术得到日益广泛的工程应用。

2. 地方级政策

在国家与地方规划中已经明确提出我国装配式建筑发展目标，行业迎来重大发展契机，各省市积极落实装配式建筑占新建建筑面积比例、建立国家级装配式建筑示范城市、布局装配式建筑产业化基地、推动龙头企业和产业联盟形成装配式产业聚集，同时制定了更为积极的产业发展刺激政策，通过进行用地、财政补贴、税费优惠等多种手段直接激励装配式建筑应用率的提高，为装配式建筑政策落地和阶段性目标的顺利实现打下了坚实的基础。全国31个省市相关扶持政策，见表7-16。

31 个省市扶持政策　　　　　　　　　　　　　　表 7-16

地区	政府政策
北京	1. 对于实施范围内的预制率达到50%以上、装配率达到70%以上的非政府投资项目予以财政奖励；2. 对于未在实施范围的非政府投资项目，凡自愿采用装配式建筑并符合实施标准的，按增量成本给予一定比例的财政奖励，同时给予实施项目不超过3%的面积奖励；3. 增值税即征即退优惠等；4. 采用装配式建筑的商品房开发项目在办理房屋预售时，可不受项目建设形象进度要求的限制
上海	1. 对总建筑面积达到3万m²以上，且预制装配率达到45%及以上的装配式住宅项目，每平方米补贴100元，单个项目最高补贴1000万元；2. 对自愿实施装配式建筑的项目给予不超过3%的容积率奖励；3. 装配式建筑外墙采用预制夹心保温墙体的，给予不超过3%的容积率奖励
天津	1. 对采用建筑工业化方式建造的新建项目，达到一定装配率比例，给予全额返还新型墙改基金、散水基金或专项资金奖励；2. 经认定为高新技术企业的装配式建筑企业，减按15%的税率征收企业所得税，装配式建筑企业开发新技术、新产品、新工艺发生的研究开发费用，可以在计算应纳税所得额时加计扣除；3. 实行建筑面积奖励；4. 增值税即征即退优惠

地区	政府政策
重庆	1. 对建筑产业现代化房屋建筑试点项目每立方米混凝土构件补助350元；2. 节能环保材料预制装配式建筑构件生产企业和钢筋加工配送等建筑产业化部品构件仓储、加工、配送一体化服务企业，符合西部大开发税收优惠政策条件的，依法减按15%税率缴纳企业所得税
黑龙江省	1. 土地保障，全省各级国土资源部门要优先支持装配式建筑产业和示范项目用地；2. 金融服务，使用住房公积金贷款购买已认定为装配式建筑项目的商品住房，公积金贷款额度最高可上浮20%；3. 招商优惠、科技扶持、财政奖补、税收优惠、行业支持
辽宁省	1. 财政补贴；2. 增值税即征即退优惠；3. 优先保障装配式建筑部品部件生产基地（园区）、项目建设用地；4. 允许不超过规划总面积的5%不计入成交地块的容积率核算等
内蒙古自治区	1. 优先保障装配式建筑产业基地和项目建设用地；2. 一定比例的后补助资金；3. 税收优惠；积极的信贷支持；实行容积率差别核算；运输超大、超宽的预制构件实行高速公路通行费减免优惠政策
广西壮族自治区	优先安排建设用地；相应的减免政策；报建手续开辟绿色通道
广东省	在市建筑节能发展资金中重点扶持装配式建筑和BIM应用，对经认定符合条件的给予资助，单项资助额最高不超过200万元
江苏省	1. 项目建设单位可申报示范工程，包括住宅建筑、公共建筑、市政基础设施三类，每个示范工程项目补助金额150万～250万元；2. 项目建设单位可申报保障性住房项目，按照建筑产业现代化方式建造，混凝土结构单体建筑预制装配率不低于40%，钢结构、木结构建筑预制装配率不低于50%，按建筑面积每平方米奖励300元，单个项目补助最高不超过1800万元/个
浙江省	1. 使用住房公积金贷款购买装配式建筑的商品房，公积金贷款额度最高可上浮20%；2. 对于装配式建筑项目，施工企业缴纳的质量保证金以合同总价扣除预制构件总价作为基数乘以2%费率计取，建设单位缴纳的住宅物业保修金以物业建筑安装总造价扣除预制构件总价作为基数乘以2%费率计取；容积率奖励等
山东省	购房者金融政策优惠；容积率奖励；质量保证金项目可扣除预制构件价值部分、农民工工资、履约保证金可减半征收等
湖南省	财政奖补；纳入工程审批绿色通道；容积率奖励；税费优惠；优先办理商品房预售；优化工程招标投标程序等
四川省	1. 土地支持。优先支持建筑产业现代化基地和示范项目用地，对列入年度重大项目投资计划的优先安排用地指标，加强建筑产业现代化项目建设用地保障。2. 税收优惠。利用现代化方式生产的企业，经申请被认定为高新技术企业的，减按15%的税率缴纳企业所得税。3. 容积率奖励，在办理规划审批时，其外墙预制部分建筑面积（不超过规划总建筑面积的3%）可不计入成交地块的容积率核算。4. 评优评奖优惠政策。装配率达到30%以上的项目，享受绿色建筑政策补助，并在项目评优评奖中优先考虑。5. 科技创新扶持政策、金融支持、预售资金监管、投标政策、基金支持
福建省	用地保障；容积率奖励；购房者享受金融优惠政策；税费优惠等
江西省	优先支持装配式建筑产业和示范项目用地；容积率奖励；科技创新优先支持；资金补贴和资金奖励；减免保证金，工程质量保证金按扣除预制构件总价作为基数减半计取，预售监管资金比例减半等优惠
山西省	享受增值税即征即退50%的政策；执行住房公积金贷款最低首付比例；优先安排建设用地；容积率奖励；工程报建绿色通道等
陕西省	给予资金补助；优先保障装配式建筑项目和产业土地供应；加分企业诚信评价，并与招标投标、评奖评先、工程担保等挂钩；购房者享受金融优惠政策；安排科研专项资金等
吉林省	设立专项资金；税费优惠；优先保障装配式建筑产业基地（园区）、装配式建筑项目建设用地等
海南省	优先安排用地指标；安排科研专项资金；享受相关税费优惠；提供行政许可支持等

续表

地区	政府政策
新疆维吾尔自治区	1. 财政奖励政策：具备条件的城市设立财政专项资金，对新建装配式建筑给予奖励，支持装配式建筑发展；2. 税费优惠政策：对于符合《资源综合利用产品和劳务增值税优惠目录》的部品部件生产企业，可按规定享受增值税即征即退优惠政策；3. 金融支持政策：对建设装配式建筑园区、基地、项目及从事技术研发等工作且符合条件的企业，金融机构要积极开辟绿色通道；4. 用地支持政策、科技支持政策；5. 规划支持政策：对装配式建筑项目给予不超过3%的容积率奖励；6. 评价评奖政策：在人居环境奖评选、生态园林城市评估、绿色建筑评价等工作中增加装配式建筑方面的指标要求；在评选优质工程、优秀工程设计和考核文明工地时，优先考虑装配式建筑
青海省	优先保障用地；符合高新技术企业条件的装配式建筑部品部件生产企业，企业所得税税率适用15%的优惠政策；享受绿色建筑扶持政策
宁夏回族自治区	实施贴息等支持政策，强化资金撬动作用；对以招拍挂方式供地的建设项目，在建设项目供地面积总量中保障装配式建筑面积不低于20%；对以划拨方式供地、政府投资的公益性建筑、公共建筑、保障性安居工程，在建设项目供地面积总量中保障装配式建筑面积不少于30%；加大信贷支持力度；增值税即征即退优惠政策
湖北省	配套资金补贴、容积率奖励、商品住宅预售许可、降低预售资金监管比例等激励政策措施
安徽省	专项资金；工程工伤保险费计取优惠政策；差别化用地政策，土地计划保障；利率优惠等
河南省	对获得绿色建筑评价二星级运行标识的保障性住房项目省级财政按20元/㎡给予奖励，一星级保障性住房绿色建筑达到10万平方米以上规模的执行定额补助上限，并优先推荐申请国家绿色建筑奖励资金；新型墙体材料专项基金实行优惠返还政策等；容积率奖励
河北省	优先保障用地；容积率奖励；退还墙改基金和散装水泥基金；增值税即征即退50%等
甘肃省	按照装配式方式建造的，其外墙预制部分建筑面积可不计入面积核算，但不应超过总建筑面积的3%；优先支持评奖评优评先；通过先建后补、以奖代补等方式给予金融支持；免征增值税
贵州省	资金支持；拓宽融资渠道；优先支持装配式建筑企业、基地和项目用地；增值税即征即退优惠政策；分期交纳土地出让金；面积奖励等
云南省	税费减免；优先放款给使用住房公积金贷款的购房者；优先安排用地指标等
西藏自治区	加大财政扶持；加强土地保障；落实招商引资政策；落实税费优惠政策；加强金融服务；加大行业扶持力度

目前，全国31个省份均发布了相关的激励政策，不断完善配套政策和细化落实措施，各项经济激励政策为推动建筑工业化的发展提供了制度保障。主要包括：用地支持、财政补贴、专项资金、税费优惠、容积率、评奖、信贷支持、审批、消费引导、行业扶持10个小类。在政策使用比例方面，税费优惠政策超过90%，其次为用地支持、财政补贴和容积率均超过50%，最后依次是专项资金、信贷支持、行业扶持、审批、评奖、消费引导。

3. 技术标准体系

经过多年的实践积累，建筑工业化领域形成了多种类型的技术体系，建立了结构、围护、设备管线、装修相互协调的相对完整产业链。2016～2019年，31个省、自治区、直辖市出台装配式建筑相关标准规范的数量分别为95个、95个、89个、110个，为建筑工业化的发展提供了扎实的技术支撑。表7-17统计了我国工业化建造领域现行国家及行业标准情况。

我国工业化建造领域标准统计　　表 7-17

序号	标准、规范名称	标准编号	备注
	1.1 设计		
	1.1.1 装配式混凝土结构		
1.1.1-1	装配式混凝土建筑技术标准	GB/T 51231—2016	
1.1.1-2	装配箱混凝土空心楼盖结构技术规程	JGJ/T 207—2010	
1.1.1-3	预制预应力混凝土装配整体式框架结构技术规程	JGJ 224—2010	
1.1.1-4	钢筋锚固板应用技术规程	JGJ 256—2011	
1.1.1-5	预制带肋底板混凝土叠合楼板技术规程	JGJ/T 258—2011	
1.1.1-6	轻型钢丝网架聚苯板混凝土构件应用技术规程	JGJ/T 269—2012	
1.1.1-7	装配式混凝土结构技术规程	JGJ 1—2014	
1.1.1-8	钢筋焊接网混凝土结构技术规程	JGJ 114—2014	
1.1.1-9	装配式劲性柱混合梁框架结构技术规程	JGJ/T 400—2017	
1.1.1-10	装配式环筋扣合锚接混凝土剪力墙结构技术标准	JGJ/T 430—2018	
1.1.1-11	轻板结构技术标准	JGJ/T 486—2020	
1.1.1-12	钢筋机械连接装配式混凝土结构技术规程	CECS 444—2016	
1.1.1-13	装配复合模壳体系混凝土剪力墙结构技术规程	T/CECS 522—2018	
1.1.1-14	钢管混凝土叠合柱结构技术规程	T/CECS 188—2019	
1.1.1-15	装配整体式钢筋焊接网叠合混凝土结构技术规程	T/CECS 579—2019	
1.1.1-16	装配式多层混凝土结构技术规程	T/CECS 604—2019	
1.1.1-17	钢管桁架预应力混凝土叠合板技术规程	T/CECS 722—2020	
1.1.1-18	装配式混凝土结构超低能耗居住建筑技术规程	T/CECS 742—2020	
1.1.1-19	纵肋叠合混凝土剪力墙结构技术规程	T/CECS 793—2020	
1.1.1-20	竖向分布钢筋不连接装配整体式混凝土剪力墙结构技术规程	T/CECS 795—2021	
	1.1.2 装配式钢结构		
1.1.2-1	压型金属板工程应用技术规范	GB 50896—2013	
1.1.2-2	装配式钢结构建筑技术标准	GB/T 51232—2016	
1.1.2-3	钢结构加固设计标准	GB 51367—2019	
1.1.2-4	轻型钢结构住宅技术规程	JGJ 209—2010	
1.1.2-5	拱形钢结构技术规程	JGJ/T 249—2011	
1.1.2-6	交错桁架钢结构设计规程	JGJ/T 329—2015	
1.1.2-7	冷弯薄壁型钢多层住宅技术标准	JGJ/T 421—2018	
1.1.2-8	钢骨架轻型预制板应用技术标准	JGJ/T 457—2019	

续表

序号	标准、规范名称	标准编号	备注
1.1.2-9	轻型模块化钢结构组合房屋技术标准	JGJ/T 466—2019	
1.1.2-10	装配式钢结构住宅建筑技术标准	JGJ/T 469—2019	
1.1.2-11	钢管约束混凝土结构技术标准	JGJ/T 471—2019	
1.1.2-12	高强钢结构设计标准	JGJ/T 483—2020	
1.1.2-17	波浪腹板钢结构应用技术规程	CECS 290—2011	
1.1.2-18	波纹腹板钢结构技术规程	CECS 291—2011	
1.1.2-19	实心与空心钢管混凝土结构技术规程	CECS 254—2012	
1.1.2-20	钢结构模块建筑技术规程	T/CECS 507—2018	
1.1.2-21	分层装配支撑钢框架房屋技术规程	T/CECS 598—2019	
1.1.2-22	箱式钢结构集成模块建筑技术规程	T/CECS 641—2019	
1.1.2-23	波纹钢板组合框架结构技术规程	T/CECS 709—2020	
1.1.3 装配式木结构			
1.1.3-1	胶合木结构技术规范	GB/T 50708—2012	
1.1.3-2	装配式木结构建筑技术标准	GB/T 51233—2016	
1.1.3-3	轻型木桁架技术规范	JGJ/T 265—2012	
1.1.3-4	标准化木结构节点技术规程	T/CECS 659—2020	
1.1.4 其他装配式建筑设计			
1.1.4-1	装配式住宅建筑设计标准	JGJ/T 398—2017	
1.1.4-2	玻璃纤维增强水泥（GRC）建筑应用技术标准	JGJ/T 423—2018	
1.1.4-3	整体预应力装配式板柱结构技术规程	CECS 52—2010	
1.1.4-4	组合楼板设计与施工规范	CECS 273—2010	
1.1.4-5	模块化装配整体式建筑设计规程	T/CECS 575—2019	
1.1.4-6	模块化装配整体式建筑隔震减震技术标准	T/CECS 576—2019	
1.1.4-7	村镇装配式承重复合墙结构居住建筑设计标准	T/CECS 580—2019	
1.2 生产			
1.2.1 生产技术标准			
1.2.1-1	钢结构用高强度大六角头螺栓	GB/T 1228—2006	
1.2.1-2	钢结构用高强度大六角头螺栓、大六角螺母、垫圈技术条件	GB/T 1231—2006	
1.2.1-3	钢结构用扭剪型高强度螺栓连接副	GB/T 3632—2008	
1.2.1-4	预应力混凝土用钢丝	GB/T 5223—2014	
1.2.1-5	预应力混凝土用钢绞线	GB/T 5224—2014	

序号	标准、规范名称	标准编号	备注
1.2.1-6	预应力筋用锚具、夹具和连接器	GB/T 14370—2015	
1.2.1-7	预应力混凝土用钢棒	GB/T 5223.3—2017	
1.2.1-8	钢网架螺栓球节点	JG/T 10—2009	
1.2.1-9	钢网架焊接空心球节点	JG/T 11—2009	
1.2.1-10	钢筋机械连接用套筒	JG/T 163—2013	
1.2.1-11	无粘结预应力钢绞线	JG/T 161—2016	
1.2.1-12	钢筋连接用灌浆套筒	JG/T 398—2019	
1.2.1-13	钢筋连接用套筒灌浆料	JG/T 408—2019	
1.2.2 生产组织与管理			
1.2.2-1	工厂预制混凝土构件质量管理标准	JG/T 565—2018	
1.3 施工			
1.3.1 施工技术与材料标准			
1.3.1-1	混凝土结构工程施工规范	GB 50666—2011	
1.3.1-2	钢结构防护涂装通用技术条件	GB/T 28699—2012	
1.3.1-3	预制混凝土构件钢模板	JG/T 3032—1995	
1.3.1-4	钢筋机械连接技术规程	JGJ 107—2016	
1.3.1-5	组合铝合金模板工程技术规程	JGJ 386—2016	
1.3.1-6	施工现场模块化设施技术标准	JGJ/T 435—2018	
1.3.1-7	预应力混凝土桥梁预制节段逐跨拼装施工技术规程	CJJ/T 111—2006	
1.3.1-8	组合楼板设计与施工规范	CECS 273—2010	
1.3.1-9	模块化装配整体式建筑施工及验收标准	T/CECS 577—2019	
1.3.2 施工组织与管理			
1.3.2-1	装配式混凝土建筑工程总承包管理标准	T/CECS 841—2021	
1.4 检测			
1.4-1	钢结构现场检测技术标准	GB/T 50621—2010	
1.4-2	木结构试验方法标准	GB/T 50329—2012	
1.4-3	高耸与复杂钢结构检测与鉴定标准	GB 51008—2016	
1.4-4	预应力混凝土用钢材试验方法	GB/T 21839—2019	
1.4-5	建筑结构检测技术标准	GB/T 50344—2019	
1.4-6	钢结构超声波探伤及质量分级法	JG/T 203—2007	
1.4-7	建筑钢结构十字接头试验方法	JG/T 288—2013	

续表

序号	标准、规范名称	标准编号	备注
1.4-8	雷达法检测混凝土结构技术标准	JGJ/T 456—2019	
1.4-9	装配式住宅建筑检测技术标准	JGJ/T 485—2019	
1.4-10	玻璃幕墙工程质量检验标准	JGJ/T 139—2020	
1.4-11	木结构现场检测技术标准	JGJ/T 488—2020	
1.4-12	钢结构钢材选用与检测技术规程	CECS 300—2011	
1.4-13	钢塔桅结构检测与加固技术规程	T/CECS 499—2018	
1.4-14	装配式混凝土结构套筒灌浆质量检测技术规程	T/CECS 683—2020	
1.5 验收			
1.5-1	钢管混凝土工程施工质量验收规范	GB 50628—2010	
1.5-2	木结构工程施工质量验收规范	GB 50206—2012	
1.5-3	工业防护涂料中有害物质限量	GB 30981—2020	
1.5-4	混凝土结构工程施工质量验收规范	GB 50204—2015	
1.5-5	钢结构工程施工质量验收标准	GB 50205—2020	
1.5-6	住宅室内装饰装修工程质量验收规范	JGJ/T 304—2013	
1.5-7	波形腹板结构施工及验收规程		行业标准
1.5-8	装配整体式住宅结构施工及质量验收规程		行业标准
1.5-9	模块化装配整体式建筑施工及验收标准	T/CECS 577—2019	
1.5-10	工业化木结构构件质量控制标准	T/CECS 658—2020	
1.6 评价			
1.6-1	装配式建筑评价标准	GB/T 51129—2017	

7.5 工业化建造发展路径和策略

　　当前，我国进入了高质量发展的新时代，为更好地应对可持续发展的挑战和行业转型升级，在新材料、新装备、新技术的有力支撑下，工程建造正从品质和效率为中心，向绿色化、工业化和智慧化程度更高的新型建造方式发展。那么，积极发展工业化建造方式应该主要从以下几个方面推进。

7.5.1 积极营造科技成果转化应用的环境

坚持科技引领，完善成果转化体系，营造科技成果转化应用的环境，培育创新法制环境，构建符合科技创新规律、适应科技创新需求的法律法规和制度政策体系，营造宽容开放的创新文化氛围，加快推动科技成果转化应用，形成科研转化良性循环。

（1）加快推动科技成果转化为现实生产力，依靠科技创新支撑稳增长、促改革、调结构。推动一批短中期见效、有力带动产业结构优化升级的重大科技成果转化应用，市场化的技术交易服务体系进一步健全，专业化技术转移人才队伍发展壮大，科技成果转移转化的制度环境更加优化。

（2）完善科技成果转化体制机制，提升科技研发产出效率。以政府为主导，利用各种资源，建立科技创新的合作体系和长效机制。制定科技成果转移转化扶持政策，在充分考虑各方需求与利益的基础上，保证各方利益风险共担、知识产权共享。完善科研成果评价与考核体系，积极落实国家有关科技成果转化的政策，激励高校和科研机构科技人员进行科技成果转化的积极性，激发创新活力。

（3）强化科技成果转移转化市场化服务。制定科技资源共享法规，明晰科技资源归属权，利用大数据的优势，建立科技专用信息数据库，整合政府部门、高校、科研院所及企业等跨地区、跨行业的信息资源，将政府部门、科研机构、中介机构的信息网络连接起来，最大限度地使科技界、企业、高校和公众都能共享政府信息资源，为促进技术转移转化活动创造良好的环境和条件。

（4）完善科技评价机制。提高科技成果转化源头供给能力，探索通过"揭榜挂帅""赛马制"等方式，优化立项模式并下放科研自主权。鼓励科技人员走向工程项目一线，根据工程实际需求寻找和选择科研课题，运用市场机制对项目和科研人员进行筛选，使务实、踏实、想干事、能干事的科技人才脱颖而出，形成创新源泉充分涌流、高质量成果竞相迸发的良好局面。

7.5.2 持续加强技术创新能力建设

坚持创新驱动，加强技术创新能力建设，以科技创新促进传统建造方式升级，提高项目管理和生产效率达到精益建造，推动建筑产业现代化，实现行业高质量发展。

（1）加大重要产品和关键核心技术攻关力度，发展先进适用技术，推动产业链供应链多元化。优化产业链供应链发展环境，强化要素支撑。加强国际产业安全合作，形成具有更强创新力、更高附加值、更安全可靠的产业链供应链。

（2）以建筑设计为主导，设计要贯穿工程建设全过程，研发能够充分体现预制装配施工高效特点的结构技术体系，一体化统筹建筑、结构、机电、装饰等专业，从源头保证建筑产品全产业链的高度集成和纵向贯通，充分发挥建筑设计在工程建设中的主导作用。

（3）注重提升企业核心竞争力，鼓励企业发展专用体系。技术创新发展是从专用体系逐步走向社会化的通用体系的过程，专用体系是企业核心竞争力，是不可跨越的发展阶段。从全产业链的视角，运用一体化的思维，系统补足标准、技术、设备、工具以及人才、软件等系统应用的短板。

（4）加强国际科技交流合作，构建开放创新格局。结合国家"一带一路"倡议实施中的科技对外开放合作新要求，加强关键技术领域的联合研发、区域间的开放合作、国际科技创新合作平台的搭建，推动建立项目、平台、区域等多层次的科技对外开放合作体系，提升中国建造实力带动转型升级。

7.5.3　积极推进装配式建筑发展

积极发展装配式建筑是建造方式的重大变革，是推进供给侧结构性改革和新型城镇化发展的重要举措，有利于节约资源能源、减少施工污染、提升劳动生产效率和质量安全水平，有利于促进建筑业与信息化工业化深度融合、培育新产业新动能、推动化解过剩产能。

1. 发展装配式建筑是提高建造效率的有效手段

近些年，我国工业化、城镇化快速推进、劳动力减少、高素质建筑工人短缺的问题越来越突出，建筑业发展的"硬约束"加剧。一方面，劳动力价格不断提高。另一方面，建造方式传统粗放，工业化水平不高，技术工人少，劳动效率低下。发展装配式建筑涉及标准化设计、部品部件生产、现场装配、工程施工、质量监管等，构成要素包括技术体系、设计方法、施工组织、产品运输、施工管理、人员培训等。采用装配式建造方式，会"倒逼"诸环节、诸要素摆脱低效率、高消耗的粗放建造模式，走依靠科技进步、提高劳动者素质、创新管理模式、内涵式、集约式发展道路。

2. 发展装配式建筑是提升住房品质的重要途径

发展装配式建筑，主要采取以工厂生产为主的部品制造取代现场建造方式，工业化生产的部品部件质量稳定；以装配化作业取代手工砌筑作业，能大幅减少施工失误和人为错误，保证施工质量；装配式建造方式可有效提高产品精度，解决系统性质量通病，减少建筑后期维修维护费用，延长建筑使用寿命。采用装配式建造方式，能够全面提升住房品质和性能，让人民群众共享科技进步和供给侧结构性改革带来的发展成果，并以此带动居民住房消费，在不断的更新换代中，走向中国住宅梦的发展道路。

3. 发展装配式建筑是落实"30·60"碳减排战略的重要手段

发展装配式建筑在节能、节材和减排方面的成效已在实际项目中得到证明。相比传统现浇混凝土建筑，装配式混凝土建筑在建造阶段可以大幅减少木材模板、保温材料（寿命长，更新周期长）、抹灰水泥砂浆、施工用水、施工用电的消耗，并减少建筑垃圾排放，减少碳排放和对环境带来的扬尘和噪声污染，有利于改善城市环境、提高建筑综合质量和性能、推进住房城乡建设领域绿色发展。

7.5.4 大力推行工程总承包模式

要大力发展工程总承包模式，通过"纵向拉通、横向融合、空间拓展"，达成资源的高效整合与配置，从而真正实现效率和效益提升的高质量发展。工程总承包不单纯是项目承包方式，更重要的是企业组织管理模式。与传统模式相比，它在经营理念、组织内涵和核心能力方面发生了根本性变革。新型建筑工业化项目积极推行工程总承包模式，促进设计、生产、施工深度融合；引导建设单位和工程总承包单位以建筑最终产品和综合效益为目标，推进产业链上下游资源共享、系统集成和联动发展。

1. EPC工程总承包管理模式下更加注重技术集成创新

坚持标准化、一体化、系统化的设计理念，通过统筹分析设计、制造、装配技术，同步创新工厂生产设备系统联动的自动化制造技术和现场标准化、工序化的机械高效装配技术。一体化技术体系的合理性、精细程度、协同程度决定整个工程项目的质量、安全、进度、成本、效益。

2. 加强EPC总承包下的技术与管理融合

EPC工程总承包的管理创新要与技术体系相适应，并与集成技术体系协同创新、发展，打造企业技术体系与管理体系并存的核心竞争力。管理并不断优化提升设计技术体系、制造技术体系、装配技术体系和一体化的技术标准，通过EPC模式发挥技术体系优势。

3. 提高EPC总承包下的信息化管理能力

建立装配式建筑BIM-ERP相结合的信息化管理平台，实现设计—加工—装配一体化协同控制。利用BIM技术全过程协同设计，建立全过程装配式建筑BIM集成族库，研究基于BIM的CAM、MES的工厂自动化生产和信息化管理的技术，融合无线射频、物联网等信息技术，充分共享装配式建筑产品的设计信息、生产信息和运输等信息，实时动态调整，制定科学完善、技术先进、经济合理的装配优化方案。

7.5.5 加快产业工人及复合人才培养

在工业化建造方式推进过程中，大量的"高空作业"转向"地面作业""现场作业"转向"室内作业""人工作业"转为"机械作业"，减轻了工人的劳动强度，改善了工人的工作环境，这也为有效解决传统建筑行业农民工"离散性强、青壮年少"的问题创造了有利条件。而且，当前推行EPC工程总承包制度处在发展初期，企业在生产活动中还缺乏懂设计制造装配技术、懂工程总包管理、懂商务的复合型人才，需加快EPC工程总承包的人才培养。

（1）围绕创新链组织人才链，释放创新人才活力。围绕建筑业科技创新发展需求，采用高端人才引进、人才资源聚合、新型人才培养等多种方式，实现科技创新人才集聚。形成基础研究、应用研究、产业发展及示范应用等多层次人才队伍，有效保证科研的效率和效果。

（2）从全产业链的角度出发，积极引进并大力培养建筑工业化相关的设计师、建筑师、工程师、生产技术和管理人员，尤其要注重打造设计研发和EPC总承包管理团队，大力培养复合型管理人才，政府、高校和企业要形成合力，在提升管理团队能力素质和工人队伍职业技能方面，加大投入，切实做好工业化建造领域EPC工程总承包人才队伍的能力建设，加速形成新型建造方式的"人才高地"，增强工业化建造方式的发展动力。

（3）加快农民工向产业工人的转型。行业发展推动着人才队伍的发展，建筑业转型升级必然需要增加高质量、专业化的产业工人队伍数量。同时，一支稳定的、高素养的建筑产业工人队伍是带动行业发展的有力保障，因此，传统建筑业农民工向产业化工人的转型已是大势所趋。同时，农民工逐步向装配式产业工人转型也会反向刺激和推动装配式建筑的发展，从而有效解决建筑劳动力短缺的问题。

（4）加快劳务外包向企业自有转型。企业的核心竞争力是拥有专用技术体系技术产品，这就要求企业核心的技术工人需要自有，创立一定数量的自有工人，建立相对稳定的核心技术工人队伍，以实现关键岗位自有工人为骨干是非常必要的。

（5）将产业技术工人作为产业链重要战略资源加以管控和培育。重点培育掌握BIM、信息系统、数字化和智能化设备及专业技术，能够熟练实施的产业技术工人和基层技术人员。完善行业职业技能等级认定体系，构建体系完善、组织规范、客观公正、业内认可的技能人才评价模式；完善行业劳务用工信息服务平台，实现建筑工人精细化和全职业周期管理。

7.5.6　加快工业化、智能化工程装备的开发应用

面对建筑业劳动力资源越来越紧缺的问题，应加快工业化、智能化工程装备的开发应用，通过发明推广建筑机器人、自动装置和智能装配等技术，以大量减少施工现场的劳动力资源，使施工现场不再需要更多大量脏而笨重的体力劳动，这种技术在重复生产上更有效率，也可在非标准建造上实现人手所无法实现的可能性。以建筑机器人为代表的智能化建造技术是连接数字世界和物质世界的有力工具，它让在虚拟环境进行的创意和设计，从数字信息进一步变成物质的现实。它可以有效替代人工，进行安全、高效、精确的建筑部品部件生产和施工作业，实现少人甚至无人工厂，促进建筑业提质增效。

未来应以"双碳"目标为导向，以工业化建造方式为抓手，推动全面转型升级，实现行业高质量发展，坚持在自主创新中做强中国建造、在质量提升中做优中国建造、在国际合作中做大中国建造，打造具有国际竞争力的中国建造平台，共同为中国城乡建设的绿色发展做出新的贡献。

参考文献

[1] 国务院办公厅关于促进建筑业持续健康发展的意见 [J]. 中华人民共和国国务院公报, 2017 (08): 94-98.

[2] 住房和城乡建设部等部门关于推动智能建造与建筑工业化协同发展的指导意见 [J]. 工程建设标准化, 2020 (08): 9-11.

[3] 国家统计局固定资产投资统计司. 中国建筑业统计年鉴2020 [M]. 北京: 中国统计出版社, 2020.

[4] 毛志兵. 建筑工程新型建造方式 [M]. 北京: 中国建筑工业出版社, 2018.

[5] 赵峰, 王要武, 金玲, 李晓东. 2020年建筑业发展统计分析 [J]. 建筑, 2021 (06): 20-25.

[6] 中国建筑能耗研究报告2020 [J]. 建筑节能 (中英文), 2021, 49 (02): 1-6.

[7] 2016-2020年建筑业信息化发展纲要 [J]. 工程质量, 2017, 35 (03): 89-92.

[8] 新中国建筑业70年发展成就回望 [J]. 建筑, 2019 (16): 18-21.

[9] 建设部印发《2003～2008年全国建筑业信息化发展规划纲要》[J]. 施工企业管理, 2004 (07): 13-18.

[10] 关于推进建筑信息模型应用的指导意见 [J]. 中国勘察设计, 2015 (10): 22-26.

[11] 住房和城乡建设部建筑市场监管司, 住房和城乡建设部政策研究中心. 中国建筑业改革与发展研究报告 (2020) 一加快产业转型升级与强化工程质量保障 [M]. 北京: 中国建筑工业出版社, 2021.

[12] 中国土木工程学会总工程师工作委员会, 中建工程产业技术研究院有限公司. 中国建筑业施工技术发展报告 (2020) [M]. 北京: 中国建筑工业出版社, 2021.

[13] 清华大学建筑节能研究中心. 中国建筑节能年度发展研究报告2021 [M] 北京: 中国建筑工业出版社, 2021.

[14] 中共中央国务院关于完整准确全面贯彻新发展理念做好碳达峰碳中和工作的意见 [EB/OL]. http://www.gov.cn/zhengce/2021-10/24/content_5644613.htm.

[15] 住房和城乡建设部国家发展改革委教育部工业和信息化部人民银行国管局银保监会关于印发绿色建筑创建行动方案的通知 (建标 [2020] 65号) [EB/OL]. http://www.gov.cn/zhengce/zhengceku/2020-07/24/content_5529745.htm.

[16] 中国建筑节能协会, 重庆大学. 2021年中国建筑能耗与碳排放研究报告 [R]. 2021.

[17] 住房和城乡建设部.《绿色建造技术导则 (试行)》[EB/OL]. https://www.mohurd.gov.cn/gongkai/fdzdgknr/tzgg/202103/20210319_249507.html.

[18] 李国强. 中国建筑工业化发展报告2016 [M]. 北京: 中国建筑工业出版社, 2017.

[19] GB/T 51212—2016. 建筑信息模型应用统一标准 [S]. 北京: 中国建筑工业出版社, 2017.

[20] 2020年农民工监测调查报告 [N]. 中国信息报, 2021-05-07 (002). DOI: 10.38309/n.cnki.nzgxx.2021.000448.

[21] 住房和城乡建设部标准定额司关于2020年度全国装配式建筑发展情况的通报 [J]. 建筑监督检测与造价, 2021, 14 (02): 12, 16.

[22] 2020年度预制混凝土构件行业发展报告 [J]. 建筑, 2021 (04): 35-37.

[23] JGJ 1—2014. 装配式混凝土结构技术规程 [S]. 北京: 中国建筑工业出版社, 2014.

[24] T/CECS 795—2021. 竖向分布钢筋不连接装配整体式混凝土剪力墙结构技术规程 [S]. 北京: 中国建筑工业出版社, 2021.

[25] DG/TJ 08—2266—2018. 装配整体式叠合剪力墙结构技术规程 [S]. 上海: 同济大学出版社, 2018.

[26] T/CECS 793—2020. 纵肋叠合混凝土剪力墙结构技术规程 [S]. 北京: 中国建筑工业出版社, 2020.

[27] T／CECS 579—2019. 装配整体式钢筋焊接网叠合混凝土结构技术规程 [S]. 北京: 中国计划出版社, 2019.

[28] 郭海山. 新型预应力装配式框架体系 (PPEFF体系) ——理论试验研究、建造指南与工程案例 [M]. 北京: 中国建筑工业出版社, 2019.